PSICANÁLISE E MARXISMO

As violências em tempos de capitalismo

Editora Appris Ltda.
2.ª Edição - Copyright© 2024 dos autores
Direitos de Edição Reservados à Editora Appris Ltda.

Nenhuma parte desta obra poderá ser utilizada indevidamente, sem estar de acordo com a Lei nº 9.610/98. Se incorreções forem encontradas, serão de exclusiva responsabilidade de seus organizadores. Foi realizado o Depósito Legal na Fundação Biblioteca Nacional, de acordo com as Leis nos 10.994, de 14/12/2004, e 12.192, de 14/01/2010.

Catalogação na Fonte
Elaborado por: Dayanne Leal Souza
Bibliotecária CRB 9/2162

P974p 2024	Psicanálise e marxismo: as violências em tempos de capitalismo / David Pavón-Cuéllar e Nadir Lara Junior (orgs.). – 2. ed. – Curitiba: Appris, 2024. 224 p. ; 21 cm. (Coleção PSI).
	Vários autores. Inclui referências. ISBN 978-65-250-6241-9
	1. Marxismo. 2. Sistema capitalista. 3. Psicanálise. I. Pavón-Cuéllar, David. II. Lara Junior, Nadir. III. Título. IV. Série.
	CDD – 306.342

Livro de acordo com a normalização técnica da ABNT

Appris
editora

Editora e Livraria Appris Ltda.
Av. Manoel Ribas, 2265 – Mercês
Curitiba/PR – CEP: 80810-002
Tel. (41) 3156 - 4731
www.editoraappris.com.br

Printed in Brazil
Impresso no Brasil

David Pavón-Cuéllar
Nadir Lara Junior

(Organizadores)

PSICANÁLISE E MARXISMO

As violências em tempos de capitalismo

Appris editora

Curitiba - PR

2024

FICHA TÉCNICA

EDITORIAL
Augusto Coelho
Sara C. de Andrade Coelho

COMITÊ EDITORIAL
Ana El Achkar (UNIVERSO/RJ)
Andréa Barbosa Gouveia (UFPR)
Conrado Moreira Mendes (PUC-MG)
Eliete Correia dos Santos (UEPB)
Fabiano Santos (UERJ/IESP)
Francinete Fernandes de Sousa (UEPB)
Francisco Carlos Duarte (PUCPR)
Francisco de Assis (Fiam-Faam, SP, Brasil)
Jacques de Lima Ferreira (UP)
Juliana Reichert Assunção Tonelli (UEL)
Maria Aparecida Barbosa (USP)
Maria Helena Zamora (PUC-Rio)
Maria Margarida de Andrade (Umack)
Marilda Aparecida Behrens (PUCPR)
Marli Caetano
Roque Ismael da Costa Güllich (UFFS)
Toni Reis (UFPR)
Valdomiro de Oliveira (UFPR)
Valério Brusamolin (IFPR)

SUPERVISOR DA PRODUÇÃO
Renata Cristina Lopes Miccelli

TRADUÇÃO DOS TEXTOS EM INGLÊS
Gisele Crisóstimo Brandão; Julia Bilhão Gomes e
Nadir Lara Junior

TRADUÇÃO DOS TEXTOS EM ESPANHOL
Nanci Ines Lara da Silva e Nadir Lara Junior

CORREÇÃO DOS ORIGINAIS
Nadir Lara Junior e David Pavón-Cuéllar

REVISÃO
Alana Cabral

DIAGRAMAÇÃO
Thamires Santos

CAPA
Tarliny da Silva

REVISÃO DE PROVA
Renata Cristina Lopes Miccelli

COMITÊ CIENTÍFICO DA COLEÇÃO PSI

DIREÇÃO CIENTÍFICA
Junia de Vilhena

CONSULTORES
Ana Cleide Guedes Moreira (UFPA)
Betty Fuks (Univ. Veiga de Almeida)
Edson Luiz Andre de Souza (UFRGS)
Henrique Figueiredo Carneiro (UFPE)
Joana de Vilhena Novaes (UVA |LIPIS/PUC)
Maria Helena Zamora (PUC-Rio)
Nadja Pinheiro (UFPR)
Paulo Endo (USP)
Sergio Gouvea Franco (FAAP)

INTERNACIONAIS
Catherine Desprats - Péquignot (Université Denis-Diderot Paris 7)
Eduardo Santos (Univ. Coimbra)
Marta Gerez Ambertín (Universidad Católica de Santiago del Estero)
Celine Masson (Université Denis Diderot-Paris 7)

AGRADECIMENTOS

A André Kist, Felipe Correa, Fernanda Klunck, Jheine Boardmann – colaboradores incansáveis e amigos de várias jornadas.

A Nanci Lara da Silva, Julia Bilhão, Gisele Crisóstimo e Marlon Brandão – foram as pessoas que acreditaram neste projeto aqui no Brasil.

Ao Christian Dunker e ao Departamento de Psicologia Clínica da USP pelo apoio constante ao meu trabalho.

APRESENTAÇÃO

O objetivo deste livro é apresentar reflexões críticas sobre os efeitos violentos do sistema capitalista na subjetividade contemporânea. Para tanto, recorremos a diversos autores acadêmicos de sete países distribuidos na Ásia, África, Europa e América Latina. Esses autores têm em comum a orientação anticapitalista e sua adesão às tradições nas quais o marxismo articula-se com a psicanálise, especialmente com a abordagem lacaniana. Com esses capítulos temos um panorama da violência em diversos Estados capitalistas e de como eles produzem determinadas formas de violência sobre as pessoas e as fazem sofrer e muitas vezes as impedem de se manifestarem publicamente sobre o que as fazem sentir-se mal. Portanto nosso esforço nesse livro é nomear, debater, criticar essas diversas artimanhas de violência praticada pelos Estados capitalistas.

Uma das artimanhas dos Estados capitalistas é justamente transformar o sofrimento de cada sujeito numa forma de fraqueza individual. A depressão, a bipolaridade, a esquezofrenia etc... se tornam um predicado para os fracos e incapazes que não souberam prosperar e empreender. A esse sujeito cabe o lugar da masmorra moderna dos manicômios e das camisas de força atualizadas nos psicotrópicos que, muitas vezes, anestesiam a pessoa da própria existência humana. O sofrimento, decorrente desse ethos nas sociedades capitalistas, passa a ser reduzido a um fato da vida privada. Nessa lógica, o discurso médico-psiquiátrico e também o psicológico surgem para dar a chancela da ciência para essa redução. Dessa maneira, colonizam os discursos sobre a subjetividade, fazendo novamente o influxo do sofrimento humano para dentro das instituições e dos consultórios, evitando assim que as pessoas possam politizar as mais diversas formas de sofrimento.

Tornar a existência humana uma obsolecência se torna o objetivo do sistema capitalista. Para que essa meta possa ser aceitável e praticável pelas pessoas em seus cotidianos, esse sistema abdica da ética da preservação da vida humana em favor de uma prática normativa do capital, ou seja, as leis de mercado passam a reger as formas de relações entre as pessoas, afetando diretamente a constituição da subjetividade contemporânea.

Diante disso, para analisar essa ação violenta do capital sobre a subjetividade, os autores deste livro recorrem ao marxismo para nos mostrar como ao longo dos últimos séculos as artimanhas do sistema capitalista vêm oprimindo os trabalhadores por meio do trabalho e beneficiando uma minoria com o lucro e a mais-valia. Essas artimanhas aperfeiçoam-se ao longo dos anos, pois além da exploração do trabalho, outras formas de explorar e oprimir foram sendo criadas, e veremos nesta obra como isso ocorre em diferentes culturas.

Também os autores deste livro recorrem à psicanálise articulada ao marxismo para demonstrar de maneira consistente como essas diversas formas de dominação do sistema capitalista sobre as pessoas causam impactos econômicos e também subjetivos. Veremos nessa articulação que tanto Marx quanto Lacan não defendem a busca de um paraíso ou de uma sociedade perfeita, mas buscam em última instância que o ser humano não seja reduzido a um ser despolitizado de sua existência.

Este livro, portanto, é um convite para refletirmos sobre como essas violências operam em diversos Estados capitalistas ao redor do mundo e como a sensibilidade e a consistência da psicanálise e do marxismo podem contribuir para isso. Nesse sentido, no primeiro capítulo, David Pavón-Cuéllar faz um interessante percurso teórico, apresentando como a violência é concebida no marxismo, assim como na psicanálise, e como essa mesma violência no capitalismo produz morte e destruição de todos os lados. Por fim, deixa assinalada a possibilidade de buscarmos um tipo de violência revolucionária necessária para se pensar as mudanças sociais.

No segundo capítulo, a partir da teoria psicanalítica lacaniana da agressividade na identificação imaginária, Bert Olivier explica lucidamente a violência do capitalismo tal como a representam Hardt e Negri, ou seja, por uma imagem especular global-imperial de identidade, unidade e totalidade, que entraria em contradição com qualquer alteridade. O outro islâmico, por exemplo, desafiaria a reconfortante imagem ideológica do capital, especialmente quando se atreve a mutilá-la no atentado contra o *World Trade Center* que se tornariam lugar de identificação com o Império. É fundamentalmente por essa identificação que se desataria a fúria das invasões estadunidenses no Iraque e Afeganistão. A reação agressiva conjuntural merece aqui um estudo histórico específico relativamente independente de uma análise geral da violência estrutural do capitalismo. Descobrimos que o capital não somente existe como também faz o que deve fazer, pois não só absorve o sangue vivo, como também o derrama em baldes. Todavia há um desfarce que requer uma consideração ideológica do imaginário além do exame econômico e simbólico.

O autor do terceiro capítulo, David Pavón-Cuéllar, esforça-se em remontar do imaginário ao simbólico e do conjuntural ao estrutural. Isso o faz descobrir um elemento de conflito, de luta e violência, na origem de toda elaboração de Marx. Ao ocupar-se da luta de classes, o autor a reconduz a uma estrutura em que já não aparece como uma luta pela vida, se não como uma luta entre duas lutas, a do trabalho pela vida e a do capital pela morte. Ambas as lutas descrevem-se aqui em termos marxianos e marxistas, como também psicanalíticos lacanianos. A primeira luta, a do trabalho, atribui-se ao sujeito e para a resistência do real. A segunda, a do capital, associa-se com o simbólico e com seu consumo do real, do vital ou pulsional, explorando-o como força de trabalho. Esse consumo do real, entendido como um autoconsumo e atribuível, em última instância, ao que Freud descreve como "pulsão de morte", isso serve para o autor como principio explicativo de uma violenta destruição do planeta que terminaria desembocando no retorno ao inanimado.

A violenta luta entre a vida e a morte reaparece no quarto capítulo, em que Bhavya Chitranshi e Anup Dhar nos oferecem um relato comovedor sobre a experiência das mulheres tribais solteiras na Índia. Os autores mostram como essas mulheres, descritas como "mortas vivas", agarram-se a sua própia vida e encontram uma maneira de se manterem vivas, mesmo quando tenham sido condenadas à morte pelas normas locais e globais, tendo que sofrer simultaneamente as violências da sociedade patriarcal poligâmica e do incipiente capitalismo em sua fase de acumulação primitiva. Vítimas de ambas as formas de violência, as mulheres tribais padecem tanto dos abusos sexuais como da extrema pobreza, tanto o maltrato por parte dos homens como a falta de recursos para se tornarem independentes, tanto a subordinação à família como a total dependência por causa de suas necessidades vitais. Nessas circunstâncias, a condição de solteira das mulheres agrava sua opressão e ainda as condena irremediavelmente a uma experiência de maior marginalização. Felizmente, ao compartilhar e coletivizar essa experiência, isso pode converter-se em uma oportunidade para se emanciparem.

A possibilidade de emancipação volta a se vincular com certa experiência de marginalização no quinto capítulo de Nadir Lara Junior. Nesse caso, os marginalizados são apresentados como os militantes comunistas que foram massacrados pela Ditadura Militar brasileira e que em 2015 e 2016 o "espectro comunista" volta a sociedade brasileira como uma ameaça que devem ser trancafiados no inferno das prisões clandestinas, torturados, assinados e desaparecidos. Para pensar essa lógica demoníaca do capital, o autor usa o personagem Fausto (Goethe) e Kevin Lomax como os verdadeiros seres demoníacos. Foram eles que venderam suas almas ao demônio do capital sob o auspício divino.

No sexto capítulo de Ian Parker nós encontramos personagens muito próximos a Kevin Lomax, os quais já podemos vê-los atuar na realidade cotidiana dos bancos de investimentos de *Wall Street*, os quais foram estudados por Alexandra Michel por meio de uma minuciosa investigação apresentada, comentada e questionada por Ian Parker. Nesse sentido, há uma violência capitalista que importa, já não é, como nos capítulos anteriores, a exercida sobre os operários, comunistas, mulheres tribais ou inimigos da ordem imperial, se não a sofrida no próprio corpo de quem representa o capitalismo no setor bancário e financeiro. Os banqueiros e outros empregados da finança não requerem exploradores, pois eles mesmos exploram-se, violentam-se e acabam consigo mesmos. Digamos que entregam voluntariamente seu próprio sangue ao vampiro do capital que personificam para eles próprios. Somente assim, como personificações do capital mortal e mortífero, podem enriquecer-se à custa de sua própria vida. Temos aqui, em efeito, uma lógica de autoexploração que termina se resolvendo com a completa destruição da saúde. A partir de uns quatro anos de trabalho excessivo e de privação do sono, esses sujeitos exitosos entram em depressão, padecem de burnout[1] e apresentam diversas enfermidades que os debilitam e paralisam. Ainda quando o resultado não é tão desastroso, como argumenta o autor ao criticar Michel, não deixa de haver um estado subjetivo caracterizado por uma total alienação no capitalismo que se manifesta como adaptação obsessiva.

Se a adaptação pode ser um efeito violento do capitalismo, é porque a violência não é uma exceção ou uma irregularidade, mas algo que fundamenta e atravessa a sociedade e a cultura, tal como nos mostra Svenska Arensburg no capítulo sétimo. Esse capítulo busca precisamente questionar o carácter estrutural objetivo, normal ou regular da violência na vida social e nas formações culturais. Aproximando-se criticamente da psicologia da violência, a autora insiste que as expressões violentas subjetivas não costumam ser mais do que emergentes patentes de estruturas objetivas subjacentes que deveriam desentranhar-se para não incorrer em formas de psicologização, patologização e individualização do problema da violência. No caso da sociedade capitalista, no lugar de estigmatizar como violentos a certos indivíduos ou coletivos que são vítimas de marginalização, deveria remontar a origem de sua violência no sistema que violenta esses indivíduos e grupos pelo simples fato de marginalizá-los, tal como ilustra a autora ao referir-se à situação em um bairro de Santiago, no Chile.

No oitavo capítulo, recorrendo à teoria freudiana da horda primitiva, Mario Orozco também reconhecerá o papel do elemento violento na origem e na constituição do mundo social-cultural humano. No entanto se faz mister constatar o aspecto originário e constitutivo da violência. Orozco denunciará seu duplo fundamento nas relações assi-

---

[1] A síndrome de burnout, ou síndrome do esgotamento profissional decorrente de relações de trabalho exaustivas e estenuantes. As pessoas passam a sentir-se esgotas e cansadas física e mentalmente.

métricas de poder e de propriedade que se realizam respectivamente pela opressão e a exploração. Isso o permitirá conectar a teoria freudiana com a perspectiva marxista em um esquema bidimensional no qual se distinguem perpendicularmente a verticalidade, vinculada com a violência do pai primordial, e a horizontalidade, ligada com a igualdade, a fraternidade e a solidariedade entre os irmãos. Ambas as dimensões ilustram-se por meio da matança e desaparecimento de estudantes da "Escuela Normal Rural de Ayotzinapa" no México: promovendo e prefigurando relações sociais horizontais em seu ideal comunista, os estudantes foram vítimas da violência exercida verticalmente sobre eles pelo Narco-Estado capitalista neoliberal.

Assim como uma proporção considerável da população mexicana celebra qualquer tipo de repressão contra os estudantes, assim também muitos brasileiros, como nos mostra Christian Ingo Lenz Dunker no nono capítulo. No Brasil, muitos estão de acordo com a redução da maioridade penal e demandam mais cadeias e menos escolas para os jovens julgados como violentos. Esse fenômeno, tal como é examinado pelo autor desse capítulo, revela detalhes fundamentais da maneira que a sociedade capitalista contemporânea percebe a violência: sua desaprovação quando é exercida por setores populares, sua aprovação quando é exercida pelo Estado e instituições, invisibilidade em suas formas adaptativas econômicas, constante utilização opressiva encoberta por ideais de não violência e indiferenciação interna que nos impede de valorizar atualmente meios violentos de crítica e de resistência. O que temos, em definitivo, é um prejuízo contra qualquer violência que não tenha sido ideologicamente legitimada.

O prejuizo contra a violência é tão falsamente universal como o é também a noção dos Direitos Humanos. Essa falsa universalidade será bem demonstrada por Carolina Collazo e Natalia Romé, no último capítulo. Elas evocam a famosa imagem de Aylan Kurdi, a criança síria que morreu afogada em uma praia na Turquia. Se essa foto comoveu ao mundo inteiro, foi porque ofendia um ideal humanitário que atravessa fronteiras e cuja universalização, por certo, resulta indissociável da globalização capitalista. Entretanto independentemente de qualquer humanismo sem fronteiras, o caso é que existem fronteiras e é precisamente por essa razão que Aylan se afogou ao querer ingressar na Europa. Quiçá o único verdadeiramente globalizado, plenamente universalizado, seja o capitalismo com sua violência estrutural, é também por essa violência, depois de tudo, que Aylan devia terminar afogado no litoral da Turquia. Para nos defender dessa violência capitalista globalizada, precisaremos de certas formas populistas, socialistas e até comunistas de reorganização do Estado nacional como as que estão de desenvolvendo nas margens latino americanas nos últimos anos.

Como vimos até aqui, os 10 capítulos deste livro ilustram suas reflexões com exemplos atuais de processos, contextos ou acontecimentos violentos, como a guerra na Síria e a morte de Aylan, na Turquia; a delinquência e a repressão em um bairro periférico de Santiago, no Chile; o assassinato e a desaparição dos estudantes de Ayotzinapa, no México, a redução da maioridade penal e a retórica agressiva da direita no Brasil. Os maus tratos às mulheres na Índia; a autoimolação dos homens de finanças, em Wall Street; os atentados ao World Trade Center, em Nova Iorque; as invasões do Iraque e Afeganistão; a iminente destruição do planeta e de seus habitantes.

Com esses exemplos, presenciamos um mundo contemporâneo violento, cuja realidade nos parece desoladora quando nos faltam exemplos de violências revolucionárias que almejam alternativas e que se tornem irredutíveis ao ciclo violento em que nos inserimos. As únicas alusões a essa outra violência revolucionária, a prescrita em certas correntes do marxismo, referem-se a épocas pretéritas, como o capítulo de Lara Junior, ou mantêm-se no plano especulativo evitando qualquer ilustração concreta, como nos textos de Dunker e Pavón-Cuéllar.

Nadir Lara Junior e David Pavón-Cuéllar

PREFÁCIO À SEGUNDA EDIÇÃO

O que a psicanálise lacaniana tem a nos dizer sobre o sistema capitalista e a violência? Acreditamos que as possíveis respostas a essa pergunta você encontrá neste livro de autores e autoras criticando as diversas sociedades capitalistas que estão, cada vez mais, violentas e perversas no trato às pessoas, pois essas são tomadas como objetos para obtenção de lucro. Uma idiossincrasia de nossa época.

Dessa forma, essas sociedades capitalistas passam a incorporar em sua prática social, política e econômica o uso da violência para conter os insurgentes e imprimir uma lógica de acumulo de capital para uma minoria em detrimento da pobreza de uma maioria. Palavras como revolução e ruptura social passam a ser retiradas do horizonte utópico de muitas pessoas que vivem sob essa lógica capitalista para que assim fiquem presas num imaginário colonizado. No entanto, esse livro faz uma crítica a essas sociedades capitalistas e também debate sobre temas como a revolução, por exemplo.

A inicitiva deste livro parte de dois autores latino-americanos, fazendo questão de descentralizar o conhecimento psicanalítico da Europa e tratando-o no respeito à realidade dos países do sul-mundial. Podemos dizer que neste livro tem uma intenção decolonial em que esses países (Brasil, México, Argentina, Chile, Africa do Sul, Índia), por meio de seus autores e autoras, podem falar sobre uma psicanálise viva e eficaz nas complexas relações sociais as quais estão submetidos. Um grito, uma voz transmutada em escrita e capaz de atingir o leitor/a interessado em transformar sua capacidade crítica em uma ferramenta cortante capaz de neutralizar os engodos de um sistema capitalista alimentado com colonização e escravidão. Somos herdeiros de uma tradição de autores críticos[1], comprometidos com as lutas sociais dos povos oprimidos.

---

[1] Para não perdermos esse ponto de vista, sugirimos a leitura do livro "Marxismo, psicologia e psicoanálisis" organizado por Ian parker e David Pavón-Cuéllar.

Podemos destacar ainda que neste livro faremos uma aproximação entre psicanálise e marxismo. Essa aproximação não foi feita, exclusiamente, pelos autores/as que estão nesta obra, mas destacamos que essa foi feita pelo próprio Jacques Lacan durante toda o seu trabalho. Lacan lê, estuda e se apropria das ideias de Marx para propor uma teoria psicanalítica imbuida de criticidade e arriscamos a dizer: sistematicamente anti-capitalista. Isso, obviamente, não faz do psicanalista francês um marxista, pois ele mesmo se auto-denomina freudiano. Para Lacan, a ética da psicanálise não coaduna com o sistema capitalista, porque esse tem por fundamento a exploração de humanos sobre humanos. Por isso, a clínica psicanalítica lacaniana está atravessada por um viés anti-capitalista; por uma política capaz de promover mudanças, rupturas importantes no sujeito e na estrutura social, política e economica das sociedades capitalistas. Para maiores aprofundamentos, sugerimos a leitura do seminário XVII de Jacques Lacan.

Sabemos que na história do processo colonizatório dos países do sul-global, a violência contra os autóctones e a exploração das riquezas naturais foram sempre uma marca registrada dos colonizadores europeus. Dessa forma, sabemos que os países que passaram por esse processo colonizatório, muitos deles, ainda hoje, se organizam enquanto estado-nação tendo como marco regulatório o privilégio de uma oligarquia e o desprezo pelos mais pobres.

Sendo assim, nos alegra que este livro esteja em sua segunda edição. Obrigado a editora Appris que reconheceu neste trabalho uma originalidade que contribui com a sociedade brasileira.

Nadir Lara Junior – maio de 2024

SUMÁRIO

1
O CAPITAL QUE JORRA SANGUE E LODO POR TODOS OS POROS.......... 19

David Pavón-Cuéllar

2
VIOLÊNCIA NA ERA DA HEGEMONIA NEOLIBERAL..................................... 33

Bert Olivier

3
A VIOLÊNCIA NO CAPITALISMO:
ENTRE A LUTA PELA VIDA E A PAZ DOS SEPULCROS 53

David Pavón-Cuéllar

4
AS MORTAS-VIVAS.. 83

Bhavya Chitranshi e Anup Dhar

5
SÃO DEMÔNIOS OS QUE DESTROEM O PODER BRAVIO
DA HUMANIDADE: REFLEXÕES SOBRE A VIOLÊNCIA............................. 107

Nadir Lara Junior

6
GERÊNCIA DO CORPO PARA O TRABALHO: OBSESSÃO, ORGANIZAÇÃO E INTERPRETAÇÃO 123

Ian Parker

7
VIOLÊNCIAS SILENCIOSAS: APONTAMENTOS PARA UMA DISCUSSÃO CONTEMPORÂNEA 147

Svenska Arensburg

8
VONTADE SADIANA DE ESTADO E ROMPIMENTO DA FRATERNIDADE 165

Mario Orozco Guzmán

9
ESTADO, POLÍTICA E JUSTIÇA: REFLEXÕES ÉTICAS E EPISTEMOLÓGICAS SOBRE DIREITOS, RESPONSABILIDADES E VIOLÊNCIA INSTITUCIONAL 183

Christian Ingo Lenz Dunker

10
SOBERANIA OU DIREITOS? ABORDAGENS A UM FALSO DILEMA SOBRE A VIOLÊNCIA, O ESTADO E A EMANCIPAÇÃO.............. 199

Carolina Collazo e Natalia Romé

SOBRE OS AUTORES 223

1

O CAPITAL QUE JORRA SANGUE E LODO POR TODOS OS POROS [2]

David Pavón-Cuéllar - México

A violência no marxismo

Na história, a violência tal como a representa Marx (1867/2008, p. 607) e seus seguidores, "desempenha um grande papel na conquista, na escravização, no roubo e no assassinato". Sabemos que este aspecto violento da história tende a se explicar aqui, no campo marxiano e marxista, pela existência da propriedade. Já na Pré-História e no limiar dos tempos históricos, a "afirmação e aquisição da propriedade" fizeram com que a guerra se tornasse "um dos trabalhos mais originais das entidades comunitárias naturais" (MARX, 1858/2009, p. 451).

Séculos depois, com a acumulação originaria da qual surgiu o capitalismo, o impiedoso impulso de apropriação foi o que permitiu que o "capital viesse ao mundo", porém o fizera "jorrando sangue e lodo por todos os poros", como se percebe nos fatos mais cruciais que marcam a história mundial sacudida pelas potências ocidentais entre os séculos XVI e XX: "a cruzada de extermínio, escravização e sepultamento nas minas" da população indígena da América, "a conquista e saque" da Ásia, a transformação da África em um "lugar de caça de escravos" e as "guerras comerciais" entre os países da Europa e logo o resto do mundo (MARX, 1867/2008, p. 638-646).

---

[2] Tradução: Nadir Lara Junior

Ao contemplar o capital ensanguentado e as sangrentas apropriações que o fizeram existir, quiçá possamos concluir que a violência está na origem da propriedade e especificamente na propriedade privada e capitalista. Essa ideia, que não necessariamente é de Marx nem dos marxistas, foi bem refutada na famosa crítica engelsiana de Eugen Dühring. Enquanto Dühring sustentava que a propriedade se embasava e se originava na violência, Engels (1878/1986) observou muito bem que a propriedade "já teria que existir" antes que alguém se "apropriasse" violentamente dela, já que "a violência pode modificar o estado da fortuna, porém não cria como tal a propriedade privada" (p. 142). Os meios violentos, em outras palavras, não permitem produzir a propriedade, senão simplesmente arrebatá-la e fazê-la mudar de proprietário. Neste ponto que Engels afirma categoricamente que a propriedade "não aparece na história, de nenhum modo como fruto do roubo e da violência", já que não pode chegar a ser violentamente subtraída, sem antes ter sido produzida "pelo trabalho" (p. 141-142).

Engels (1878/1986) tenta demonstrar que a "violência política direta" não é "a causa decisiva do estado econômico", da produção e da propriedade do produzido, senão que "se encontra inteiramente submetida ao estado econômico" (p. 152). Para demonstrar sua tese, 10 anos depois de planejá-la, Engels (1888/1980) se vale da história da Alemanha no século XIX, especialmente em tempos de Chanceler Bismarck e mostra como os interesses materiais da burguesia, todos eles relacionados com a produção e a apropriação, guiaram a prática política da violência da "violência a ferro e sangue" (p. 208). As guerras de Bismarck explicam-se por certas condições econômicas, porque é a economia que fundamenta a política violenta do chanceler. A violência, nesse caso como em qualquer outro, não seria a causa da propriedade, no entanto sua consequência. Nesse sentido é, de fato, na esfera da propriedade, especificamente da propriedade privada e do capital na qual nós marxistas buscaremos a origem da violência.

A violência na psicanálise

Freud (1930/1996), em desacordo com a "premissa psicológica" marxista que explica a violência pela propriedade, sustentará claramente: "se cancelar a propriedade privada, se subtrai o gosto humano pela agressão que é um de seus instrumentos; poderoso sem dúvida, porém não é o mais poderoso" (p. 110). Essa frase marca três diferenças da visão freudiana com respeito à marxista: em primeiro lugar se aceita um *gosto humano pela agressão* ao invés de se considerar exclusivamente uma *determinação histórica e socioeconômica da violência*; em segundo lugar a propriedade aparece como um fator *poderoso*, no entanto *não como o mais poderoso* nas manifestações agressivas e violentas; em terceiro lugar a mesma propriedade é concebida como *instrumento* da violência e não como sua *causa* ou sua *condição*.

As diferenças, recém-indicadas, tornam-se certamente decisivas, porém não são insuperáveis, como veremos a seguir e, além disso, pressupõe uma coincidência fundamental entre as mesmas visões diferenciadas. Tanto a visão freudiana, quanto a marxista, em efeito, reconhece que a propriedade privada é um fator poderoso, importante e por tanto digno de atenção no fenômeno da violência. Esperamos que esse fator não seja tão poderoso tanto para Freud quanto para Marx, todavia ambos admitem seu poder e também se estabelece um vínculo entre a agressão e a propriedade privada, assim como já seja implícita ou explicitamente entre a violência e o capitalismo.

Se Freud distancia-se de Marx na frase que nos ocupa, é fundamentalmente porque parte da afirmação hipotética de um *gosto humano pela agressão* a qual haverá de constituir o fator mais poderoso para explicar a violência que não dependerá de nenhuma determinação histórica ou socioeconômica particular, e será, portanto anterior e Independente da propriedade privada que a utilizará de modo circunstancial como seu instrumento e remeterá, em última instância, a um princípio tão básico e universal como o da pulsão de morte. Podemos entender, porém, que esse princípio tamático tenha sido rechaçado, considerado "sem base material" e reincorporado da "teoria materialista" do campo erótico no projeto freudo-marxista de Wilhelm Reich (1989, p. 22-24).

A violência na articulação entre o marxismo e a psicanálise

Ao tentar articular o marxismo com a psicanálise, o conceito freudiano da pulsão de morte pode representar um obstáculo intransponível que deve ser eliminado. No entanto o mesmo conceito pode também constituir uma oportunidade inigualável para aprofundar o marxismo por meio de uma operação dialética na qual se transcenda, resolva e supere sua contradição com respeito à psicanálise. É o que temos, por exemplo, em Vygotsky e Luria (1994) os quais recebem com entusiasmo a pulsão de morte, já que permitiria "integrar decisivamente" a "vida orgânica" na "matéria inorgânica" e no "contexto geral do mundo" e assim demonstraria o "enorme potencial" da psicanálise para a ciência marxista "materialista" e "monista" (p. 14-17).

Ao nos situar na perspectiva de Luria e Vygotsky, estaremos nas condições de aceitar a mencionada objeção de Freud a Marx com respeito ao papel da propriedade na agressão, porém sem contradizer necessariamente a Marx. Uma configuração histórica e socioeconômica particular da propriedade, como a do capitalismo em sua fase neoliberal, poderia causar e condicionar certos efeitos violentos como as guerras de narcotráfico, o terrorismo e a suposta luta na atualidade contra o terrorismo. No entanto esses efeitos não deixariam de obter sua força de fundo inorgânico material, mineral, da vida orgânica. O mesmo fenômeno complexo de violência somente poderia ser corretamente investigada por uma ciência monista e materialista, uma ciência freudomarxista da única totalidade material e isso resultaria irredutível aos objetos abstratos e ideais das diversas especialidades disciplinares, já que transbordaria e atravessaria as esferas particulares de pesquisa da Física, Fisiologia, Biologia, Psicologia, Sociologia, Economia e a História.

Ao acreditarmos no projeto de articulação entre o marxismo e a psicanálise, não queremos nem descartar a pulsão de morte, nem nos aventurar em uma síntese questionável entre as ciências naturais e as históricas. Então talvez possamos resignar-nos a evitar em vez de pretender superar a contradição entre as opções marxistas e freudianas na explicação da violência. Isso é o que faz Marie Langer (1979) ao analisar de maneira perspicaz a citada passagem de Freud em que contesta a enfática ideia marxista da propriedade privada geradora de agressão e ao extrair dele uma série de conclusões enriquecedoras para o marxismo: se o *gosto humano pela agressão* "sustenta" o sistema capitalista, então o sistema produz "culpa inconsciente" em quem exerce a agessão, assim como "raiva, impotência, submissão" ou "desejo ou necessidade de exercer a violência" em quem a sofre e tudo isso, definitivamente, suscita um grande "mal estar" na cultura, pois se reprimem sentimentos com os de culpa ou porque a "a agressão não exercida é introjetada" (p. 74-75).

O capitalismo como violência e morte

Segundo a tese de Langer, a violência e o mal-estar, ainda que indissiociáveis da cultura se agravaríam, logicamente, em um sistema capitalista sustentado na mesma pulsão de morte que subjaz a violência e o mal-estar. O próprio capitalismo, aquilo que o distinguiria de outras formações culturais menos violentas e menos produtoras de mal-estar, o seu fundamento é o mesmo da violência e do mal-estar; o mesmo *gosto humano pela agressão* e a mesma pulsão de morte. Enquanto a cultura em geral sustenta nas complexas relações entre as pulsões de vida e de morte, sua expressão especificamente capitalista somente se fundamenta na pulsão de morte.

Ao tentar iludir a contradição entre marxismo e psicanálise, Langer nos mostra o caminho para chegar a dissipá-la, porém não a transcende, mas resolve e a supera de maneira dialética, ou também mantém essa contradição reformulada entre dois aspectos distintos de uma mesma causa que explica seus efeitos violentos. A violência pode ser explicada tanto pela propriedade privada de Marx, quanto pela pulsão de morte de Freud; tanto pelo capital no marxismo, quanto pelo *gosto humano pela agressão* na psicanálise. Essa explicação pode ser feita pela simples razão de que esses princípios explicativos correspondem a distintos aspectos de um mesmo fenômeno. Podemos dizer igualmente morte ao capital, desvitalização ou exploração capitalista; mortificação ou apropriação. Tais termos resultam intercâmbios sensíveis em certo nível que foi vislumbrado uma e outra vez por Marx: primeiro, de maneira intuitiva, quando se representou "a realização do trabalho" no capitalismo como uma "desrealização do trabalhador" até sua "morte por inanição" (MARX, 1997, p. 105-106), e ao final, de modo extraordinariamente nítido, quando nos ofereceu a estremecedora metáfora do capital como "trabalho morto que apenas se anima, à maneira de um vampiro, pela sucção de trabalho vivo, e que vive tanto mais quanto mais dele sugar." (MARX, 2008, p. 179).

Na teoria marxiana, como bem sabemos, o capital, a diferença do simples dinheiro implica na extração de trabalho vivo, ou, em termos mais precisos, a exploração da força de trabalho para produzir mais-valia, ou seja, no final das contas obtém mais capital. Digamos que o capital é sempre mais capital, acumulação de capital se tem capitalização. É por isso que essa operação não é algo estático, mas sim um processo dinâmico. É uma espécie de valorização e revalorização de si mesmo por meio da exploração da força de trabalho, que por sua vez, não é em si mesma, estrito sensu, senão vida reduzida a condição de mercadoria adquirida com o pagamento do baixo preço de seu valor de troca no mercado e explorada em seu enorme valor de uso como força de trabalho. Essa exploração da vida como força de trabalho possibilita o funcionamento do capital mediante a produção de mais-valia de um excedente de valor, de mais capital. O produto, o capital sem vida é aquilo no que se transmuta a vida explorada. O trabalho vivo se torna trabalho morto. O trabalhador se mata, morre trabalhando para manter em funcionamento o vampiro do capital.

O capitalismo e sua violência repressiva e exploradora

Como algo inanimado, o capital não pode animar-se, pondo-se em movimento e funcionando por si só, pois necessita explorar a vida. Não pode explorá-la se não devorando-a, consumindo-a, matando-a e destruindo-a. Essa destruição da vida resume para Marx toda a operação constitutiva do capital consiste em transmutar algo vivo, o trabalho, em algo morto como a mais-valia, o excedente de valor – o capital, mais capital, mais dinheiro. O dinheiro, portanto, é tudo o que se ganha ao se destruir a vida. O vivo que palpita no peito transforma-se em cédulas que enchem a carteira do assassino. Por isso o capitalista, encarnação do capital, torna-se um sicário qualquer, porque obtém certa quantidade de dinheiro ao destruir a vida intrinsicamente não quantificável.

A destruição da vida, ofício do capitalista e operação do capital, muitas vezes, em nossa sociedade não é caracterizada como "violenta", porém pensamos que esse tipo de destruição deve ser concebido como o ponto de referência para julgar qualquer violência. Dessa maneira, podemos identificá-la de maneira mais imediata na pobreza, na miséria, na fome, gerando o que Victor Serge (1925) descreveu, acertadamente, como um "terror econômico" e com "um dos principais meios da violência capitalista" (p. 129). Para se ter ideia exata de tudo o que o capitalismo pode matar ao empobrecer a quem emprega ou desemprega, não basta contar as mortes diárias por miséria, por desnutrição ou por enfermidades curáveis. Nesse sentido, deveria calcular, pelo menos, a diferença de expectativa de vida entre as classes favorecidas e as prejudicadas pela exploração capitalista. Poderíamos ver que o capitalismo assassina prematuramente a dezenas e milhares de seres humanos a cada ano. Compreenderíamos, então, que a violenta miséria do capital mata mais que a soma de todas as guerras do planeta.

Outra expressão violenta do capitalismo, seguramente a mais reconhecida, formalizada e justificada, é a violência repressiva do Estado capitalista, o qual, em sua qualidade de Estado, possui o "monopólio da violência física legítima", segundo a famosa frase de Weber (2013, p. 8). Essa ideia, a mais popular desse autor, acabou se identificando com ele, no entanto não se pode esquecer que para formular essa frase, Weber inspirou-se em Trotsky, especificamente de sua declaração em Brest-Litóv: "tudo o Estado está fundado na violência" (p. 7-8). Essa declaração, por sua vez, era uma maneira de resumir um princípio básico do marxismo que já era postulado pelo jovem Marx (1843) em sua leitura de Hegel e em sua definição de "essência" do Estado como "situação de guerra", incluindo em tempos de "paz" (p. 335). No que se refere à guerra, como bem disse Walter Benjamin (2012) a paz do Estado nada mais é do que uma "sanção necessária a priori" de uma "vitória" guerreira por certas "relações", tais como um "direito" (p. 178). Por isso precisa sempre da polícia, a qual, nas democracias burguesas do capitalismo, está baseada na exploração – "testemunha da máxima degeneração possível da violência" (p. 183).

Repressão do Estado no capitalismo

Os vínculos substanciais internos do Estado com a violência e também com a exploração, talvez encontrem sua melhor formulação marxista, a mais clara e condensada quando Engels (1878/1986) define Estado como "uma organização da classe em cada caso exploradora para manter em pé suas condições externas de exploração e, por conseguinte, para reter violentamente a classe explorada sob o domínio violento da classe exploradora (escravidão, servidão, trabalho assalariado)" (p. 247). Dado que a classe exploradora atualmente é a capitalista, Engels não titubeia ao afirmar que o "Estado Moderno", aquele que ele conheceu e do qual não conseguimos nos libertar por meio de nenhuma utopia ideológica pós-moderna, "é essencialmente uma máquina capitalista, é o Estado dos capitalistas, o capitalista coletivo como tal" (p. 245).

Se o Estado moderno é uma máquina capitalista, é primeiramente uma máquina de matar, violentar e de reprimir. A repressão da máquina estatal do capitalismo recorre a todo tipo de crimes políticos: assassinatos e desaparições, voos[3] e esquadrões da morte, mutilações e violações; torturas físicas e psicológicas, demissões e fechamentos, ameaças e censuras aos jornais, detenção e matanças de manifestantes. Os instrumentos vão desde bombas, granadas e balas de chumbo até

---

[3] Os voos da morte foram uma prática de extermínio que as ditaduras militares da Argentina e Uruguai empregaram entre os anos de 1976 e 1983 para fazer desaparecer os opositores políticos, depois presos e torturados. Em seguida, subiam em um avião e, uma vez a bordo, os anestesiavam. Depois o avião prosseguia o voo sobre o oceano, os militares aproveitavam para espoliar os prisioneiros, os despiam e os colocavam em um saco com pedras e os lançavam ao mar. Disponível em: <http://www.muyhistoria.es/curiosidades/preguntas-respuestas/que-fueron-los-los-vuelos-de-la-muerte-101391157148>. Acesso em: 20 jul. 2016..

fação, pau, cassetete, choque elétrico, balas de borracha e gás lacrimogênio. Os executores são os ditadores, generais e coronéis, militares e paramilitares, médicos e psicólogos, sicários e outros mercenários, policiais públicos e secretos, agentes migratórios e de inteligência. As vítimas são comunistas e anarquistas, sindicalistas e democratas, jornalistas e defensores dos Direitos Humanos, militantes da base e líderes, mulheres e homossexuais, jovens e estudantes, professores e intelectuais, camponeses e indígenas, operários e vagabundos; explorados e excluídos, pobres e miseráveis. Todos têm padecido da violência do Estado capitalista em qualquer lugar, seja em Manchester (Inglaterra) ou Chicago (EUA), Río Blanco (Guatemala) ou Santa María de Iquique (Chile), Berlim (Alemanha) ou Madrí (Espanha), Guatemala ou Tlatelolco (México), Villa Grimaldi (Chile) ou Guantánamo (Cuba), Eldorado dos Carajás (Brasil) ou Atenco (México), Palestina ou Bagdá.

Não há nenhum momento em que não haja um ato de repressão do Estado em algum país capitalista. A função repressiva do Estado é aqui a mais básica e não deixam de operar, por mais que desenvolvam suas funções políticas e ideológicas, administrativas e persuasivas. Essas funções relativamente pacíficas, de fato, imbricam-se de maneira cada vez mais estreitas e perversas com a função violenta e repressiva dos Estados capitalistas, os quais, como nos demonstra Naomi Klein (2014) compreendem perfeitamente que violentar pode ser a melhor maneira de convencer.

Para a "instauração do capitalismo em estado puro" é preciso criar um *sujeito perfeitamente convencido* e para isso começa-se a destruir completamente o sujeito que não se deixa convencer e assim gera-se a "tabula rasa" na qual logo se escreverá a ideologia capitalista em sua "pureza ideal" (KLEIN, 2014, p. 45-46). Essa geração da tábula rasa, essa destruição do sujeito contestador, logicamente precisa dos meios violentos que foram implementados tanto por psiquiatras quanto por psicólogos, economistas, políticos, policiais e militares. Praticamente não há profissão que não tenha aportado algo para aparelhar com violência o caminho do capital.

Estado, violência e globalização

Muitos dos grandes acontecimentos de nossa época somente têm sentido quando são interpretados como demolições prévias a construção do capitalismo puro, neoliberal, global ou imperial. Situando-nos na perspectiva de Hardt e Negri (2005) esta "construção da ordem moral, normativa e institucional" do que eles nomeiam de "o império" é o propósito final da maior parte da violência que marca as relações internacionais de nossa época e que tem travestido a estratégia da "intervenção continua, tanto moral quanto militar". Isso, na realidade, é a forma como lógica do exercício da força que surge de um paradigma de legitimação baseado na ação policialesca em um Estado de Exceção permanente (p. 59).

O subcomandante Marcos (2003) nos mostra como a interminável guerra global em que vivemos, segundo ele a "Quarta Guerra Mundial", busca a "globalização do neoliberalismo" em "uma rede construída para o capital financeiro". Uma rede que debilita e torna "vulnerável os Estados nacionais", até o ponto de "destruí-los" (parágrafo 28-30). O Estado Nacional cede lugar às grandes empresas imperiais, transnacionais e supranacionais que estão em melhores condições para serem úteis ao capitalismo global. No entanto recentemente confirmamos que algumas vezes o capitalismo não pode privar-se dos serviços repressivos e violentos dos Estados nacionais. Nesse sentido, como sabemos a partir do marxismo, que os Estados adquirem rapidamente vocação imperial ou imperialista, que desbordam intrinsicamente seu marco nacional e se projetam como representantes do capitalismo global e fazem funcionar suas máquinas de matar para alcançarem suas metas: lucro e mais lucro... Citamos aqui o caso dos Estados Unidos, talvez em virtude de uma vantagem constitucional que o permite se estender em um "território sem fronteiras" (HARDT; NEGRI, 2005, p. 203).

Nas últimas cinco décadas, grandes regiões do mundo foram arrasadas pela *máquina capitalista* do governo estadounidense, a qual sob o pretexto da luta pela democracia e contra o terrorismo vem tentando e, a princípio, conseguindo implantar-se império econômico-político-ideológico do capital mediante as mais diversas ações violentas e destrutivas. Temos visto desfilar invasões sangrentas como a de Johnson no Vietnã durante os anos 1960; golpes de Estado como o de Nixon no Chile em 1973; grupos sanguinários armados como os *contras* apoiados por Reagan na Nicarágua durante os anos de 1980; as intervenções militares como as de Bush e Obama no Iraque, Afeganistão, Líbia e Síria desde os anos de 1990. Em todos os casos, preparando terreno para o capitalismo, a violência da máquina de matar vem deixando rastros de sangue, miséria, escombros, traumas psíquicos e enfermidades físicas e mentais.

Contudo além de exercer a repressão de Estado e na exploração do trabalho, a onda de violência do capitalismo canaliza-se também por incontáveis artérias que seria impossível aqui enumerar em sua totalidade. Vamos mencionar, como simples ilustração, os crimes do narcotráfico e dos demais setores delinquentes inseridos no sistema capitalista: os assassinatos cotidianos perpetrados por sicários não governamentais ao serviço das grandes corporações; as mortes e enfermidades humanas provocadas pelo afã do lucro nas indústrias farmacêuticas e agroalimentares, e esse gigantesco suicídio pelo lucro que pode acabar destruindo o planeta em função de produzir mais dividendos, mais ganancia, mais capital.

Conclusão: da violência capitalista à anticapitalista

Nesse sentido, vale destacar o esvaziamento do sentido da violência revolucionária no contexto do capitalismo, pois a ideologia deste sistema faz com a percepção da violência seja deslocada para a ordem da ilegalidade e consequentemente cria um dualismo em que a violência do Estado capitalista ganha um status de "legítimo", pois é acobertado por regulamentos que protegem os interesses da propriedade privada e, por outro lado, a violência dos manifestantes contrários a esse modelo são facilmente enquadrados como "vandalismo". Nessa senda, inverte-se a lógica do uso da violência e esta passa ter validade somente quando usada para exploração e regulação dos corpos para o trabalho.

Pensamos que a tradição marxista propõe que o papel da violência seja vista como "parteira" da história (MARX, 1867/2008, p. 639), e por isso se reconhece seu "caráter inevitável da revolução violenta" (LENIN, 1918/1974, p. 287). Nessa perspectiva, podemos conceber o ato revolucionário como um "ato de violência" que deve recorrer à "máxima força" (MAO TSE-TUNG, 1927/1976, p. 27), inclusive chega ao extremo de valorizar a violência como o único meio que pode satisfazer a um materialista, seja um acadêmico militante ou "as massas", assim como o mais firme dos sujeitos materialista, em seu "gosto voraz do concreto" que excluí qualquer "mistificação" idealista (FANON, 2002, p. 91).

Por isso a revolução violenta resulta duplamente digna de atenção quando a consideramos numa perspectiva como a nossa, a qual se articula com o marxismo e a psicanálise. Nas origens dessa articulação, na sessão de 10 de março de 1909 da Sociedade Psicanalítica de Viena, depois que Adler rendeu créditos a Marx tanto por seu descobrimento das "pulsões agressivas" constitutivas do capitalismo, quanto pela maneira que conseguiu fazer consciente o inconsciente. Freud retomou essa ideia para distinguir duas tendências históricas da humanidade: a primeira a de reprimir cada vez mais e a outra de cobrar cada vez mais consciência, o que permitiu que Federn e Adler apreciassem a função da consciência de classe marxista como forma de liberar a "pulsão agressiva" que se mantém reprimida no sistema capitalista e inibida entre os neuróticos e bem adaptadas ao sistema (ADLER et al., 1909, p. 71-176). A violenta revolução anticapitalista não seria apenas um retorno do reprimido, mas sim um retorno contra a própria violência constitutiva do capitalismo.

Ao considerar o imenso poder do sistema capitalista, então nos perguntamos como acabar com ele sem voltar seu poder contra ele próprio? Por acaso não é isso que ele tem feito com todo nosso poder ao extrair nossa vida explorada como força de trabalho? Como recuperar esta vida a não ser a partir de uma pulsão violenta contra o capitalismo?

Esperamos que essa siga sendo a única forma de revolucionar algo no mundo. Nesse sentido, podemos entender por que Mao Tse-Tung (1927/1976) nos disse que "fazer a revolução" contra a violência capitalista é incorrer simetricamente em um "ato de violência", e que esse ato é o único ato revolucionário, e que não pode ser algo tão "aprazível, amável, cortês, moderado e magnânimo" como "escrever uma obra", um livro como o presente (p. 27). Contudo, o próprio Mao (1930/1976), ainda que repudie a "tendência a render culto aos livros" que nos "separa da realidade", também reconhece que "necessitamos" deles (p. 41). Entretanto necessitamos deles, num sentido muito preciso: não como substituto de uma realidade que podemos nos divorciar, mas sim como parte da realidade, como sua prolongação ou continuação.

Talvez possamos fazer o exercício prático intelectual de uma violência revolucionária que retorne contra a própria violência capitalista. Se assim for, então, estaríamos seguros de haver começado a resolver, de algum modo, o problema que investigamos e, ao começar a resolvê-lo, teríamos ao menos a certeza de que iniciamos a investigá-lo, pois em uma retroatividade materialista como a nossa, "pesquisar um problema é resolvê-lo" (MAO TSE-TUNG, 1930/1976, p. 39).

Referências

ADLER, A.; FREUD, S.; FEDERN, P. De la psychologie du marxisme. In: NUNBERG, H.; FEDERN, E. (Orgs.), *Les premiers psychanalystes. Minutes de la Société Psychanalytique de Vienne II* (p. 171-172). Paris: Gallimard, 1909.

BENJAMIN, W. Para la crítica de la violencia. In: _____. *Ensayos escogidos* (p. 169-201). México: Coyoacán, 2012.

ENGELS, F. La subversión de la ciencia por el señor Eugen Dühring (Anti-Dühring). Coleção *Obras filosóficas*. México: FCE, 1878/1986. p. 1-284.

ENGELS, F. El papel de la violencia en la historia. In: MARX, K.; ENGELS, F. *Obras escogidas. Tomo III*. Moscou: Progreso, 1888/1980. p. 208-239.

FANON, F. *Les damnés de la terre*. Paris: La découverte, 2002.

FREUD, S. El malestar en la cultura. *Obras completas XXI*. Buenos Aires: Amorrortu, 1930/1996. p. 57-140.

HARDT, M.; NEGRI, A. *Imperio*. Barcelona: Paidós, 2005.

KLEIN, N. *La doctrina del shock. El auge del capitalismo del desastre*. México: Paidós, 2014.

LANGER, M. Psicoanálisis y/o revolución social. In: VOLNOVICH, J. C.; WERTHEIN, S. (Orgs.), *Marie Langer: mujer, psicoanálisis y marxismo*. Buenos Aires: Contrapunto, 1979. p. 65-76.

LENIN, V. El Estado y la revolución. *Obras escogidas.* Moscú: Progreso, 1918/1974. p. 272-365.

MARX, K. Crítica de la Filosofía del Derecho de Hegel. En Escritos de juventud. México: FCE, 1843. p. 319-438.

MARX, K. *Manuscritos: economía y filosofía.* Madrid: Alianza, 1844/1997.

_____. *Elementos fundamentales para la crítica de la economía política (Grundrisse) 1857-1858.* Tomo I. México: Siglo XXI, 1858/2009.

_____. *El Capital I.* México: FCE, 1867/2008.

_____.; ENGELS, F. *Manifiesto del Partido Comunista.* Moscou: Progreso, 1848/1990.

REICH, W. *Materialismo dialéctico y psicoanálisis.* México: Siglo XXI, 1989.

SERGE, V. *Lo que todo revolucionario debe saber sobre la represión.* México: Era, 1973.

SUBCOMANDANTE MARCOS (2003). *¿Cuáles son las características fundamentales de la IV Guerra Mundial?* Disponível em: <http://palabra.ezln.org.mx/comunicados/2003/2003_02_b.htm>. Acesso em: 12 jan. 2016.

MAO TSE-TUNG, M. Informe sobre una investigación del movimiento campesino en Junán. In: _____. *Textos escogidos de Mao Tse-Tung.* Pequim: Ediciones en Lenguas Extranjeras, 1927/1976.

_____. Contra el culto a los libros. In: _____. *Textos escogidos de Mao Tse-Tung.* Pekín: Ediciones en Lenguas Extranjeras, 1930/1976. p. 38-49.

VYGOTSKY, L.; LURIA, A. Introduction to the Russian translation of Freud's Beyond the pleasure principle Lev Vygotsky and Alexander Luria. In: VAN DER VEER, R.; VALSINER, J. (Orgs.) *The Vygotsky Reader.* Oxford: Blackwell, 1994. p. 10-18.

WEBER, M. *El político y el científico.* México: Colofón, 2013. p. 10-18.

2

VIOLÊNCIA NA ERA DA HEGEMONIA NEOLIBERAL[4]

Bert Olivier (África do Sul)

Introdução

É inegável que vivemos hoje em uma época de violência global sob o regime neoliberal do capitalismo, na qual o poder político e o poder econômico estão cada vez mais se fundindo em uma ordem capitalista (HARDT; NEGRI, 2001, p. 9).

Tal fato é facilmente evidenciado ao se ler diariamente jornais e revistas, ou ao assistir aos noticiários nos canais internacionais de televisão, tais como Al Jazeera ou CNN. Sem dúvida que os representantes dos Estados dominantes justificariam essa violência (exclusivamente militar) como sendo compelida pelo combate ao terrorismo, ou como um dos requisitos para a preservação da paz mundial. Contudo persiste o fato de que uma ação militar é invariavelmente acompanhada de um conflito violento, mesmo que realizada pela vigilância internacional.

Como compreender essa constatação em termos comparativos e históricos, e qual seu significado sob uma perspectiva psicanalítica? O presente capítulo propõe-se a responder essas questões, embora de uma maneira introdutória e investigativa.

---

[4] Tradução de Gisele Crisóstimo Brandão

O novo significado da "guerra" nos dias de hoje

Michael Hardt e Antonio Negri denominam a época de hoje como a era do "império", ou como o surgimento de um novo poder, supranacional e soberano, de múltiplos planos, dentre eles o plano político, econômico, jurídico, tecnológico e cultural. Em *Multitude – War and Democracy in the Age of Empire* (2006), em continuação ao *Empire* (2001), eles desenvolvem o conceito do novo significado da Guerra na era de hoje, que vai além do que a guerra significou na era moderna (a saber, a violência legal e legítima do estado) até o ponto em que se inclina para o absoluto (2006, p. 18).

Eles reconhecem essa condição, que se tornou global, como algo que precisa ser tratado primeiro para então poder conceber uma democracia global.

Eles percebem a Guerra dos 30 anos do século XVII, provocada pela defenestração de Praga, como sendo um sintoma de transição, partindo da concepção medieval da guerra para um conceito moderno bem diferente, que está atrelado à ideia do estado de nação soberana. Eles afirmam que, mais recentemente, os ataques ao Pentágono e ao *World Trade Center*, em Nova Iorque, em 2001, marcaram simbolicamente a transição do conceito moderno para o conceito pós-moderno da guerra. A arte da guerra na distinta Idade Moderna era entendida como uma questão de combate armado entre dois ou mais estados soberanos nacionais. Os autores argumentam que a guerra deve ser vista nesse contexto, conforme a conhecida observação de Clausewitz, em que a guerra é a política conduzida por outros meios. Para Clausewitz e outros teóricos da época, a política era algo gerido entre estados, e não, como pensamos hoje, algo que ocorre internamente em um estado ou país. Por essa razão, quando a política internacional não era mais suficiente para manter as relações pacíficas entre as nações, como estados soberanos, eles podiam (e o fizeram) declarar guerra uns aos outros. Isso é o que se conhece como guerra convencional (HARDT ; NEGRI, 2006, p. 3-6).

Ao mesmo tempo, irrompiam conflitos armados dentro das nações, surgindo o conceito de guerra civil, que ocorria quando um juiz soberano ou uma instituição parlamentar falhava ao resolver pacificamente as diferenças internas do estado. A diferença entre a guerra internacional, entre estados, e a guerra civil intranacional foi então bem delineada, embora seja verdade que às vezes uma provocou a outra. Além disso, a guerra internacional era governada por leis internacionais.

Ao mesmo tempo, a distinção entre ação militar interna a um país e ação militar externa, como se passou na era moderna, ainda é aplicável onde a mentalidade política moderna prevalece.

Hoje, Hardt e Negri (2006, p. 12-14) salientam, a guerra não é mais o que foi em termos modernos. Ao invés de uma clara e reconhecível diferenciação entre a função policial e o papel dos militares, essa distinção não é mais conclusiva, de modo que, crescentemente se testemunha militares executando missões policiais, justificadas pela manutenção da paz no espaço político global. Isso chega a muitas instâncias, nas quais as forças de paz de nações unidas (e muitas vezes, forças militares enviadas por nações específicas, tais como a França), intervêm em conflitos nacionais, como o genocídio em Ruanda na década de 1990. Um artigo de capa e dois outros relacionados em uma edição recente na Revista *TIME* (VON DREHLE, 2015), levantam a seguinte questão: se a América deveria intervir no conflito do EI (Estado Islâmico) devastando as fronteiras dos estados no Oriente Médio – algo claramente confirmado nas argumentações de Hardt e Negri, em que a guerra moderna entre estados soberanos não é mais o paradigma predominante.

Ainda mais importante, no entanto, é que a guerra se tornou uma condição difundida na era pós-moderna da globalização, e paulatinamente tem assumido o embuste da guerra civil global, se em última análise entendermos os conflitos militares armados entre diferentes grupos dentro do mesmo espaço (anteriormente nacional e soberano). Hardt e Negri (2006, p. 3-4) sintetizam isso como se segue:

> A guerra está se tornando um fenômeno generalizado, global e interminável. Existem atualmente inúmeros conflitos travados em todo o mundo, alguns são rápidos e limitados a um local específico, enquanto outros são longos e em expansão. Tais conflitos poderiam ser melhor entendidos não como instâncias de

guerra, mas sim como guerra civil. Enquanto a guerra, conforme entendida tradicionalmente pelas leis internacionais, é um conflito armado entre entidades políticas e soberanas, a guerra civil é um conflito armado entre combatentes soberanos e ou não soberanos, dentro de um único território soberano. Essa guerra civil deveria agora ser entendida além dos limites nacionais, uma vez que estes não são mais uma unidade efetiva de soberania, mas de todo o território global. O compêndio de leis internacionais sobre a guerra está defasado. Sob essa perspectiva, todos os conflitos armados que estão ocorrendo no mundo deveriam ser considerados como guerra civis imperiais, mesmo quando há estados envolvidos.

Essa afirmação precisa ser comprendida tendo em conta os primeiros estudos deles, *Empire* (2001; referido acima), no qual eles desenharam em diferentes planos, (econômico, político, cultural, jurídico), o advento de um novo tipo de soberania supranacional (além da nacional e internacional), no qual as Nações Unidas são um estágio de transição. Para conseguir entender o que está em jogo nessa nova era de contínua e violenta guerra global, eles empregam um conceito de um duplo estado de exceção. A primeira exceção é a germânica, derivada de uma tentativa, no começo do período moderno (considere as guerras civis na Inglaterra e a Guerra dos 30 anos na Alemanha), em acabar com o conflito civil relegando a guerra a algo que ocorre sob condições excepcionais, e não dentro das fronteiras estatais, mais às suas margens, entre um estado soberano e outro.

A guerra, sob essas condições particulares modernas, "foi um estado de exceção limitado" (HARDT; NEGRI, 2006, p. 6), e eles indicam que isso não é mais viável atualmente, pelo fato da proliferação de muitas guerras civis globais (p. 7), a erupção do qual vai de mão em mão com o declínio da soberania dos estados nacionais. Mas, ao invés do sonho kantiano da paz perpétua sob a liga das nações, o oposto está acontecendo, conforme demonstra a seguinte observação (2006, p. 7):

> Hoje, em vez de nos movimentar em direção a paz para alcançar esse sonho, nós parecemos ter regressado de volta no tempo dentro do pesadelo da perpétua e indeterminada guerra do estado, suspendendo a norma da lei internacional, sem uma

dinstinção clara entre a manutenção da paz e atos de guerra. O estado de exceção se tornou permanente e generalizado; a exceção se tornou a regra, permeando tanto as relações externas como as domésticas.

Se duvidamos da precisão da argumentação desses autores, basta observar o escopo global, e a implementação da guerra dos drones pelos Estados Unidos em terras estrangeiras nos últimos anos, embora essa prática transgrida as leis internacionais. No entanto, existe um segundo significado para o estado de exceção (HARDT; NEGRI, 2006, p. 8-10). Se o primeiro significado acima implica na suspensão temporária da constituição do estado, acrescido do seu poder especial para conseguir repelir uma ameaça externa, então o segundo e mais importante significado para o estado de exceção começa exatamente nesse ponto, na medida em que a exceção nos dias de hoje não se refere mais a uma ameaça externa, e não é mais temporária.

Isso se aplica particularmente ao que Hardt e Negri chamam de excepcionalismo Norte Americano novamente com um duplo sentido: primeiro no sentido ético em que os EUA afirmam ser a exceção global na medida em que a virtude republicana, pois acreditam ser a liderança mundial na defesa dos Direitos Humanos e da democracia e, em segundo, no sentido de afirmar ser a exceção das leis (internacionais). Conforme salientado por eles, os Estados Unidos progressivamente se eximem dos tratados e acordos internacionalmente obrigatórios, objeto de competências dos tribunais internacionais, relacionadas ironicamente com o meio ambiente e com os Direitos Humanos. Isso na prática significa que, em termos militares, os Estados Unidos não precisam obedecer às normas válidas para os outros. Na luz da evidência que Hardt e Negri apresentam (Cf. 2006, p. 36-95, 231-240, 268-288) para embasar seu argumento fica claro que a sociedade existente é testemunha de uma condição generalizada de um conflito global violento constituído por ofensivas e resistências ao cumprimento dessas normas.

Identificação e Agressividade

Embora a violência em questão aqui seja considerada em escala global, ela afeta a vida do sujeito individual. Para que isso faça sentido em termos psicanalíticos, e mantendo em mente que agressividade e violência não são sinônimos – a agressividade no sentido lacaniano pode ser entendida como a condição da possibilidade de agressão ou violência (EVANS, 1996, p. 534) – O trabalho preliminar de Lacan relativo aos complexos familiares (LEE, 1990, p. 13-17), a fase ou o estádio do espelho e a agressividade (LACAN, 1977; 1977a) tem uma importância peculiar[5]. Rapidamente explicado, o que aprendemos aqui é que a agressividade contra o outro em primeiro lugar é a agressividade para consigo próprio – para ser mais preciso, diante da imagem (especular) que se experimenta de forma ambivalente como sendo a si mesmo e sendo o outro, por meio da identificação com ela (OLIVIER, 2009). Em segundo lugar é essa alteridade que é transferida para outros indivíduos quando a criança os encontra em diversas relações sociais, e que forma a base da rivalidade, e agressividade como condição da possibilidade de agressão ou violência contra as outras pessoas.

Em dois ensaios anteriores de Lacan sobre os 'complexos familiares', (escritos para o 8º volume da Enciclopédia française de 1938), articulam-se as condições formais para o narcisismo e a agressividade. No primeiro dos dois ensaios, "O complexo como um fator concreto da psicologia familiar", Lacan distingue dentre três dos chamados imagos, os quais como estruturas básicas da família, organizam o comportamento dos indivíduos (LEE, 1990, p. 14). Cada uma dessas imagos, "o fraternal, o maternal e o paternal, (que vai ser desconsiderado aqui) ", é a incorporação inconsciente ou a representação de um complexo familiar que "reproduz uma certa realidade do ambiente" (apud LEE, 1990, p. 14). Das três imagos, o maternal é o mais significativo considerando o presente tema da violência. Isso está vinculado com o "complexo do desmame" da criança e representa a "deficiência congênita"

---

[5] A primeira versão do "estádio do espelho" foi na verdade escrita antes de Lacan ter escrito os outros ensaios referidos aqui, a saber em 1936, embora a versão publicada e revisada (de 1949) sucedeu a esses trabalhos (Cf. LEE, 1990, p. 13-17, 25).

da criança sinalizada pela dependência do bebê com o seio da mãe como fonte de satisfação para as necessidades do seu corpo (LEE, 1990, p. 14). Particularmente, a função estruturante dessa imago materna que é significativo aqui. Lacan permite que se compreenda isso como sendo a responsável por todas aquelas questões (fundamentalmente ideológicas) de qualquer tipo de plenitude, sejam elas religiosas, filosóficas (metafísicas), ou políticas, a medida que isso indicia a indissociável falta na parte do sujeito na fase de qualquer totalidade que se deseja (por trás do qual a apreciação satisfatória e "real" do seio maternal se esconde) (LEE, 1990, p. 14).

Nas palavras de Lacan (apud LEE, 1990, p. 14):

> Se fosse necessário definir a forma da imago mais abstrata onde isso é retomado, nós poderíamos caracteriza-lo assim: a perfeita assimilação da totalidade do ser. Sob essa formulação, com um aspecto levemente filosófico, nós conseguimos reconhecer essas nostalgias da humanidade: a ilusão metafisica da harmonia universal, o abismo místico da fusão afetiva, a utopia social de uma tutela totalitária, e todo o surto da obsessão com o paraíso perdido antes do nascimento ou da aspiração mais obscura em direção à morte.

Não é difícil de traçar uma conexão entre o que Lacan (1977, p. 2-4) chama de função "ortopédica" da imagem especular – dada a diferença entre a falta de jeito físico da criança e da unidade e totalidade desejadas da sua imagem especular – e da imago "materna" em termos do pleno representado por ambos, embora o último esteja localizado no plano do real, e não no imaginário, como a imagem do espelho. Isso posteriormente se identifica com o que Julia Kristeva (1997, p. 35) se refere como a chora semiótica do corpo maternal (a qual proporciona ao infante sua primeira experiência de quase-totalidade).

O que está em jogo aqui é um motivo estrutural dinâmico, o qual pode ser implementado de forma frutífera em um plano hermenêutico para fazer sentido as ações e experiências dos sujeitos na vida social, porém deve-se lembrar de que elas podem ser algumas vezes avaliadas em termos negativos, que é como sendo direcionada contra a representação da totalidade, enquanto que simultaneamente sendo sintomática de um esforço em direção a totalidade. Poderia até perceber aqui uma dialética, reminiscente do que está entre o mestre e o escravo de Hegel, direcionado à constituição de uma nova totalidade por intermédio da imagem.

A relevância da imago "fraterna" sustenta-se no que Lacan chama de "complexo da intrusão" (LEE, 1990, p. 14), o que justifica a inveja que acompanha a descoberta da criança de que a identidade dele ou dela é inseparavelmente conjunta com a de outros. O autor argumenta que, a inveja em questão deve ser compreendida primeiramente como representando uma "identificação mental" ao invés de uma "rivalidade vital" (apud LEE, 1990, p. 14).

Essa afirmação é compatível com o que argumenta Lacan no Estadio do Espelho (1977) e em seu ensaio sobre a agressividade (1977a), tendo em conta a ligação entre identificação e comportamento agressivo, e considera o comportamento agressivo de irmãos, entendido como a consequência de algo mais fundamental, isto é, a identificação de um com o outro, (pressupondo a identificação anterior com suas próprias imagens no espelho). Confirmando o que Freud (2011, p. 3812-3813) afirmou anteriormente sobre o assunto, a imago "fraterna" pode então ser entendida como o fundamento inconsciente do comportamento humano social, com a implicação de que a inveja é "o arquétipo dos sentimentos sociais" (LEE, 1990, p. 15).

A pertinência das considerações sobre a agressividade no presente tema da violência na era da hegemonia neoliberal, é mais aparente na medida em que são apresentadas juntas no ensaio de Lacan sobre a agressividade (1997a)[6]. O caminho para tal foi preparado no Estádio do Espelho (1977, p. 4), particularmente por sua observação, de que isso "cria" para os sujeitos, alcançado na sedução da identificação espacial, sucessões de fantasias que se estende a partir de uma fragmentada imagem de corpo para uma forma de sua totalidade a qual

---

[6] Embora Lacan divirja de Freud nisso, a agressividade como um fenômeno humano foi elaborado como um conceito psicanalítico estrutural em Freud além do princípio do prazer (2011a) e a civilização e seus descontentamentos (2011b). Na obra de Freud isso se manifesta como a única face do instinto de morte ou direção de morte, o outro sendo a tendência em direção à inércia ou a reconstituição de uma situação anterior.

eu venho chamar de ortopédica. "Isto é precisamente a unidade e totalidade não genuína da imagem no espelho" a qual não é reconhecida como o sujeito em si mesmo – que opera de um modo "ortopédico", que está, de algum modo, "corrigindo" a incoerente auto concepção do sujeito.

Mas isso não se dá sem amplas consequências com relação à agressividade – de fato, como Lacan aponta, sob a luz da evidência psicanalítica, as experiências vividas pelo corpo do sujeito anterior a (ilusória porém cativante) unidade percebida em sua própria imagem no espelho, assumem a forma das fragmentadas imagens do corpo. Estas, então chamados de imagos, atribuem aspectos de:

> [...] intenções agressivas...imagens de castração, mutilação, desmembramento, deslocamento, evisceração, devoramento, ruptura do corpo, em suma, os âmagos que eu agrupei sob o termo aparentemente estrutural dos âmagos do corpo fragmentado. (LACAN, 1977a, p. 11)

Em resumo, a agressividade se manifesta por meio de imagens de fragmentação e mutilação. Ademais, Lacan defende a correlação entre essa agressividade e o processo de identificação narcisista com a imagem no espelho do sujeito:

> [...] A agressividade é a tendência correlativa de um modo de identificação que nós chamamos narcisista, a qual determina a estrutura formal do ego do homem e do registro das entidades características do seu mundo." (LACAN, 1977a, p. 16).

Como isso é possível? Na luz da desarmonia que o infante vivencia entre o seu locus de identificação – sua ostensiva e unitária "auto-imagem" – e a real fragmentação do seu próprio corpo desajeitado, não é surpresa que Lacan (1977, p. 4) insiste na função simultaneamente alienante dessa identificação. Em concordância com o que salienta Lacan (1977a, p. 22), alguns comentaristas (BENVENUTO; KENNEDY, 1986, p. 57) observaram que esse momento de alienação implica "alteridade" da imagem no espelho, e engendra no sujeito uma rivalidade estrutural com ele ou ela mesma; consequentemente a agressividade (BOWIE, 1991, p. 34). Além do mais, a desarmonia dentro do sujeito entre um corpo fragmentado e a Gestalt visual unitária é transferida para as relações do sujeito infante com outros, à medida que ele ou ela se identifica com a aparência icônica (que é imagens do corpo) de outros seres humanos. E a rivalidade, de mãos dadas com a "competitividade agressiva" (LACAN, 1977a, p. 19) é uma parte integral dessas relações.

Essa agressividade direcionada aos outros no núcleo da estrutura do sujeito como eu (mim) é, portanto, em primeiro lugar agressividade direcionada a si próprio – ao menos em direção da imagem que é ambivalentemente vivenciada como sendo si mesmo e como sendo estranho a alguém e ao mesmo tempo, e com o qual alguém entra em rivalidade precisamente pelo fato de ter-se vivenciado como o "outro". É essa alteridade que é transferida para outros indivíduos quando a criança as encontra nas diversas relações sociais, e que forma a base para a rivalidade e agressão para com eles. Lee coloca isso de uma boa maneira (1990, p. 27; cf. LACAN (1977a, p. 19):

> [...] A discrepância entre a experiência do corpo fragmentado da criança e sua identidade unificada e imaginária, dá vasão para um tipo de paranoia primordial, no jovem mim "ao modelar-se pelo outro, e que também está modelando seus próprios desejos nos desejos do outro, e a consequência inevitável disso é uma rivalidade agressiva entre a criança e o outro pelo objeto desejado pelo outro. Dessa maneira, a agressão direcionada para os outros é encontrada bem no centro da estrutura do mim".

Violência, Identificação e a Nova Ordem Mundial

O que se pode aprender sobre a Nova Ordem Mundial do império, percebida por meio das lentes da teoria de Lacan sobre a identificação imaginária e agressividade? Somos afetados pelo mesmo padrão de identificação com uma imagem "ideológica" de unidade ilegítima, que simultaneamente atrai e aliena, concomitantemente engendrando uma rivalidade agressiva com o "outro" em si mesmo, bem como com os demais. É esclarecedor observar mais de perto o evento referido por Hardt e Negri como demarcando uma transição simbólica entre a guerra "moderna" e a guerra "pós-moderna", a saber, os ataques de 11 de setembro de 2001, nos Estados Unidos, nas torres gêmeas do *World Trade Center* e no Pentágono. Jacques Derrida (2003, p. 86) chama atenção para o fato que, apesar de o 11 de setembro de 2001 ser "ao menos sentido" com ostensiva urgência, para ser um evento do tipo "imprescedente",

> Este "sentimento" é na verdade menos espontâneo do que parece: é em uma larga escala condicionado, constituído, se não de fato construído, circulado a qualquer preço através da mídia por meio de uma tecnomáquina-social-política e prodigiosa.

Conforme ele expõe, descrever isso como um ato de "terrorismo internacional" não é um "conceito rigoroso" que apanharia a "singularidade" absoluta do que aconteceu. A incapacidade da linguagem para designar a esse evento um horizonte de significado, Derrida (2003, p. 86) insiste que esse evento revela em si mesmo uma "repetição mecânica" da data, uma observação que demonstra o conhecimento profundo do autor da teoria psicanalítica, especificamente a noção da "compulsão a repetição" e o que isso representa. Não importa o quão aparentemente eficaz se registre o evento (como condensado na imagem das duas torres implodindo) nos dominantes discursos do momento, ou o quão inesquecível se torna a sequência de imagens que representa a implosão sucessiva das torres gêmeas, o evento por si só vai sempre comprovar ser ilusivo.

A função da repetição compulsiva é exatamente tecer uma teia de familiaridade icônica e simbólica ao redor do "evento" – que, pertencendo a "realidade lacaniana, excede a simbolização (COPJEC 2002, p. 95-96) – por meio do qual já foi "historicamente" armazenado, mesmo se isso ilude o momento em que você pensa já ter conhecido isso. É pertinente para o presente tema que, de acordo com Derrida (2003, p. 88) a injunção ameaçadora para repetir o nome 11 de setembro, vem de uma constelação de poderes dominantes, eles mesmos dominados pelo idioma anglo-americano, o qual o evento não pode separar de em sua forma globalizada, retórica, interpretativa, icônica. Para se distinguir de maneira rigorosa entre a impressão e interpretação como sendo supostamente um "fato imediato", uma obrigação política e filosófica, segundo Derrida (2003, p. 89). Por essa razão, o autor salienta que:

> Nós podemos dizer que a impressão é "informada", nos dois sentidos da palavra: um sistema predominante que lhe deu forma, e então esta forma circula através de uma máquina de informação organizada (linguagem, comunicação, retórica, imagem, mídia, e outros). Esse aparato informacional vem desde o início político, técnico e econômico.

O que Derrida ressalta aqui é que toda a rede de agências mutuamente reforçadoras, inclusive a mídia, a tecnociência, bem como as instituições militares, econômicas e diplomáticas, produziu o que subsequentemente se tornou conhecido como o 11/9 ou 11 de setembro. Poderia dizer que isso primeiramente se tornou visível como um "evento" em suas formas constituintes quando foi difundido sob o "prisma" da linguagem, de discursos dominantes, de imagens, da mídia e de canais de comunicação. O que eu quero demonstrar é que o nome 11/09, dentro do qual está registrada a imagem das torres implodindo, tornou-se um local de identificação no espaço globalizado, dominado pelas forças do império. Indo ainda mais além, a lógica da identificação e rivalidade, acompanhada de agressividade, é inseparável de tal processo de identificação à luz do que a imagem significa, e que tal rivalidade e agressão, ou violência (engendrada pela agressividade latente) estão operando globalmente entre as forças do império e os agentes que se opõem a elas.

Sob uma perspectiva analítica, o discurso lacaniano de David Pavón-Cuéllar (2010, p. 284-285) nos ajuda a compreender isso como violência simbólica à medida que o discurso deve, por necessidade, "matar" o real dos sujeitos. Consequentemente, além das pessoas que morreram no colapso das torres gêmeas, no plano do "real" lacaniano, os sujeitos que articularam sua resistência contra a hegemonia do Estado capitalista constitutivos do império (não somente em linguagem, mas por meio do trabalho e do sofrimento dos seus corpos) são repetidamente "assassinados" pelo discurso do mestre que emana da reafirmação reacionária do poder global na raiz do 11/09 [7].

O que significa a imagem do colapso das torres gêmeas? Primeiramente, e o mais notável, a destruição dos trabalhos de arquitetura que simbolizava o Ocidente, ou mais particularmente, a supremacia econômica americana, e simultaneamente o extermínio da ideia do isolamento militar "impenetrável" da América em relação ao restante do espaço global. Em segundo lugar, significa que existe uma representação hostil aos EUA e ao Ocidente (ao império). Além disso, conforme a interpretação de Derrida mencionada anteriormente o 11/9 se tornou a metonímia de uma série de significações no espaço comunicacional global, que se eleva a convicção de que a única resposta possível ao atentado, era aquela que agressivamente reafirmou a supremacia Ocidental e Estadunidense, por meio da dominância da mídia global. Chegou-se a esse fato ainda quando a oportunidade foi criada para que os EUA e o Ocidente adotassem uma postura menos agressiva e mais receptiva para com aqueles países os quais poderiam perceber isso como sendo uma atitude econômica, política e militarmente imperialista, e inacessível em termos simbólicos (SORKIN, 2002; OLIVIER, 2003; 2007; 2012)

A seguinte observação feita por Pavón-Cuéllar (2010, p. 293) capta bem o que está em jogo aqui:

> Contra a violência irracional que subjaz a ordem estabelecida e que pode chegar a subverte-la, há uma violência racional que serve e obedece a uma racionalidade convencional da mesma ordem estabelecida. Considerando que a violência racional forma parte desta racionalidade política, podemos dizer que esta racionalidade está protegida por sua própria violência racional. Está protegida contra sua violência real irracional subjacente, no entanto também contra a violência de outras racionalidades simbólicas.

---

[7] Por falta de espaço não é possível abordar aqui a extensa investigação de Pavón-Cuéllar (2010) sobre relevância da teoria psicanalítica lacaniana a respeito da psicologia social, particularmente a pertinência de suas ideias sobre a relação entre a "violência simbólica" e a "agressividade imaginária". É suficiente dizer que, até onde posso julgar, minha análise é amplamente compatível com o argumento complexo e sutil de Pavón-Cuéllar (ver especificamente 2010, capítulo 9).

Além disso, o que se pode aprender de Lacan sobre o processo de identificação em relação à imagem metonímica do 11/09, é que por conseguinte isso sugere previamente uma imagem "total" (egoica) das torres gêmeas, que é de fato com o que os sujeitos "patriotas" se identificam (em sua ausência) ao invés da imagem mutilada dos prédios eviscerados que representa a sua agressividade (LACAN 1977a, p. 11). Apesar de se identificar com o que esta persistente imagem parece significar, a saber o coletivo cultural *eu ou ego, com o qual se entra em rivalidade pelo "objeto de desejo". O "objeto de desejo" nesse caso é, obviamente, poder – cultural, tecnológico, econômico e político. Isso responde pelas numerosas instituições ocidentais e "estrangeiras" – desde empresas paramilitares de segurança até empresas internacionais de petróleo – que disputam pelo sucesso econômico no espaço global da hegemonia neoliberal (KLEIN, 2007).

E, seguindo a cadeia metonímica de significantes desde as torres gêmeas em colapso até as incontáveis imagens de guerras globais, ou de conflitos armados, transmitidos por meio da mídia de massa – e que se tornam os próprios significantes do poder conflitante. Pense nas diferenças entre Al Jazeera, RT (Russia Today) e CNN – hoje é aparente que a rivalidade agressiva pelo poder global é intensa, e vem acompanhada de violência contínua.

Somos tentados a complementar a interpretação de violência global sob o regime neoliberal atual (ou império) representado aqui por uma outra, relacionada, a qual se refere à teoria dos quatro discursos de Lacan (2007) – do mestre, do universitário, da histérica e do analista. No discurso do mestre o significante mestre (S_1) organiza as relações sociais de tal forma em que a verdade sobre a própria falibilidade do mestre como um sujeito do inconsciente é reprimida, enquanto simultaneamente ordena o saber existente para seu próprio benefício ($S_1 > S_2$), e concomitantemente produz gozo. O discurso do universitário (o significante para o saber é o S_2) organiza a sociedade por exercer ou comandar o gozo *excedente ($S_2 > a$), concomitantemente produzindo o sujeito dividido do inconsciente, enquanto reprime ou esconde a verdade sobre sua própria conexão com o significante do mestre (S_1 / S_2) (o fato de que ele está a serviço do mestre, ou do poder dominante).

O discurso da histérica (o significante para o sujeito dividido é $) constrói as relações sociais por se dirigir, ou talvez preferivelmente, por desafiar e provocar o significante mestre ($>S_1$), simultaneamente produzindo saber, e reprimindo a verdade do seu próprio *gozo*excedente (jouissance). O discurso do analista (o símbolo para o gozo excedente é a) que é atribuído ao saber (reprimido), constrói as relações sociais ao se dirigir ao (significante do) sujeito dividido (a>$), e recria no processo um significante mestre temporário e relativizado.

O discurso do mestre representa o discurso dominante da época (religião na Idade Medieval europeia, economia hoje) o discurso do universitário desloca os sistemas de saber valorizados na mesma época para a atualidade (que, como o escravo de Hegel, serve o mestre. LACAN, 2007, p. 20-22). O discurso da histérica representa aquelas posições discursivas que desafiam o discurso do mestre (e do universitário), mas também aquela da ciência autêntica, com sua interrogativa persistente, e natureza estruturalmente indeterminada; e o discurso do analista responde pela posição simbólica a partir da perspectiva da qual o desejo do sujeito dividido pode ser percebido. O que se pode obter admitidamente de forma resumida desse esboço das diferenças estruturais entre os quatro tipos de discurso, é que a "histérica", seja como uma pessoa patológica, ou como escravos nos tempos pré-modernos, ou como revolucionários, ou desidentes intelectuais que resistem aos poderes hegemônicos de uma era, – questiona e interroga o mestre, ou aqueles que ocupam posições de poder dominante.

Atualmente, o discurso do mestre é aquele do capitalismo neoliberal (sem considerar o que é ressaltado na nota 6), ou mais amplamente, da democracia liberal, dada as formas complexas com que o econômico e o político estão interligados, com o político sempre suprindo o capitalismo com os meios legais para assegurar suas múltiplas colonizações da vida humana – o mundo pelo amor ao lucro. Como nos dizem Deleuze e Guattari (1983, p. 33-35) para que o capitalismo possa tirar proveito de suas múltiplas "desterritorializações"[8], estabelecem múltiplos "fluxos de desejo", o que requer intervensões jurídicas pelo Estado – na forma de "reterritorializações" – para garantir áreas de obtenção de ganhos.

A máquina "capitalista" desterritorializa os fluxos para extrair a "mais valia" e de maneira correspondente, "seus aparatos auxiliares, como burocracias governamentais e as forças da lei e da ordem", incansavelmente "reterritorializam", absorvendo a mais valia. O que o significante mestre, S1, esconde, portanto, é o significante para o sujeito dividido, $, graficamente ilustra essa relação entre o capital e o sujeito esquizofrênico (ou "desterritorializado") que ele domina.

O que se aprende com isso, é que todo sujeito, na medida em que ele ou ela é um sujeito de desejo, é capaz de ocupar posições diferentes no discurso, nas quais o "discurso" significa, de maneira geral, a ordem simbólica lacaniana – que é linguagem, a qual não é neutra ou inofensiva, contudo abrange um ponto de convergência entre o significado (significação) e o poder. Por essa razão, não existe posição no registro simbólico que se isenta de incluir um ser falante dentro de um certo grupo de relações de poder. Embora isso possa parecer contra intuitivo, Pavón Cuéllar (2010, p. 236-238) mostra, no caso, que se pode ocupar a posição de "revolucionário" sob uma perspectiva do significante do mestre (do capital, por exemplo) pelo qual ele ou ela "falou". No entanto o significante mestre não pode dar conta do sujeito dividido entre um Outro e sua "identidade" enquanto "revolucionária". No discurso articulado pelo revolucionário, novamente, ele ou ela ocupa a posição do sujeito dividido como histérica, que "de fato fala", embora seu ser real não possa ser capturado na rede simbólica do discurso (PAVÓN-CUÉLLAR, 2010, p. 278-279).

---

[8] Parece que por "desterritorialização" Deleuze e Guattari querem dizer a destruição do êxtase que acompanha a identificação de Oedipal, e a liberação da produção dos fluxos de desejo. Isso vai de mãos dadas com a "decodificação" (de fluxos) e é o oposto da "reterritorialização" que é dita para "aprisionar" o "processo" (DELEUZE; GUATTARI, 1983, p. 382). Como tal, isso é parte e parcela do que eles entendem por (a tarefa da) "psicanálise", que intenciona ao destruir todos os vestígios da repressão de (Oedipal) (via ego) por meio da deterritorialização, e (no segundo momento), no processo, uma favorável produção de desejo da esquizoide livre (1983, p. 316; 310-382).

Conclusão

Ao retomar o tema da violência na hegemonia neoliberal, ou seja, as consequências concretas, no corpo das pessoas, da função policial, quase militar dos agentes das instituições que representam o império, significa os efeitos do discurso do mestre, enquanto que a dominância do discurso neoliberal, por meio da mídia global, conforme apontado por Derrida que diz que o discurso universitário está subordinado ao mestre. É difícil isolar um complexo fixo discursivo como o da histérica; no entanto o encontramos em toda posição discursiva contemporânea na qual o significante do mestre é referenciado, ou acusado de uma forma que "produza saber" – por ocasião as revelações de Edward Snowden sobre as operações de fiscalização secreta da NASA Americana (OLIVIER, 2013), ou da exposição impiedosa do cepticismo neoliberal feita por Naomi Klein (2007; 2014). Além disso, o discurso da histérica é registrado sintomaticamente e violentamente em milhões de corpos de trabalhadores sofredores de forma global – desde a exploração da mão de obra na qual trabalhadores mal pagos e fisicamente explorados nos países de terceiro mundo fabricam produtos eletrônicos ou roupas de marca e sapatos para as corporações multinacionais, até as minas de carvão por todo o mundo onde negligentemente os trabalhadores mal pagos arduamente labutam para extrair o metal precioso para o lucro dos executivos e acionistas das corporações.

É sob a perspectiva do discurso do analista que a divisão do sujeito desejante se torna aparente (isto é, o desejo do sujeito em cujo discurso ou em cujo corpo é registrado sua impotência ou insuficiência). Isso ocorre nos dias de hoje por meio de um largo espectro discursivo, por exemplo, no trabalho de pessoas como Slavoj Žižek (2009), Ian Parker (2011), Julia Kristeva (1997), David Pavón-Cuéllar (2010), Kazuo Ishiguro (2005), Naomi Klein (2007) e Paul Hawken (2007), isso para mencionar apenas alguns nomes, nos quais é possível encontrar sugestões valiosas a respeito da rearticulação da relação de um indivíduo com o poder. Sendo de grande importância que, por meio da função mediadora do discurso do analista que um novo significante do mestre é produzido, porém nesse momento de uma maneira relativizada e revisável (BRACHER, 1994).

Buscou-se nesse capítulo proporcionar uma visão breve e unitária sobre a maneira que a violência, sob o regime neoliberal e na época do império pode ser conceituada. Todavia, isso é somente um ângulo de incidência dentro de um fenômeno multifacetado que afeta a vida concreta de milhões de pessoas em todo o mundo. Por essa razão, espera- -se que este trabalho possa contribuir para a compreensão dessa ordem global, bem como a resistência efetiva a ela.

Referências

AGAMBEN, G.. Homo Sacer. *Sovereign Power and Bare Life*. Stanford: Stanford University Press, 1998.

BENVENUTO, B. ; KENNEDY, R. *The works of Jacques Lacan. An introduction*. London: Free Association Books, 1986.

BOWIE, M. *Lacan*. London: Fontana Press,1991.

BRACHER, M. On the psychological and social functions of language: Lacan's theory of the four discourses. In : BRACHER, M., ALCORN JR., M. W., et al. *Lacanian Theory of Discourse. Subject, Structure and Society*. New York: New York University Press, 1994, p. 107-128.

COPJEC, J. *Imagine there's no woman. Ethics and sublimation*. Cambridge, Mass.: The MIT Press, 2002.

DELEUZE, G. ; GUATTARI, F. *Anti-Oedipus. Capitalism and schizophrenia*. v. 1. Trans. Hurley, R., Seem, M. e Lane, HR. Minneapolis: University of Minnesota Press, 1983.

DERRIDA, J. Autoimmunity: Real and Symbolic suicides – A Dialogue with Jacques Derrida. In: BORRADORI, G. (Org.) *Philosophy in a Time of Terror*. Chicago: The University of Chicago Press, 2003, p. 85-136.

EVANS, D. *An Introductory Dictionary of Lacanian Psychoanalysis*. London: Routledge, 1996.

FOUCAULT, M. *The history of sexuality*. v 1: An introduction. Trans. Hurley, R. New York: Vintage Books, 1980.

FOUCAULT, M. *Discipline and punish. The birth of the prison*. Trans. Sheridan, A. New York: Vintage Books, 1995.

FREUD, S. Group Psychology and the Analysis of the Ego. In: SMITH, Ivan. *Freud – Complete Works* Kindle edition, 2011 p. 3763-3834.

_____. Beyond the pleasure principle. In: SMITH, Ivan. *Freud – Complete Works*. Kindle edition, 2011a. p. 3713-3762

_____. Civilization and its Discontents. In: SMITH, Ivan. *Freud – Complete Works*. Kindle edition, 2011b, p. 4462-4532.

HARDT, M.; NEGRI, A. *Empire*. Cambridge, Mass.: Harvard University Press, 2001.

_____. *Multitude. War and Democracy in the Age of Empire*. London: Penguin Books, 2006.

HAWKEN, P. *Blessed Unrest*. New York: Viking Penguin, 2007.

ISHIGURO, K. *Never Let Me Go*. London: Faber and Faber, 2005.

KLEIN, N. *The shock doctrine. The rise of disaster capitalism*. London: Allen Lane Penguin, 2007.

_____. *This Changes Everything. Capitalism vs. the Climate*. London: Penguin Books, 2014.

KRISTEVA, J. Revolution in poetic language. In: OLIVER, K. (Org.) *The portable Kristeva*. New York: Columbia University Press, 1997, p. 27-92.

LACAN, J. The mirror stage as formative of the function of the I as revealed in psychoanalytic experience. In: SHERIDAN, A. (Trans.) *Écrits: A selection*. New York: W.W. Norton, 1977, p. 1-7.

_____. Aggressivity in psychoanalysis. In: SHERIDAN, A. (Trans.) *Écrits: A selection*. New York: W.W. Norton, 1977a, p. 8-29.

_____. The function and field of speech and language in psychoanalysis. In: SHERIDAN, A. (Trans.) *Écrits: A selection*. New York: W.W. Norton, 1977b, p. 30-113

_____. 1978. On psychoanalytic discourse. p. 1-15. Trans. STONE, J.W. Disponível em: <http://web.missouri.edu/~stonej/Milan_Discourse2.pdf>. Acesso em : 9 maio 2008.

_____. *The other side of psychoanalysis; 1969-1970 The seminar of Jacques Lacan*, Book 17. Trans. GRIGG, R. New York: W.W. Norton & Co, 2007.

LEE, J.S. *Jacques Lacan*. Amherst: The University of Massachusetts Press,1990.

OLIVIER, B. After the World Trade Center: Architecture at the crossroads. *South African Journal of Art History 18*, December, 2003, p. 94-103.

_____. The question of an appropriate philosophical response to 'global' terrorism: Derrida and Habermas. *Freiburger Zeitschrift für Philosophie und Theologie* 54 (1/2), 2007, p. 146-167.

_____. That strange thing called 'identifying'. *South African Journal of Psychology* 39 (4), 2009, p. 407-419.

_____. When will the truth finally emerge? *Mail & Guardian* Thoughtleader, 2012. Disponível em: <http://www.thoughtleader.co.za/bertolivier/2012/05/19/911-when-will-the-truth-finally-emerge/>

_____. When fact imitates fiction: The Snowden case. *Mail & Guardian* Thoughtleader, 2013. Disponível em: <http://www.thoughtleader.co.za/bertolivier/2013/06/14/when-fact-imitates-fiction-the-snowden-case/>

PARKER, I. *Lacanian Psychoanalysis. Revolutions in Subjectivity*. London: Routledge, 2011.

PAVON-CUELLAR, D. *From the Conscious Interior to an Exterior Unconscious. Lacan, Discourse Analysis and Social Psychology*. London: Karnac Books, 2010.

SORKIN, M. ; ZUKIN, S. (Orgs.). *After the World Trade Center. Rethinking New York City*. New York: Routledge, 2002.

VON DREHLE, D. The War on Isis. Revista *TIME*, 9 mar. 2015, p. 14-21.

ŽIZEK, S. *Violence – Six Sideways Reflections*. London: Profile Books, 2009.

3

A VIOLÊNCIA NO CAPITALISMO:
ENTRE A LUTA PELA VIDA E A PAZ DOS SEPULCROS[9]

David Pavón-Cuéllar (México)

Introdução: questionamentos

Existe uma violência inerente ao capitalismo? Se isso for assim, o que a distingue de outras expressões violentas da civilização humana? Como relaciona-se com elas? Essas expressões violentas têm um denominador comum?

Podemos equiparar a violência do capital com a que se opõe ao capital? É possível considerar que toda a luta histórica de classes comporta uma luta biológica pela vida? Se a resposta for afirmativa, como se servir da biologia na teoria da história? Que tão compatíveis ou incompatíveis resultam as concepções marxianas e marxistas a respeito dos diferentes evolucionismos de Lamarck, Spencer e Darwin? Esses fundamentos evolucionistas envolvem orientações políticas diferentes?

Há vínculos essenciais e não somente encontros circunstanciais entre o evolucionismo spenceriano e o capitalismo liberal; entre a opção lamarckiana lysenkoista e o marxismo-leninismo estalinista; entre Marx e Darwin? O que significa, por exemplo, que Marx e Darwin apostem na luta. O que significa, por exemplo, que Marx e Darwin coloquem o acaso e a luta na origem das transformações?

---

[9] Tradução de Nadir Lara Junior

A que se refere à concepção de luta pela perspectiva marxiana, visto que se luta sempre pela vida, como em Darwin, ou pode chegar a se lutar pela morte? Nesse sentido, há uma luta pela morte? Como concebê-la numa perspectiva darwinista?

Necessitamos da psicanálise para considerar a possibilidade de uma luta pela morte? A necrologia freudiana da pulsão de morte pode complementar a biologia darwinista do impulso a vida em sua relação com a teoria marxiana-marxista da história e da luta de classes?

Sim, o marxismo se vê assaltado por noções como as de luta pela vida e luta pela morte. Não há risco de trair seu materialismo ao recair em uma teleologia idealista e ao renunciar ao conhecimento do contingente, o aleatório, o inexplicável e incompreensível? Como evitar essa recaída?

Como justificar a violência revolucionária sem pretender explicá-la? Como evitar a ilusória compreensão da morte quando nos atrevemos a refletir sobre ela? Como relatar o que sucede em um cemitério sem aspirar resolver seu mistério?

Marx e Spencer em Highgate

Karl Marx é o hóspede mais famoso do cemitério londrino de Highgate. Seu túmulo é o mais visitado, fotografado e adornado com flores, moedas, pedras, mensagens ou ripas. Contrastando com a desolação do entorno, alguém possa, quem sabe, até sentir um pouco de lástima pelos demais residentes do cemitério.

Alguns dos vizinhos vivos de Marx invejariam sua popularidade eterna. Evidentemente, não seria o caso dos camaradas marxistas que se ajeitaram para ficar enterrados ao redor do nosso líder máximo. Nesse sentido, eles deveriam se alegrar ao comprovar que os vivos, assim como eles, os mortos continuam rodeando e acompanhando a Marx. Para além dos marxistas, Marx tem outros vizinhos esquecidos. Um deles, plantado justo em frente ao busto de Marx, é nada mais, nada menos do que Herbert Spencer, este filosofo inglês evolucionista e ultraliberal que de verdade não pode haver escolhido pior lugar para passar seus últimos dias.

Tudo parece se opor a nossos dois veneráveis defuntos. Marx deseja o comunismo, Spencer defende o liberalismo. A visão individualista spenceriana contradiz diametralmente com o projeto marxiano e marxista. Quando Marx e seus seguidores demandam igualdade social, Spencer e seus semelhantes clamam por maior concorrência entre os indivíduos. Quando o fatalista ultraliberal prescreve a inevitável adaptação individual, o rebelde socialista reivindica a necessária transformação social.

A revolução do revolucionário Marx é também contra a evolução do evolucionismo de Spencer. O positivismo contemplativo spenceriano é aquele que se posiciona contra a negatividade subversiva marxiana.

Comunismo e liberalismo no mundo

A oposição entre Marx e Spencer corresponde a um dos principais enfrentamentos econômicos e político-sociais dos que tem se destroçado as sociedades ocidentais entre os séculos XIX e XXI. É o enfrentamento que tem se expressado nos sucessivos conflitos entre liberais e socialistas; entre capitalistas e comunistas; entre um lado e outro da Cortina de Ferro; mas também entre duas opções ocidentais, entre a escola de Chicago e o keynesianismo; entre o fundamentalismo de mercado e o intervencionismo ou protecionismo; entre defensores da livre concorrência e partidários do Estado de Bem-estar social na Europa; entre o espírito de Clement Attlee e de Margaret Tatcher no Reino Unido; entre o New Deal e a Reaganomia nos Estados Unidos; entre neoliberais e populistas de esquerda na América Latina, entre cardenismo e salinismo no México.

Se passarmos por alto sobre as lacunas históricas regionais e muitos outros detalhes, podemos considerar, em termos bastantes gerais, que o campo de Marx ganhou terreno sobre o de Spencer até os anos 70, porém logo começou a retroceder e perdeu quase todo o terreno que havia ganhado. E se ganhar esse terreno foi um processo lento, árduo e doloroso, perdê-lo foi rápido e fácil. Bastou soltar o que foi ganho. Várias intrigas na cúpula dos políticos, funcionários e empresários anularam um século de sangrentas lutas e enormes sacrifícios de milhões de pessoas.

Desde pelo menos três décadas, o marxismo está em uma posição desfavorável com respeito a tudo aquilo que Spencer pode ter pregado. Contudo, no cemitério de Highgate quase ninguém se importa com o túmulo de Spencer, contudo o de Marx não deixa de ser visitado. Talvez isso seja porque Marx pensou mais nas pessoas do que nas coisas, no entanto Spencer, como qualquer outro liberal, preferiu inclinar-se para a riqueza, dinheiro, mercadorias e sua liberdade de circulação no mercado.

Companhia e solidão no cemitério

Se as mercadorias pudessem se deslocar por si mesmas, seguramente iriam se aglomerar com veneração ao redor dos túmulos de todos os defuntos liberais do planeta. No entanto sabemos que as mercadorias, por mais que as tornemos um fetiche, não se movem por si mesmas. Requerem o trabalho dos seres humanos. Por si mesmas, as coisas estão mortas, não menos mortas do que Spencer. É, no entanto, natural que reine a paz dos sepulcros no túmulo do ilustre filósofo inglês, todavia o de Marx não deixa de ser frequentado pela vida.

Há outra possível razão menos transcendente, mais trivial, que também poderia explicar a pouca frequência no tumulo de Spencer. Talvez as pessoas que teriam boas razões para visitar nosso pensador liberal, aquelas beneficiadas por seu liberalismo, estão demasiadamente ocupadas enriquecendo, governando o mundo e especulando nos mercados financeiros e não tenham tempo suficiente para visitar a seu benfeitor e talvez nem para conhecê-lo. Por exemplo, quando o presidente neoliberal mexicano Enrique Peña Nieto e sua comitiva de ávidos empresários e funcionários corruptos estiveram em Londres em junho de 2015, deveriam tratar de vários suculentos negócios e teriam tempo para visitar Spencer e os demais pensadores desconhecidos que se dedicaram a legitimar essa classe de negócios.

Seja por falta de tempo dos comerciantes ou por falta de vida própria das mercadorias, o caso é que em nenhuma vez foram visitar o tumulo de Spencer. Ele, pobre morto, deve resignar-se na companhia de quem foram seus piores inimigos, os comunistas e socialistas, os quais, em sua maioria, nem se quer haviam percebido sua presença. Talvez alguns deles, os mais advertidos, incomodem-se e busquem sua lápide, porém somente será porque viram-na indicada no mapa do cemitério e fazem-nos recordar vagamente que aquele velho Spencer foi o mais importante representante do darwinismo social do século XX, que o possível de se pensar dele, mesmo que seja uma ideia inexata.

Darwin e Lamarck em Spencer

O suposto darwinismo social de Spencer pode fazer, ao menos que se desvaneça sua mencionada oposição com respeito a Marx, que os marxistas, ao ver seu tumulo, não o olhem com ódio, senão mostrem indiferença ou quem sabe incluir um pouco de simpatia, já que os nomes de Marx e Darwin, como bem sabemos, apareceram frequentemente associados a alguns lugares comuns de nosso imaginário moderno. Os dois barbudos teriam atingido um golpe mortal às mais reconfortantes convicções do mundo ocidental. Representariam a ciência contra a superstição; a terra contra o céu; o materialismo contra o idealismo. Ser darwinista seria quase como ser marxista. Spencer formaria parte dos demais bons camaradas que rodeiam o túmulo de Marx. Seria um dos nossos. Marx estaria, então, em sua boa companhia.

O certo é que Spencer, ainda que um evolucionista, não era exatamente darwinista, senão um lamarckiano. Seu conceito de evolução designava o desenvolvimento funcional adaptativo dos órgãos para o "emprego" e o "hábito", como em Lamarck (1809, p. 222), e não pela intervenção sucessiva de um "desvio acidental" e da "seleção natural", como em Darwin (1860, p. 94). Ainda que Spencer (1886/1891) tenha aceitado tanto essa fórmula natural-acidental como a co-relativa "luta pela vida", as inseria em um esquema explicativo dominado, ao mesmo caso das "criaturas de alta organização" tais como os "homens civilizados", pelo desenvolvimento necessário das "mudanças funcionais" e não pelas "variações fortuitas da estrutura" (p. 461-462). O "progresso" foi concebido na teoria spenceriana, desde o principio, como "necessidade benéfica" e não como algo que pudera ocorrer por "acidente" ou baixo "controle humano" (SPENCER, 1857/1891, p. 60).

Ora, quando reconhecemos que o evolucionismo spenceriano foi mais lamarckiano que darwinista, isso atenua ou agrava a contradição entre Marx e Spencer? Ou para propor a pergunta em termos mais gerais, o marxismo é mais compatível com Lamarck ou com Darwin? Essa é uma questão muito mais transcendente do que parece à primeira vista. Suas implicações são mais profundas e determinantes no terreno político e não somente no filosófico-científico. É, quem sabe, por isso que foi uma das questões mais candentes e polêmicas na história da ciência soviética.

Darwinismo e lamarckismo na União Soviética

Recordemos unicamente, sem entrar em detalhes, que a teoria biológica dominante na União Sociética durante a época stalinista, entre os anos 20 e 60, foi a inspirada por Iván Michurin e imposta por Trofim Lysenko. O fundamento dessa biologia encontrava-se em uma forma de lamarckismo que justificava o tratamento dado às sementes e vegetais para produzir modificações herdáveis. Michurin e especialmente Lysenko, com efeito, creram poder modificar espécies vegetais ao transformar seus exemplares individuais por meio de mudanças no ambiente que deveriam se adaptar. Essa forma de proceder coincidia com as ideias lamarckianas e contradizia claramente a teoria darwinista. Para Darwin, como sabemos, as mudanças evolutivas não aparecem nos indivíduos por efeito de sua adaptação individual ao meio, como supõe Lamarck, senão simplesmente por um acaso que logo será favorecido pela seleção natural em um processo de luta pela vida.

A história das ciências biológicas terminou dando razão para Darwin e não a Lamarck. Os êxitos prodigiosos de Michurin no campo da ciência agrícola somente são compreensíveis em uma perspectiva darwinista e não lamarckiana. Pelo contrário, os erros de Lysenko, assim como seus efeitos desastrosos para a agricultura soviética, podem se explicar facilmente pela maneira em que se prendeu a uma forma particularmente simplista de lamarckismo.

Ainda que às vezes tenha invocado o darwinismo, Lysenko era lamarckiano e não deixou de perseguir impiedosamente aos autênticos darwinistas com o apoio do regime stalinista. Sabemos que sua doutrina, entusiasticamente respaldada por Stalin, converteu-se no ideal e no protótipo da ciência soviética. Teve que esperar até a "desestalinização" para que Lysenko fosse desacreditado. Aparentemente foram comprovados seus erros, como também suas fraudes e seus crimes e ficou claro para toda a comunidade científica soviética e estrangeira que se tratava mais de um charlatão e de um beleguim do regime do que um homem da ciência. Ao menos essa é a história oficial aceita e de consenso e se nos atermos a ela, quem sabe convenha que nós, os marxistas, nos desenredamos de qualquer lamarckismo de triste memória e postulemos como princípio a compatibilidade entre o marxismo e o darwinismo.

Depois de tudo, a concepção darwinista de luta pela vida parece compatível com a noção marxista-marxiana de luta de classes, enquanto que a ideia lamarckiana de adaptação tão somente parece respaldar um adaptacionismo social co-relativo do autoritarismo burocrático stalinista. A atitude de Stalin diante dos homens, com efeito, não difere muito da atitude de Lysenko diante dos vegetais. Ambos acreditavam poder modificar as espécies forçando a adaptação de seus exemplares individuais. Darwin, por outro lado, parece coincidir mais com Marx e com seus seguidores, como tentarei mostrar no seguinte tópico.

Acaso e luta em Darwin

Existem múltiplas reflexões acerca da relação entre o marxismo e o darwinismo (GERRATANA, 1973; BALL, 1979; MOCEK, 2000; HODGSON, 2006). Com isso, até onde sabemos, há um ponto crucial que há sido suficientemente atendido e que desejo abordar aqui de maneira um tanto expeditiva. Termos a capacidade e o direito de fazê-lo, já que se trata de um ponto geral de índole mais filosófica e política e não de algo demasiado específico e abstruso que devamos deixar nas mãos dos especialistas no campo da Biologia. Referimo-nos à relação estreita que Marx e Darwin estabelecem entre acaso e a luta na origem das transformações.

Comecemos pela teoria darwinista e recordemos rapidamente sua contradição a respeito da teoria lamarckiana. Enquanto que Lamarck pensava que um organismo se transformava com o propósito de se adaptar ao meio e logo transmitia a herança de sua transformação a seus descendentes, Darwin considerava que o organismo se modificava por acaso e logo se a modificação era vantajosa, particularmente a colocava em uma situação de força na sua luta pela vida. Então o organismo teria maior probabilidade de sobreviver, ter descendência e transmitir a herança de sua modificação a seus descendentes.

Darwin coloca o que acontece por acaso e a subsequente luta pela vida onde Lamarck coloca o que faz com um propósito e a resultante adaptação ao ambiente. Assim a adaptação desempenha um papel decisivo em Darwin, já que as modificações mais adaptadas serão as favorecidas pela seleção natural. Com isso, na teoria darwinista o individuo não muda para se adaptar como na teoria lamarckiana, senão que se transforma por acaso e isso faz que se adapte melhor ao estar em uma situação vantajosa em sua luta pela vida.

O desencadeamento de todo o processo evolutivo, a mutação genética individual tal como concebe Darwin (1860, p. 94) é um "desvio acidental", uma "alteração acidental" (p. 189), uma "variação acidental produzida por causas desconhecidas" (p. 209). O primeiro passo para a evolução é um acidente, acontece por acaso e sem propósito, ocorre porque ocorre, tem um caráter aleatório e não obedece a uma teleologia como a suposta por Lamarck. No segundo passo evolutivo o individuo será favorecido pela seleção natural simplesmente porque sua mutação "acidental" haverá sido "proveitosa" (p. 242). O individuo vai tirar proveito de sua mutação, para ser mais preciso, ao ter êxito em sua situação de "luta pela existência", disputa pelos alimentos, rivalidade pelos parceiros reprodutores; "batalha atrás de batalha" contra as outras espécies, defesa contra os "inimigos"; combate contra os "competidores" etc. (p. 60-79). É nessa situação de luta, de violência e de conflito que se decide que o ocasionalmente adquirido haverá de colocar o indivíduo numa posição de força que o permita sobreviver, reproduzir-se e transmitir aquilo que foi adquirido para a espécie.

Digamos que a espécie somente pode adquirir pela força, pela violenta luta entre os indivíduos aquilo que estes tenham adquirido por acaso. Em outras palavras, a casualidade produz individualmente o qu somente se faz valer e se impõe coletivamente por meio da competência a rivalidade, o conflito e a violência impiedosa que reina na natureza.

Então um acaso individual e uma luta coletiva estão na origem da evolução. A transformação evolutiva implica originariamente o acaso e a luta, a indeterminação e a contradição, a casualidade e a conflitividade, o aleatório e o beligerante, a contingência e a violência.

Luta em Marx

Assim como Darwin, Marx também considera o papel do acaso e da luta pela origem de qualquer transformação. A origem da transformação do nada em alguma coisa, a origem de tudo o que existe, implica a indeterminação e a contradição naquela doutrina epicurista com a qual o jovem Marx (1841/1987) parece coincidir em sua tese doutoral. Segundo esta doutrina do *clinâmen*, tal como é exposta em *De rerum natura*, tudo se origina em uma "decisão" que está "desligada do destino" (LUCRECIO, 2003, p. 187) e que faz "lutar contra" qualquer "força exterior" e "estorvá-la" (p. 275-280). Tudo provém, para ser preciso, do "desvio" contingente das primeiras partículas e dos resultantes "golpes" entre elas (p. 185), ou seja, em termos de Marx (1841/1987), da "repulsa" entre os átomos que se "encontraram" uns e outros ao "declinar sem causa", ao "se desviar" de sua "linha reta", comportando-se e existindo de modo "carente por si mesmo de causa" (p. 33-36). Tudo começa, em efeito, quando o acaso faz com que os átomos existam e se desviem até colidir com outros átomos com os que haverão de se engastar numa espécie de luta primigênia que permitirá sua vinculação e sua agregação na composição das coisas.

É verdade que o elemento luta não está suficientemente elaborado em Lucrecio, que tem um caráter mais conotativo que denotativo, e faz alegoria da física e não pode ser pensado se não como designação metafórica do encontro entre os átomos. No entanto também é verdade que a noção de encontro como um "encontrão", como choque ou colisão entre as partículas, parece implicar certa forma elementar de contradição e incluso de luta e de violência, ainda que desde cedo não existam sem um plano transcendente da realidade física, senão na imanência de um discurso que é o que interessa em Marx e o mesmo se dá em Darwin, assim como foi também o que interessou Marx em sua compreensão de Epicuro.

O caso é que o jovem Marx parece aceitar a noção profundamente paradoxal de uma colisão no surgimento da consistência, da contradição anterior à existência, de uma oposição constitutiva da identidade. Em termos aristotélicos, a luta para sair de sua potencialidade e conquistar certa realidade. Tudo se realiza pela violência. Isso se tornará mais claro nas concepções históricas, políticas e sociais de Marx, nas quais tudo se origina na violência das tensões e antagonismos entre forças, classes, interesses e ideologias. Um postulado marxiano fundamental, frequentemente esquecido por sua aparente simplicidade é que "a guerra tem se desenvolvido antes que a paz" (MARX, 1858/2009, p. 30).

No mundo humano como no inumano, tal como representam Marx e seus seguidores consequentes, o conflito estará na origem de todas as coisas e por conseguinte também de todas as transformações que fazem aparecer coisas novas e diferentes das anteriores. A existência é precedida pela transformação que é, por sua vez, provocada por uma luta originaria. *Se luto, logo existo*. Não há modo de que algo exista sem que se violente, de algum modo, aquilo que foi arrancado. A violência é anterior à existência. Se existe lutando. Nessa dialética ontológica marxiana e marxista que inverte a do senso comum, começa-se pela luta, incluso antes de existir e de ser o que se é, já que o que há resulta de uma luta que o faz cobrar certa existência e se diferenciar dos demais, desgarrar-se do diferente, voltando-se, pelo menos por um instante, idêntico a si mesmo. Nesse sentido, Mao Tse-Tung (1939/1976) postulou categoricamente que "sem luta não há identidade" (p. 129).

Tudo o que existe surge de processos e transformações atravessados pelo elemento luta. Mao (1976) nos explica também como esse elemento de luta "recorre os processos desde o começo até o fim e origina a transformação de um processo em outro. A luta entre os contrários é onipresente e portanto dizemos que é incondicional e absoluta" (p. 128). É a força da luta que se faz na história. A trama histórica se tece com violência. Conhecemos a escandalosa fórmula do *Capital* na qual se define a violência como "potência econômica" e como "parteira de toda a sociedade velha que leva em suas entranhas uma sociedade nova" (MARX, 1867/2008, p. 639). Conhecemos também a proclamação final do Manifesto Comunista em que se afirma, sem rodeios, que os objetivos enunciados "tão somente podem ser alcançados derrubando pela violência toda a ordem social existente" (MARX; ENGELS, 1848/1990, p. 60). Essa concepção da violência como ferramenta imprescindível e como parteira da história se transmitiu a tradição revolucionária marxista, especialmente, por meio de Lenin que sempre admitiu o "caráter inevitável da revolução violenta" (LENIN, 1918/1974, p. 287) e deixou claro que "os grandes problemas na vida dos povos se resolvem somente pela força" (LENIN, 1905/1974, p. 140).

Acaso em Marx

Na perspectiva do elemento violento e conflitivo, Marx adota o elemento contingente ou acaso da origem, a qual, como bem sabemos tem sido enfatizado pelo velho Althusser (1988/2005) em seu "materialismo aleatório" (p. 30-31). Segundo esse materialismo, a origem das coisas não pode se explicar por uma causa final ou inicial. Não há originariamente nada pelo qual ou para o qual deva existir o que existe. Se os átomos desviam-se de sua linha reta, chocam-se e compõem coisas é por simples acaso e por nada mais. Qualquer outra explicação terá que se dar no âmbito etéreo das ideias, no céu do idealismo e fará, então, trair a perspectiva materialista do marxismo.

Um verdadeiro materialismo, tal como compreende Althusser, a partir de Marx e Epicuro, terá que ser aleatório porque somente assim encontrará a origem de todas as coisas em um acontecimento material e não na ideia explicativa hipotética de uma causa ou de uma finalidade. Por exemplo, não é que se lute porque se deve existir, senão que *se luta logo se existe*. A existência não tem um valor explicativo porque *aquele que luta não o faz porque tenha em mente existir*. Como haveria de ter algo em mente se todavia não existe? Haverá existido retroativamente pela luta, por isso não basta para explicar a luta pela existência. Qualquer explicação adquire aqui um caráter idealista.

Ser materialista é reconhecer o inexplicável, incompreensível, impensável, irredutível às ideias. No caso da violência, para concebê-la de modo materialista, não se deve pensar por meio de um esquema compreensivo-explicativo como o que a integra teleologicamente, seja numa luta pela vida ou em um parto da história. Como veremos, esse parto e essa luta podem admitir-se de um modo materialista como forma de existência da violência, porém isso supõe que não intervenham como ideias referidas às causas ou os fins dos efeitos violentos que intentam compreender ou explicar.

Certa violência pode ser pela vida, porque se está vivo e se luta pela vida, porque a vida tenta se manter ou preservar no estar vivo. Porém tudo isso não quer dizer que a *violência existe para que a vida seja*. A vida não pode bastar para dar sentido à violência porque a vida, em si mesma, não tem um sentido, o que não exclui que seja violenta ou se valha de certa violência. De igual modo, não há parto da história que não seja violento, no entanto não significa necessariamente que há violência para que haja história. Digamos que o parto da história não é o significado intrínseco da violência.

Podemos considerar, contudo, que a concepção marxiana da violência como parteira da história tem um caráter idealista herdado de Hegel. Entretanto como tem mostrado Vittorio Morfino (2006), há momentos nos quais Marx parece liberar-se da dialética teleológica hegeliana, quando considera que a "dissolução" da estrutura feudal fez "saírem da superfície os elementos necessários para a formação" da estrutura capitalista (MARX, 1867/2008, p. 608). A violência das revoluções burguesas não é aqui *para* a formação da nova estrutura, senão *pela* dissolução da velha estrutura. Esta desestruturação é porque é, de modo inexplicável, porém também inevitável, como uma inevitável tendência desviante intrínseca aos componentes de qualquer estrutura.

Em Marx, independentemente de qualquer hipótese econômica explicativa da agudização das contradições, os elementos estruturais tendem a se desviar, desajustar, desorganizar ou se deslocar o que provoca irremediavelmente uma violência revolucionária que permite, por sua vez, o nascimento da nova sociedade. A desestruturação e a resultante violência possibilitam assim o curso da história, porém não sucedem pela história nem para ela. Sensivelmente sucedem porque sucedem, *porque é assim* de maneira inexplicável. Não é necessário explicar a violência para justificá-la.

Dificuldade e impossibilidade da explicação

O reconhecimento do que não se pode explicar como gesto fundacional do materialismo aleatório, não aparece de um momento ao outro no desenvolvimento do pensamento althusseriano. Althusser começa apreciando a *dificuldade da explicação* para terminar admitindo a *impossibilidade da explicação*. Antes de reconhecer o inexplicável, com efeito, o filósofo marxista francês descobre o que distingue a dialética materialista marxiana-freudiana da dialética idealista hegeliana, isto é, a "sobredeterminação", "acumulação" das "determinações eficazes" superestruturais ou ideológicas; a infinidade de causas que somente podem aparecer como uma infinidade de acasos que resulta ininteligíveis e que desafia qualquer explicação econômica (ALTHUSSER, 1965/2005, p. 87-116). A economia somente constitui a determinação em última instância, logo a sobredeterminação ideológica e tudo se complica até o ponto de resultar incompreensível. Como compreender ou apreender o número infinito de fatores que intervém?

Qualquer acontecimento histórico é demasiado complexo para poder ser compreendido por completo. Isso é algo que sentimos de maneira muito vívida em algumas análises históricas de Marx (1852/2003), assim como na confiança de Rosa Luxemburgo (1905/1978) em uma espontaneidade prescrita como a melhor atitude diante de uma trama histórica indissociável, incontrolável, ininteligível, incompreensível. Diante de algo tão emaranhado que não pode nem sequer pensar, não há estratégia que o valha. Melhor ser espontâneo e deixar tudo a esse acaso que é o nome de uma sobredeterminação tão complexa, impenetrável, intangível que não pode se tornar consciente. Semelhante complexidade inconsciente é a característica essencial do mundo materialista. O material é irredutível ao ideal, ao pensamento precisamente porque sua complexidade, ainda que determinante, resulta impensável.

Um materialista sabe que não pode pensar a determinação em sua totalidade. É por isso que sabe também que tudo aquilo que o rodeia, de certa maneira determinado, resulta incompreensível. Não há sujeito capaz de compreender a determinação da trama histórica. E se assim for, melhor será considerar a história, não somente subjetivamente incompreensível, senão também objetivamente inexplicável já que *não há ninguém além do ser-humano-que-não-pode-compreendê-la.* Quem a explicaria? Quem a compreenderia para explicá-la? Não há um ser onisciente, Deus ou Grande Outro que possa explicar a história. Essa história deve se aceitar como inexplicável.

Marxismo e darwinismo

Há um elemento inexplicável que pode passar despercebido quando se analisa a forma que Marx descreve a origem da violência revolucionária e das transformações históricas. De igual modo, quando se lê atualmente a Darwin, pode se subestimar o que resiste na explicação sobre as mutações biológicas individuais que se encontram na origem da luta pela vida e do desenvolvimento evolutivo. Há aqui, no inexplicável, uma coincidência fundamental entre as perspectivas marxistas e darwinistas. Com isso, em ambos os casos, como havemos visto, a origem inexplicável tão somente suscita seus efeitos na contradição, no conflito, violência e na luta.

Se Marx define a história como uma violenta história da luta de classes, Darwin apresenta a evolução como uma evolução da, não menos violenta, luta pela vida. Ambas as lutas, de classe e pela vida, apresentam similitudes assombrosas. Como não sentir aqui a tentação de conceber a luta de classes como uma modalidade, especificamente humana, da luta pela vida?

Como não ver uma luta pela vida no funcionamento e desmembramento interno de qualquer sociedade? É o que tem em mente Plejánov (1895/1964) quando nos fala daquela "luta pela existência" pela qual se ativaria e justificaria a economia (p. 127). Essa ideia permite ao marxista russo considerar, em termos mais amplos e gerais, o elemento social beligerante ou conflitivo do marxismo e ir mais além da simples "vontade de viver" de Kautsky (1909/1968, p. 41-48). Contudo, tanto em Plejánov como em Kautsky assistimos a uma perigosa naturalização do histórico, a qual, por si mesma, quando a levamos até as suas últimas consequências, pode terminar conduzindo-nos ao evolucionismo social de Herbert Spencer. Nesse aspecto, não na sua orientação básica epistemológica lamarckiana, mas sim na sua reorientação política darwinista a mais estreitamente ligada com sua doutrina ultraliberal.

Luta pela vida e luta pela exploração

A racionalidade spenceriana é bem conhecida e subjaz a muitas justificativas da economia liberal e neoliberal. É nesta livre "competência", entendida como "luta pela vida", que é permitido que se "diferencie a civilização da selvageria" (SPENCER, 1891, p. 448). Quando consideramos que nossa luta de classes não é mais que uma manifestação especificamente humana da violenta luta pela vida, concluiremos que o natural é que a luta seja ganha pela classe dominante, ou seja, a qual tem demonstrado estar composta dos mais fortes. Por acaso a força não se evidenciaria na dominação? Ao dominar, a classe dominante exerceria exitosamente a sua própria força. Esse êxito social dos mais fortes nos fortaleceria como espécie humana. Nessa lógica, iriamos ajudar os mais débeis e impediríamos os mais fortes de ganhar, dominar, violentar e explorar, então criaríamos obstáculos à evolução e iriamos assim contra os desígnios da natureza e contra o interesse coletivo da humanidade.

É pela revolução da humanidade que Spencer justifica seu posicionamento ultraliberal e anti-socialista. Sua "oposição ao socialismo", como o mesmo afirma "resulta da crença de que irá deter o progresso diante de um estado superior e fará que regressemos a um estado inferior" (SPENCER, 1891, p. 468). A partir desse ponto de vista, o socialismo implica regressão, degeneração ou involução e aparece como um "involucionismo" social que se opõe diametralmente ao evolucionismo spenceriano.

O problema da doutrina evolucionista social de Spencer não reside somente na crueldade e no cinismo de suas conclusões, senão na falácia naturalista de que parte sua racionalidade. Podemos detectar essa falácia em duas pressuposições tácitas. Em primeiro lugar, pressupõe-se dominação uma capacidade que procede naturalmente da força intrínseca dos grupos ou indivíduos que dominam quando é claro que a classe dominante domina com a força que adquire artificialmente daqueles aos quais explora. A exploração, como transferência de força dos explorados para os exploradores, implica simultaneamente a debilidade dos explorados e o fortalecimento dos exploradores. Estes últimos, uma vez fortalecidos com a força daqueles aos quais têm explorado, podem facilmente manter sua vantagem em qualquer luta de classes.

Em segundo lugar, pressupõe-se que as classes que se enfrentam são como espécies naturais que devem conter umas ou outras para sobreviver. Assim como as orcas e as baleias lutariam pela vida quando brigam até a morte. As primeiras para se alimentarem e as segundas para não servirem de alimento para as primeiras, assim também os capitalistas e os operários se enfrentariam pela vida, os capitalistas para viver dos operários e estes para se manterem com a vida. Segundo as hipóteses liberal e neoliberal, nosso mundo humano seria como o mundo animal: reinaria a lei da selva; todos lutariam para sobreviver, tanto os exploradores quanto os explorados estariam lutando por sua vida. Talvez isso seja verdade, ao menos em partes, quando nos referimos aos explorados que efetivamente lutam pela vida quando combatem a quem os arrebata para explorá-los como força de trabalho. No entanto no caso dos exploradores, tão somente em circunstâncias históricas excepcionais, em situações limites, poderemos dizer que fazem o que fazem por sua própria sobrevivência.

O "normal" é que os exploradores não lutem para sobreviver, senão para conservar seus privilégios para não deixar de captar suas ganâncias para seguir explorando, para não explorar menos, para manter a exploração nos mesmos níveis ou em níveis superiores. Se o explorador deixar de explorar, nem por isso deixaria de viver. Sua vida não está em jogo em sua exploração. Quando luta para explorar, não luta para viver. Sua luta não é pela vida.

Luta pela vida e luta pela morte

Os humanos exploradores não são como as orcas, tigres e outros animais carnívoros que devem caçar as suas presas para se alimentarem e sobreviverem. No contexto específico de nossa sociedade, os capitalistas não se lançam sobre suas vítimas humanas para se alimentarem e sobreviverem, senão para enriquecerem ou acumularem mais capital. Digamos que os capitalistas não lutam para conservar sua vida como vida, senão para explorar outra vida como força de trabalho. Pelo contrário, como Marx nos havia mostrado suficientemente, os operários explorados lutam para conservar a vida como vida quando lutam contra a exploração desta vida como força de trabalho.

Aqui devemos entender bem que ao ser explorada como força de trabalho, a vida não é exatamente o que costumamos entender por vida. Já não é aquilo que supomos ter perdido quando nos lamentamos por *não viver* ou por *não nos sentirmos vivos*. Já não é a vida possuída e experimentada como tal pelo próprio sujeito, a vida gozada e sofrida como experiência pulsional tão plena quanto inútil, senão que se converte nesse trabalho útil e predominantemente mecânico, *desvitalizado* que é o trabalho do capital, ou seja, a essência mesma do capital, aquilo que o permite ser o que é, aquilo que requer para poder chegar a realizar-se ao se incrementar e acumular. O que distingue o capital do simples dinheiro, com efeito, é o que existe ao se expandir por meio de uma vida comprada como uma mercadoria e assim remunerada para ser neutralizada, gasta, consumida, usada, explorada como força de trabalho (MARX, 1858/2009).

A exploração deve se apoderar da vida para poder transmutá-la, primeiro em trabalho do capital e logo no próprio capitalismo. Considerando que o capital está morto e que somente se produz ao explorar a vida, podemos aceitar com Marx (1867/2008) que a exploração capitalista, como transmutação da vida em capital, *é criação de algo morto a partir da destruição de algo vivo*. A exploração capitalista, definitivamente, *é o esgotamento da energia vital, consumo do vivo, morte da vida*. Para tanto quando o capitalismo luta pela exploração e contra o explorado, está lutando pela morte e contra a vida, pelo capital morto e contra o trabalhador vivo.

É errôneo, porém, considerar que o capitalista luta pela vida. Sua luta não é pela vida, senão pela morte. Por conseguinte se queremos abordá-la corretamente, não será em uma perspectiva darwinista que somente considera a luta pela vida e não uma luta pela morte como a do capitalista.

A descrição marxiana e marxista do capitalismo requer uma perspectiva téorico-epistemológica que seja possível conceitualizar a morte como aquilo por que se luta, como fim e propósito, como impulsão e motor efetivo. Essa perspectiva não se encontra em Darwin, mas sim em outro dos revolucionários copernicanos e mestres da suspeita – Freud (1920/1997) –e por isso e por muito mais aparece como complemento indispensável de Marx.

O marxismo talvez necessite do evolucionismo de Darwin para explicar e justificar uma luta como a do trabalhador, porém terá que recorrer à psicanálise de Freud para entender e condenar a violência mortal do capitalista. A necrologia freudiana do capital deve se agregar à biologia darwinista da humanidade ultimada pelo capital (VYGOTSKY; LURIA, 1925/1994).

Somente por meio da psicanálise pode se ter uma visão global do arrasador conflito psicossocial entre o mortífero capitalismo e a vida humana na sociedade dissociada e na individualidade dividida.

Isso permite ir mais além do questionamento que se mantém aferrado em seu biologicismo, psicologismo e individualismo, à relação biológica exterior entre um indivíduo e uma ordem social concebida como um tipo de meio ambiente. Do que se trata é de complicar, aprofundar e radicalizar a "crítica da ordem social" e não como imaginava Reich (2005) de recolocar pela resignação diante da "vontade biológica de sofrer" (p. 234-235). A teoria freudiana da pulsão de morte não descarta a arma da crítica, mas a deixa afiada para compreender a exploração daquilo que até então era inexplicável.

Luta entre o ser vivo e o morto

O capitalismo cria uma situação somente explicável na teoria freudiana, pois inexplicável desde o ponto de vista de Darwin e na espera de explicação na perspectiva de Marx e seus seguidores. Tal como se concebe no marxismo, a luta de classes própria do sistema capitalista somente é uma luta darwinista pela vida quando se considera subjetivamente desde o ponto de vista do operário. Temos, então, o que Lacan (1954/1998) descrevia como o "mito" do "Sr. Darwin": aquela "luta até a morte" que precede a dialética hegeliana do senhor e do escravo, uma "relação destruidora e mortal" entre as classes, uma luta dos "devorados" contra os "devoradores" (p. 276-277). É assim como a luta de classes aparece no espelho do imaginário para a consciência de classe operária. No entanto contemplada objetivamente em sua totalidade e sem abstrair seus aspectos real e simbólico, a luta de classes não somente é uma luta pela vida, mas também uma luta entre duas lutas, entre uma luta pela vida e outra luta pela morte; entre a trincheira do operário e a do capital; entre a resistência do real e o império do simbólico; entre a força vital do sujeito e a inércia mortal de um "objeto desvitalizado" (p. 278). Portanto, num sentido ainda mais profundo, é uma luta entre um ente pessoal animado e outro ente impessoal e inanimado; entre alguém vivo e algo morto, mas ainda entre o trabalhador que dá a vida e o capital que a tira; entre uma pessoa vivificadora e uma coisa mortífera.

Inicialmente, quando o capital se encontra com o operário, é uma coisa morta que se enfrenta contra a pessoa viva. Certamente o capital pode se encarnar e em certo sentido viver por meio do capitalismo (MARX, 1867/2008). Porém o capital não é em si mesmo o capitalista, não é um ser vivo, não é um ser humano, como tampouco é um animal, uma orca ou um tigre.

O grande erro antropológico-filosófico de Spencer e de outros liberais e neoliberais consiste em imaginar que a luta de classes é uma luta entre pessoas, entre seres humanos, entre seres vivos que lutam pela vida. A luta não é entre seres vivos, mas entre, por um lado, os seres vivos, os trabalhadores e por outro lado, um ser morto, o capital encarnado pelos capitalistas.

A diferença do operário, o capital não é um ser vivo, mas um ser morto. A partir dessa ideia Marx (1867/2008) o descreve metaforicamente como um "vampiro" que "não sabe se alimentar a não ser chupando trabalho vivo" (p. 179). Esse vampiro, este ser morto, e não vivo, é paradoxalmente a única espécie que parece lutar pela vida quando os capitalistas lutam contra os trabalhadores. O paradoxo do vampiro do capital é que sua luta pela vida é uma luta pela morte, para neutralizar mortalmente a vida, para se apoderar da vida para explorá-la e assim manter viva sua própria existência morta. É para manter viva sua própria existência morta. É para manter viva sua própria existência morta. É para manter viva a sua própria morte que o capital deve lutar contra a humanidade. Se quisermos resumir sua luta em três palavras, invocaríamos a macabra consigna fascista na Guerra Civil Espanhola: "Viva a morte!".

Digamos que a luta vampiresca pela vida é uma luta para manter viva a morte. É uma luta mortal e não vital, aparentemente mais invo-lutiva, que evolutiva e, portanto incompreensível para o evolucionismo, indescritível mediante as categorias darwinistas e lamarckianas, talvez porque não se trata de algo natural, mas antinatural, cultural, artificial. O vampiro do capital, com efeito, não é uma espécie natural, mas um monstro criado pelo homem.

Não há aqui no vampiro do capital um instinto vital como o que suscita a luta pela vida e mantém a vida em todos os rincões da natureza. Isso é monstruoso, tão inumanamente humano que destrói a vida também em todos os rincões da natureza devastada, desnaturalizada e o discurso freudiano tem designado isso como o conceito de pulsão de morte (FREUD, 1920/1997). Essa pulsão é aquilo em que se converte nossa vida, nossa pulsão vital neutralizada, explorada como força de trabalho no capitalismo. A exploração capitalista pode se conceitualizar como o processo pelo qual a pulsão vital do operário, frequentemente conceitualizado como instinto vital, transmuta-se na pulsão de morte do capital.

Se o capital nos explora, é para matar a mesma vida que trans-forma em sua pulsão de morte e se o operário se deixa explorar é pelo instinto vital que o faz querer se manter com a vida. O ser vivo busca seguir vivo assim como o morto busca impor sua morte. A morte e a vida tendem ao mesmo ponto e por isso devem lutar entre si. Desse modo, sem recair em uma teleologia como a de Hegel, podemos dizer com Spinoza (1674/1965) que tanto a morte quanto a vida; tanto o capital quanto o trabalho sensivelmente "se esforçam em preservar em seu ser" (1965, p. 142).

Em um plano ontológico e não teleológico, o trabalhador e o vampiro se esforçam em perseverar em seu ser. O ser vivo luta logica-mente por sua vida como o morto luta logicamente por sua morte. A diferença, definitivamente, é entre a gangrena e o que resiste a gan-grena, entre a violência da morte e a violência da vida – a segunda res-pondendo à primeira, duplicando-a e invertendo-a, refletindo-a, pois a violência mesmo quando é pela vida não deixa de causar a morte.

Reino da violência

Digamos que a violência mata mesmo quando se desencadeia para a vida. Nesse sentido, a luta pela vida contra a morte aparece também como um reflexo da correlativa luta pela morte. Talvez esse seja o sentido mais geral da ideia sartreana da violência do colonizado como a do colonizador que "regressa", que "ressurge" sobre ele como seu próprio reflexo que "vem desde o fundo do espelho para encontra-lo" (SARTRE, 2002, p. 25-26).

Se há no espelho uma luta pela vida, é porque há também uma luta pela morte, porque a morte espreita e a morte luta contra a vida. Matar ou morrer é o dilema em qualquer campo de batalha. Como nos aponta Serge (1925/1973), uma vez haja uma metralhadora, "há que eleger entre estar diante desta coisa real ou estar detrás dela, entre se servir da simbólica máquina de matar ou servir de alvo" (p. 106). Só há lugar aqui para a violência. Ocorre o mesmo no sistema capitalista. O capitalismo, como o colonialismo ao que se refere Fanon (1961/2002, p. 61), "é violência e não pode se inclinar mais que diante de uma violência maior". O reino do capital é um reino de violência, força já que "entre opressores e oprimidos tudo se resolve pela força" (p. 71).

Entre a luta pela morte e a luta pela vida, tudo se decide na luta, na violência, na morte. É como se fosse a morte que sempre acaba ganhando, já que independentemente do propósito, do conteúdo é ela que impõe a forma, o método, as regras do jogo. Já a regra das regras é recorrer à violência, lutar, matar ainda quando é para viver. Essa lei da selva é que impera na civilização, ao menos na civilização ocidental, na qual ninguém pode dizer com seriedade que "a não-violência é a lei de nossa espécie, assim como a violência é a lei das bestas" (GANDHI, 2010, p. 45). É na bestialidade humana, projetada uma e outra vez nas bestas, a qual não somente requer matar para viver, mas também se deve matar para viver para seguir vivendo, lutando, matando. A morte é nosso imperativo e não uma simples necessidade. É nosso gozo da pulsão e não um meio para satisfazer o instinto. Não é meio, mas uma forma de vida. É, em certo sentido, o fim em si mesmo da vida humana.

Talvez tudo isso corrobore com a tese freudiana-lacaniana: "toda pulsão é virtualmente uma pulsão de morte" (LACAN, 1964/1999, p. 329).

Lacan somente poderia nos permitir conceber a luta de classes entre a pulsão de morte e a vida; entre a exploração capitalista e a emancipação comunista como o efeito de uma tensão entre a reta mortal e seu desvio vital contingente, inexplicável que termina regressando à morte ao se enfrentar a morte contra ela. Contudo, como também adverte Lacan (1955/2001), a pulsão de morte somente nos "devolve à morte" por meio daquela vida, luta pela vida que "desenha uma certa curva" (p. 116). Em suma: se vive para morrer, porém se morre porque se vive. E o que é pior: se luta pela morte enquanto se luta pela vida, porém somente se luta na vida, com ela e à custa dela.

Enquanto lutava pelo comunismo, o revolucionário bolchevique de 1917 lutava pelo que terminou de triunfar em 1991, porém não deixava de ser um comunista. Sensivelmente ninguém sabe quem trabalha. Somente se irá saber quando chegue o momento *après-coup*, *nachräglich*[10]. Nada mais absurdo; nada menos teleológico, menos racional, menos idealista. Estamos aqui no mais puro e opaco materialismo. E ainda aqui, as duas pulsões, a de vida e a de morte, conseguem se diferenciar graças à capacidade assombrosa que tem a vida, incluso em sua agonia, para adiar o momento da morte. O ano de 1991 tardou 74 anos para chegar. É uma boa idade para morrer.

O touro e o toureiro

A vida não deixa de lutar por ela mesma e contra a morte. Essa luta da vida pela vida tem uma vida universalidade que a "post-política" tenta pulverizar nas "reivindicações pontuais", no entanto a satisfação dessas reivindicações resulta sempre decepcionante, e se isso é assim, e se a luta pela vida insiste e subsiste é, talvez, precisamente porque sua "dimensão universal" não depende somente, como diria Žižek (2010, p. 43-44), de uma "universalização metafórica". Mais além de

---

[10] Termos psicanalíticos que se referem aquilo que acontece a posteriori a um fato ou evento.

qualquer metáfora, poderia se tratar de uma luta ontológica universal, no universo do sistema simbólico humano de nossa civilização, entre o morto e o vivo; entre o significante e o sujeito; entre o vampiro do capital e o trabalhador vivo e logo também, de maneira derivada, entre as tendências intrínsecas do ser vivo e do morto: entre a pulsão de morte e o instinto vital; entre a luta pela morte e outra pela vida; entre o processo do capital e o do trabalho; entre "o símbolo" como "morte da coisa" e a "eternização do desejo" que tal morte "constitui no sujeito" (LACAN, 1953/1999, p. 317). É a mesma luta que se dá entre a violência cultural e a natural; entre o sadismo humano refinado e a fúria selvagem da besta; entre o representado simbolicamente pelo toureiro e a encorajada realmente no touro.

Se nos referimos à "fiesta brava"[11] é porque parece que encena e dramatiza eloquentemente uma das oposições fundamentais que articulam qualquer luta de classes. Há algo revelador nessas touradas. Talvez essa seja a única razão pela qual alguém poderia chegar a se opor a quem as proíbe. Uma vez que deixem de existir, pode ser que nos esqueçamos de tudo o que revelam de nossa cultura e do capitalismo.

De algum modo pressentimos hoje em dia que aquilo que nos irrita nas bolsas de valores tem que ver com o que nos indigna nas "plazas de toros[12]". Também podemos vislumbrar certa identidade comum entre a violência da "fiesta brava" e a do Estado capitalista; entre o toureiro e o capanga do sistema; entre o cavaleiro[13] e o granadeiro atacando os manifestantes; entre o matador e o sicário do governo assassinado os jornalistas e estudantes no México.

O capitalismo, com seu braço armado governamental, tem sido mais efetivo que o darwinismo na reconciliação da humanidade com sua animalidade. A destruição capitalista do mundo nos faz ver as touradas com outros olhos e nos recorda nossa própria destruição sob o capitalismo. Reconhecemos-nos no touro enganado, explorado e aniquilado assim como nós. Como nós, mais além de qualquer metáfora,

---

[11] O autor refere-se aqui ao espetáculo de corrida de touros, ou como se diz no Brasil: touradas.

[12] Literalmente seria a praça de touros, arena onde se realiza as touradas.

[13] Toureiro à cavalo responsável em ferir o touro com uma barra de ferro cortante que fica cravado no animal durante as touradas.

lutar pela vida, contra a morte, contra a luta pela morte, porém ao final nos confirma o caráter ilusório da teleologia, é como se, somente houvesse lutado por sua própria morte.

Não por casualidade, os coletivos que exigem a proibição das touradas tem, a principio, uma orientação anticapitalista. A oposição à "fiesta brava" é também uma opção predominantemente na nova esquerda marxista. O ecossocialismo e o marxismo animalista não são fenômenos isolados, mas formam parte de uma larga série de coincidências e imbricações entre o vermelho e o verde; entre o comunismo e o ambientalismo; entre o socialismo e o ecologismo: uma série que condiciona a possibilidade de "deslocamento" do vermelho para o verde (cf. STAVRAKAKIS, 2000, p. 111-114) e que não parece consistir em uma "articulação" hegemônica de elementos cuja "identidade" é modificada por sua articulação (cf. LACLAU; MOUFFE, 1985/2001, p. 105). Há algo fixo estruturalmente, imodificável que não é nem conjuntural, tampouco contingente, nem puramente metafórico o que permite a inserção dos elementos em série. Daí essa série, que se origina em Marx e que percorre toda a história do marxismo, está presente nas coordenadas, perspectivas, continuidades e nas repetições que insistem e que tem sido reconhecidas e estudadas (PARSONS, 1977; BENTON, 1996).

O capitalismo e a natureza

O marxismo é também de confluência entre a sensibilidade social e a preocupação ambiental. No entanto, no que nos preocupamos, nós os marxistas, quando nos perguntamos sobre o meio ambiente? O que significa a natureza para quem somente vislumbra a história no horizonte?

Para os marxistas, ao menos fora das correntes naturalistas e humanistas, acabou se impondo a convicção de que não há maneira de falar com a natureza no sentido tradicional do termo. Falar dela supõe recriá-la, cultivá-la, pervertê-la, ideologizá-la. O próprio Marx, como tem sido mostrado na obra clássica de Alfred Schmidt (1977/1962), que lhe dá um sentido "sócio-histórico" à natureza e faz com que se proponha uma "práxis social" (p. 11-12). É em grande parte graças a Marx, de fato, que chegou a ser "totalmente claro que a natureza não é tão natural como parece", empregando os termos de Lacan (1976-1977, p. 7). Hoje sabemos que não é possível conceber o natural sem desnaturalizá-lo. Todavia também sabemos que devemos pensar com urgência naquilo cuja destruição põe em perigo as condições de qualquer pensamento. Ainda que seja tão somente um mundo formulado por nosso discurso, devemos salvá-lo para que nosso discurso possa seguir sendo articulado. E a salvação tem também um caráter discursivo. Isso é assim porque as condições de produção do discurso formam parte do mesmo discurso ou para dizer em termos lacanianos, "não há metalinguagem que possa ser falado, ou de modo mais aforístico, não há Outro do Outro" (LACAN, 1999, p. 293).

Tudo está nas mãos do Outro. A preservação ou destruição do mundo inteiro dependerá do que ocorre na história que nós contamos. Essa história é a que teremos de fato. Seu "cenário", o dos fatos que se "interpretam" é também o das palavras que se "escrevem" (LACAN, 1953/1999, p. 259). São elas que poderão colocar um ponto final à nossa história. Esta pode terminar a qualquer momento. O desenlace parece próximo. Uma vez que o tenhamos alcançado, já não haverá nada a dizer. Haverá esfumaçado aquilo que não sabemos falar entre nós.

A progressiva destruição capitalista da vida no mundo ameaça com uma virada total, fatal e irreversível de um momento a outro. Essa destruição confirma, ao menos, que o problema da luta de classes não era um problema de luta pela vida, como se criou a princípio no pensamento liberal, mas que era e segue sendo um problema de luta entre a vida e a morte, como sempre soubemos no marxismo e como sempre teríamos que saber na psicanálise. Agora não deveria nos caber a menor dúvida de que o triunfo do capital significa nem mais, nem menos do que o triunfo da morte sobre os seres humanos e sobre os demais seres vivos.

Conclusão: o perigo do necessário

Ao final, se nos permitimos que o capitalismo ganhe a única guerra mundial que merece nome, o mundo inteiro se converterá em um enorme cemitério. A guerra cederá seu lugar à paz dos sepulcros. Não haverá mais do que túmulos e todas abandonadas como o de Spencer em Highgate, pois não haverá humanos para visitar nenhum túmulo e as coisas que terão triunfado não poderão se mover por si mesmas.

Talvez o triunfo definitivo das coisas sobre as pessoas, do capital sobre o trabalho, da morte sobre a vida seja o fim inevitável a que tudo se dirige. O retorno do inanimado como se referia Freud ao apresentar o conceito de Tánatos. O tanático-pecuniário teria sido a solução final do erótico-histórico. Depois do breve rodeio motivado pela pulsão de vida, voltamos a cair na pulsão de morte. A reta se imporia sobre qualquer desvio. O necessário triunfaria sobre o contingente. Seria um salto do reino à liberdade ao reino da necessidade. Passaríamos da regra da exceção para a regra sem exceção. Escaparíamos do acaso e da luta. Poderíamos prescindir da dialética verdadeiramente marxista, a história, do autentico materialismo, o aleatório. Sairíamos da história para voltar à natureza, talvez arrasada, mas não menos natural.

Talvez muito em breve deixemos para trás a exuberância do simbólico para chegar ao que Baudrillard (1978, p. 5-6) chamava de "deserto do real". Então entendemos, em uma perspectiva lacaniana, que nosso sistema capitalista, o mais perfeito dos sistemas simbólicos de nossa civilização tem podido alcançar o gozo mortal absoluto ao qual aspiramos ao satisfazer totalmente a pulsão de morte por meio da morte de todo ser vivo, a simbolização de todo o real, a conversão de todas as coisas em símbolos de sua ausência. Já não resta nenhuma testemunha para comprovar que o túmulo, o primeiro dos símbolos, foi ao final também o último e talvez o único. Se assim for, então nosso mundo terá sido ao final um grande cemitério de tudo aquilo que se deveria ter destruído para poder existir. No entanto haverá sido somente isso? A questão permanece aberta e em suspenso. Iremos respondê-la retroativamente. Talvez em breve se possa saber uma vez mais que tudo o que haverá sido nosso mundo hoje.

Referências

ALTHUSSER, L. *Pour Marx*. París: La Découverte, 1965/2005.

ALTHUSSER, L. *Filosofía y marxismo. Entrevista por Fernanda Navarro*. México: FCE, 1988/2005.

BALL, T. Marx and Darwin: A reconsideration. *Political Theory* 7(4), p. 469-483, 1979.

BAUDRILLARD, J. *Cultura y simulacro*. Barcelona: Kairós, 1978.

BENTON, T. (Ed.). *The greening of Marxism*. Nueva York: Guilford Press, 1996.

DARWIN, C. *On the origin of species by means of natural selection, or the preservation of favoured races in the struggle for life*. Londres: Murray, 1860.

FANON, F. *Les damnés de la terre*. París: La découverte, 1961/2002.

FREUD, S. Más allá del principio de placer. In: _____. *Obras completas XVIII*. Buenos Aires: Amorrortu, 1920/1997, p. 1-62.

GANDHI, M. La doctrina de la espada. In: *Política de la no violencia*. Madrid: Diario Público, 1920/2010, p.43-48.

GERRATANA, V. Marx and Darwin. *New Left Review* 82, p. 60-82. 1973

HODGSON, G. M. *Economics in the Shadows of Darwin and Marx*. Cheltenham: Edward Elgar, 2006.

KAUTSKY, K. *El camino del poder*. México: Grijalbo, 1909/1968.

LACAN, J. Fonction et champ de la parole et du langage en psychanalyse. In : *Écrits I*. París: Seuil, 1953/1999(a), p. 235-321.

_____. *Le séminaire. Livre I. Les écrits techniques de Freud*. París: Seuil, 1954/1998.

_____. *Le séminaire. Livre II. Le moi dans la théorie de Freud et dans la technique de la psychanalyse*. París: Seuil, 1955/2001.

_____. Subversion du sujet et dialectique du désir dans l'inconscient freudien. In : *Écrits II*. París: Seuil, 1999, p. 273-308.

_____. Position de l'inconscient. In : *Écrits II*. París: Seuil, 1964/1999, p. 309-330.

_____. *Le séminaire. Livre XXIV. L'insu que sait de l'une-bévue s'aile à mourre (1976-1977)*. Version rue CB. 17 mai 1977. Disponível em: <http://gaogoa.free.fr/Seminaires_HTML/24-INSU/INSU17051977. htm>. Acesso em: 2 set. 2015.

LACLAU, E. ; MOUFFE, C. *Hegemony and Socialist Strategy*. Londres: Verso, 1985/2001.

LAMARCK, J. B. *Philosophie zoologique ou exposition des considérations relatives à l'histoire naturelle des animaux. Livre I*. París: Dentu, 1809.

LENIN, V. Dos tácticas de la socialdemocracia en la revolución democrática. In: *Obras escogidas*. Moscú: Progreso, 1905/1974, p. 45-147.

_____. El Estado y la revolución. In: *Obras escogidas*. Moscú: Progreso, 1918/1974, p. 272-365.

LUCRECIO. *La naturaleza*. Madrid: Gredos, 2003.

LUXEMBURGO, R. Huelga de masas, partido y sindicatos. In: *Obras escogidas*. Madrid: Ayuso, 1905/1978, p. 45-80.

MARX, K. Tesis Doctoral. Diferencia entre la filosofía democriteana y epicúrea de la naturaleza. In: *Escritos de juventud*. México: FCE, 1841/1987, p. 5-70.

_____. *El Dieciocho Brumario de Luis Bonaparte*. Madrid: Alianza, 1852/2003.

_____. *Elementos fundamentales para la crítica de la economía política (Grundrisse) 1857-1858. Tomo 1*. México: Siglo XXI, 1858/2009.

_____. *El Capital I*. México: FCE, 1867/2008.

_____; ENGELS, F. *Manifiesto del Partido Comunista*. Moscú: Progreso, 1848/1990.

MAO TSE-TUNG, M. Sobre la contradicción. In: *Textos escogidos de Mao Tse-Tung*. Pekín: Ediciones en Lenguas Extranjeras, 1939/1976, p. 87-137.

MOCEK, R. *Socialismo revolucionario y darwinismo social*. Madrid: Akal, 2000.

MORFINO, V. La sintaxis de la violencia en Hegel y Marx. *Youkali 1*, 2006. Disponível em: <http://www.youkali.net/Morfino-Sintaxis.pdf>. Acesso em: 3 set. 2015.

PARSONS, H. L. (Ed.). *Marx and Engels on ecology*. Westport, CT: Greenwood Press, 1977.

PLEJÁNOV, G. V. Ensayo sobre la concepción monista de la historia. In: *Obras Escogidas*, tomo I. Buenos Aires: Quetzal, 1895/1964, p. 9-276.

REICH, W. *Análisis del carácter*. Barcelona: Paidós, 2005.

SARTRE, J. P. . Préface à l'édition de 1961. In : *Les damnés de la terre*. París: La découverte, 2002, p. 17-36.

SCHMIDT, A. *El concepto de naturaleza en Marx*. Madrid: Siglo XXI, 1977/1962.

SERGE, V. Lo que todo revolucionario debe saber sobre la represión. México: Era, 1925/1973.

SPENCER, H. Progress: Its Law and Cause. En *Essays: Scientific, Political & Speculative I*. Londres: Williams and Norgate, 1857/1891, p. 8-62.

_____. The Factors of Organic Evolution. In: *Essays:* Scientific, Political & Speculative I. Londres: Williams and Norgate, 1886/1891, p. 389-466.

_____. From Freedom to Bondage. In: *Essays:* Scientific, Political & Speculative III. Londres: Williams and Norgate, 1891, p. 445-470.

SPINOZA, B. *Éthique*. París: GF-Flammarion, 1674/1965.

STAVRAKAKIS, Y. On the emergence of Green ideology: the dislocation factor in Green politics. In: D. HOWARTH, A. J. NORVAL; Y. Stavrakakis (Eds.). *Discourse theory and political analysis*. Manchester: Manchester University Press, 2000, p. 100-118.

VYGOTSKY, L. S.; LURIA, A. R. Introduction to the Russian translation of Freud's Beyond the Pleasure Principle. In: VAN DER VEER, R.; VALSINER, J. (Eds.), *The Vygotsky reader*. Oxford: Blackwell, 1925/1994, p. 10–18.

ŽIŽEK, S. *En defensa de la intolerancia*. Madrid: Diario Público, 2010.

4

AS MORTAS-VIVAS[14]

Bhavya Chitranshi e Anup Dhar (Índia)

Ninguém acreditou na minha história e ninguém nunca entendeu a minha dor. Eu não tive escolha a não ser manter a minha tristeza para mim mesma. Eu não podia compartilhá-la com ninguém, então eu nunca a compartilhei com ninguém. Mas agora eu compartilho os meus sentimentos com Sanghas no Sanghathan, porque elas acreditam no que digo e (talvez) entendam a minha dor.

(Rupayi Pedenti, Member Eka Nari Sanghathan[15], Emaliguda.

Este capítulo se constrói a partir de um projeto de "pesquisa-ação[16]" que tomou a "transformação[17]" como um objeto de estudo no contexto da mobilização coletiva de mulheres solteiras e a formação de um *Eka Nari Sanghathan* (Coletivo de Mulheres Solteiras[18])

---

[14] Tradução: Julia Bilhão Gomes

[15] *Eka Nari Sanghathan* é um Coletivo de Mulheres Solteiras em Emaliguda, destrito de Ravagada em Odisha, India. Formado por 40 mulheres solteiras tribais.

[16] A pesquisa-ação, tal como a entendemos, comporta uma escrita reflexiva sobre o processo reflexivo de retificar os erros (righting errors). Nossa pesquisa-ação, em outras palavras, envolve tanto a retificação como a escrita. Trata-se de uma escrita no processo real ou existencial de retificar os erros – um processo vivido pelo pesquisador e a comunidade. Retificar os erros consiste em: (a) desencadear um processo necessário de transformação, um processo de apropriação pelas comunidades e as que se desencadeiam mediante algum tipo de atividade catalítica; (b) documentar o processo em sua infinita complexidade e suas contradições internas e (c) gerar aprendizagens relativamente abstratas e marcos explicativos da experiência de transformação para a comunidade. Em suma, como qualquer outra pesquisa-ação, implicamos: (a) investigar um problema; (b) atuar sobre a base de resultados de pesquisas e possível identificação e resolução de problemas; e (c) investigar a ação de modo retrospective (DHAR, 2015).

[17] Dhar (2015), Chakrabarti e Dhar (2015a), e Dhar e Chakrabarti (2015b) situam a questão da transformação em três eixos mutuamente constitutivos: (a) o eixo identitário/psíquico; (b) o eixo político (geralmente criticado por estes autores devido à sua redução ao Estado liberal com suas votações), e (c) o eixo social da comunidade e de sua formação coletiva.

[18] O discurso dominante identifica as mulheres solteiras como aquelas que: (i) alcançaram a idade de casar e, todavia, não o fizeram, (ii) são viúvas ou (iii) estão divorciadas ou separadas (cf. Krishnakumari, 1987, p. 3). Sem

em um distante vilarejo tribal[19] chamado *Emaliguda*, no distrito de Odisha, Rayagada[20]. A vívida experiência do ser-solteira, a condição de solteira entre as mulheres em sociedades tribais rurais e também florestais, assim como o processo da articulação pública de outrem, levou ao surgimento de um coletivo em que as mulheres que foram abandonadas por suas famílias, que não se casaram, que tornaram-se viúvas ou cujos maridos estão gravemente doentes, uniram-se com o propósito de traçar o próprio caminho do coletivo *Sanghatan*, identificar a sua motivação, esculpindo sua própria linguagem de empoderamento, e se apossando de um possível futuro em comum, um futuro além daquele já previamente estabelecido e ditado pelas agendas do desenvolvimento. Este capítulo se constrói no movimento do coletivo *Sanghathan* – este de "estar solteira" para transformar-se em um ser-em-comum emergente e contingente – que aloja, por um lado, em uma ética política do pluralismo, e por outro lado, no (im)possível forjamento de relacionamentos, amor e amizade.

Embora o fragmento acima ofereça um pano de fundo, o foco específico deste capítulo, um a qual gostaríamos de reiterar, é no mundo das mortas vivas do vilarejo *Emaliguda*. Serão analisadas as histórias das mulheres tribais solteiras nessa aldeia, histórias de mortas enterradas com vida e a linha tênue do que é estar morta em vida[21]. É sobre vidas dadas como mortas, silenciadas por experiências profundas e prolon-

---

embargo, o *Sanghathan*, como Coletivo de Mulheres Solteiras, inclui também as mulheres que tem o marido vivo, mas cujas condições são similares as daquelas que não tem. A condição de ser solteira implica, dessa maneira, grande medida a solidão ("*eka nari*", significa tanto "sozinha" como "solteira"), e pode remeter a uma exclusão econômica, política e cultural, estados perpétuos de insegurança financeira e emociona, e uma carga de trabalho pesado inteiramente sobre os ombros da mulher.

[19] Os termos "tribo" e "tribal" vêm sendo amplamente utilizados por antropólogos coloniais britânicos para identificar aqueles que são designados na Índia como no termio "*adivasis*", ao qual, emu ma tradução parcial, denota simplesmente a povos "indígenas" ou "aborígenes". A comunidade tribal que aqui se menciona é a *Kondha* que se propriamente se identifica como *Kuvi-Lukon* ("*Kuvi*" significando "pessoas que falam" e "*Lukon*" corresponde ao nome de seu idioma nativo). A ideia inicial era manter o termo "*adivasi*" como descrição para a população da qual trabalhamos, mas mantendo em mente a audiência internacional, com hesitação utilizamos o termo "tribo".

[20] O distrito Rayagada é composto por 11 blocos, 171 *panchayats* e 2.667 aldeias. O distrito é composto principalmente de população tribal e, em menor medida que *Kondha Souras*.

[21] A questão da vida – incluindo a mínima e ainda em morte – não se pode abordar como algo simples no campo da política. Malabou (2015) citaria aqui Foucault: "Durante milhares de anos, o homem seguiu sendo aquilo que era para Aristóteles: um animal vivo com a capacidade adicional para uma experiência política; o homem modern é um animal cuja política põe em questão a sua existência como ser vivo" (p. 143). Se permanece consciente, através de Malabou, da politização da vida e da biologização da política, e portanto, não poderia aceitar a vida como uma simples "metafísica da presença".

gadas de dor, violência de alteridade; não necessariamente uma violência coerciva e ostensiva, mas a sutil e oculta, ainda que onipresente, violência do capital, da acumulação primitiva, da deslocação-desarticulação, a falta de terra, do ser mulher, do ser um objeto sexualizado, o 'ser-mulher-solteira' em uma cultura patriarcal e em grande parte poligâmica, o ser tribal, em uma palavra, ser o *outro faltante* o que agora tornou-se conhecido no Hemisfério Sul como "desenvolvimento inclusivo"[22] – consequentemente diante da possibilidade de sua assimilação como "vítima"[23] no mundo da elite, ou diante do perigo de sua aniquilação absoluta; incluir-se nas estruturas do Império-Nação-Estado acarretando ao "colapso da forma da própria vida [...] assim como a perda de sentido de possibilidade da cultura" devido, fundamentalmente, a perda de conceitos e a "perda de conceitos fundamentais" (LEAR, 2008, p. 83, 123).

Este capítulo, portanto, tem de lidar com o "amortecimento" de três registros mutuamente constitutivos: o ser tribal, ser mulher e o ser-solteira em o que Barthes nomeia uma "figura" singular (1977/2002, p. 3-5), em que, essa figura, para Barthes é tida como "fragmentos do discurso", "delineada como um signo" e "por detrás de cada figura está uma sentença, frequentemente uma desconhecida (inconsciente?)".

Além disso, este capítulo também pretende alcançar e trazer à vida, talvez documentar, mesmo que provisoriamente, a vida em morte. Vivendo em morte, entender-se-á de duas maneiras: (i) a reminiscência resistente daquilo que ainda está vivendo em morte e (ii) o processo de viver ainda que na "morbilidade". O viver (de) Adivasi Eka Nari Sanghathan – o Sanghathan como aquele que permite superar

---

[22] Quando esta iniciativa de pesquisa-ação parecia tender para uma possível "in-ação coletiva", se teve o intuito de examinar criticamente a compreensão hegemonica do desenvolvimento, enquanto que o Sanghathan continuava com a sua tarefa de transformação nos níveis do Estado, a sociedade o próprio sujeito ético-político. Isso levou a uma interrogação em torno da natureza dominante "capitalocêntrica" e "orientalista" do desenvolvimento, assim como também a uma re-imaginação e reformulação das filosofias de desenvolvimento (vide Chakrabarti e Dhar, 2009). Tudo isso está na base deste capítulo e constitui uma espécie de um sub-texto que aponta para uma possível filosofia da praxis que gera a formação e transformação coletiva entre o sexo subalterno através de um compromisso com as perspectivas de transformação do marxismo, de Gandhi e de Tagore, assim como também do feminismo e seus novos movimentos sociais posteriors a Laclau e Mouffe (1985).

[23] O papel das comunidades tribais "na definição da identidade cultural, criatividade e dignidade da Índia foi (parodicamente) reescrita como uma história de subdesenvolvimento" (Nandy, 2013, p. xi). As culturas contemporâneas do Sul que vão se terceiro-mundizando [Third Worldized] geralmente concebem comunidades tribais como vítimas de pobreza estrutural, de seu próprio atraso, de sua falta de cientificidade, da superstição e a também a anti-modernidade (vide Chakrabarti, Dhar e Cullenberg, 2012, para uma crítica a terceiro-mundização).

ao menos a solidão, ainda que talvez não a singileza, em um mundo amplamente morto da mulher solteira tribal. Eka Nari Sanghathan foi assim, uma tentativa de recuperar (entre o que Lear chama de perda de conceitos) conceituações de perda e da perdida, assim como alcançar a linguagem/lógica/*ethos*/o ser daqueles que não encontraram eles próprios falando/vivendo no tão chamado mundo desenvolvido ou em desenvolvimento. Finalmente, nesse esforço, este capítulo também busca explorar tanto esta escapatória da "morbilidade", trazendo à vida e recuperando o conceito de perda como o conceito da perdida. Até onde poderemos chegar nesse sentido? Quanto podemos recuperar? Podemos ver aos mortos?[24] Podemos revivê-los? Os vivos em morte poderam falar pelos mortos?

Ser-Tribal

Estas histórias foram coletadas em um período em que a maioria das aproximadamente 250 tribos da Índia estavam

> enfrentando uma nova India (e que ressurge) que quer que eles se isolem em sua história (e em souvenires), desocupando espaço para formas de desenvolvimento mais espetaculares (centradas no capital) [...] Levadas a indigência, marginalidade e os últimos vestígios de dignidade pela Índia moderna lhe é negada, (a tribo – como o Outro ou o duplamente necessário de uma Índia eterna-Védica-Hindu) se converteram em uma nova forma de dois deslocamentos. (NANDY, 2013, p. 10-11)

Os dois deslocamentos que se refere Nandy são: (a) "o deslocamento territorial" e o 'deslocamento' diário (CHAKRABARTI ; DHAR, 2009, p. 20 de tradicionais formas de habitat e (b) deslocamento psicanalítico marcado pela "nova carga marrom do homem" e a equação

---

[24] Pode-se dizer neste contexto: nós temos o "sexto sentido", para mesmo "ver os mortos", deixe em paz os "vivos em morte"; dado que a Índia enfrenta no contemporâneo uma variedade de perda de sensibilidade frente ao Outro tribal, e também ao Outro dalit e ao Outro Mussulmano? O Jovem Cole Sear – no filme O Sexto Sentido – podia ver os mortos. Inicialmente, Cole ficou assustado com a visita daqueles que apareciam nas sombras da morte. Mas assim que Cole compartilha a sua angústia com o psicólogo infantil Dr. Malcolm Crowe, Cole consegue (depois disso) construir uma relação com os mortos, e até mesmo dirigir ao que parecia ser um "resquício de vida" ou a "lembrança de um vívido mundo passado" nos mortos. Nós invocamos o sexto sentido neste capítulo como uma metáfora ou uma sensibilidade (política) inquietante.

neo-Orientalista: "a India tribal hoje é o que nós fomos ontem, e o amanhã deles é nada mais do que somos hoje" (NANDY, 2013, p. 11). A nova Índia emergente tem nada além de desprezo pelos tribais, estranhamente. É o desprezo pelo próprio passado; no melhor dos casos, a nova Índia sente um pouco de piedade pelas tribos, piedade por uma insignificante "figura faltante" de terceiro mundo: uma figura em sua última jornada ao esquecimento, uma figura cujo epitáfio está sempre já escrito, uma figura que chamamos de mortos vivos.

Nandy caracteriza essa nova Índia como um "regime de narcisismo", e considera que tal regime se construiu, "não somente na patologia individual, como acreditava Christopher Lasch no final dos anos 70, mas também em realidades culturais e políticas" (p. 9). O regime de narcisismo, para Nandy (2003), está marcado, por um lado, pelo egocentrismo extremo e pelo egoísmo hipererotizado, mas, por outro lado, pela "dúvida paralizadora de si mesmo e o sentimento de inferioridade" (p. XII). Essa dúvida e esse sentimento seriam projetados atualmente na tribo. Marcada por uma dúvida tão fortemente interiorizada e inferioridade, a tribo doente terminal emerge como a figura do morto vivo. O que é ser mulher em meio de tamanha crise cultural e em tal devastação daquelas para que não parece haver uma escapatória possível (como em uma espécie de "inevitabilidade história" do desaparecimento progressivo fosse tatuada nas partes ruins que se desprenderam da Índia que mantém sua autoconfiança)?

Ser-Mulher

Amalu Miniaka (Aiya) é uma mulher de 45 anos que vive sozinha em uma casa construída por ela mesma no vilarejo. Ela tinha 10 anos quando começou a trabalhar fora de casa. Devido à necessidade de dividir as responsabilidades de trabalho e casa, seus pais nunca permitiram que ela fosse à escola. Ela tinha 15 anos quando foi forçada a casar-se com um homem muito mais velho. Seu marido era um alcoólatra e costumava abusá-la verbalmente, fisicamente e sexualmente. Nessa idade, quando não conseguia entender muito bem as coisas, era bastante diferente para lidar com toda a violência. Toda vez que seu marido forçava-se sobre ela, ela sofria durante um longo período de tempo. Até mesmo antes que ela conseguisse recuperar-se da dor física, logo era abusada sexualmente novamente pelo seu marido.

Em tempos, quando ela tentava pará-lo, ele batia nela violentamente. Mesmo após 30 anos de separação do seu marido, as cicatrizes do casamento violento continuavam assombrá-la. A sua visão foi afetada desde que o seu marido bateu no lado esquerdo de sua cabeça com um pedaço de madeira ardente. Em cerca de um ano de seu casamento, ela estava grávida de sua primeira criança. O primogênito morreu logo após o parto e em menos de seis meses ela estava grávida novamente.

Uma noite, quando eu estava dormindo, meu marido chegou em casa bêbado. Eu estava assustada. Eu não levantei. Meu marido pegou uma grande faca na cozinha e tentou cortar o meu pescoço. No dia seguinte eu saí da casa do meu marido. Eu voltei para a casa dos meus pais.

O seu segundo filho tinha alguns meses de idade. Mas seu marido não a deixou ficar com a criança. Ele pegou a criança e depois de alguns meses casou-se novamente. Os pais dela não aceitaram muito bem a separação. Tentaram forçá-la a voltar, fazer as pazes e viver com o seu marido. Mas Aiya estava determinada a não voltar atrás ("não voltar atrás" é uma posição importante em uma cultura extremamente patriarcal tribal) e começou a trabalhar como uma trabalhadora assalariada em uma fábrica. Sete anos depois, ela se apaixonou por outro homem em seu trabalho e decidiu casar-se novamente. O segundo casamento durou nove meses. Seus sogros não estavam contentes com esse casamento e, de acordo com Aiya, eles drogaram o seu marido com uma espécie de medicamento (chamado Mohini) que "desabilitava os sentidos da pessoa e corrompia o seu comportamento". Com o tempo, seu novo marido também tornou-se violento e pediu para que ela se retirasse de casa. Uma noite, ele trancou Aiya do lado de fora de casa. Ela lamentou a noite inteira aguardando que a porta se abrisse, mas ninguém a ouviu e ninguém abriu a porta para ela. Pela manhã, ela decidiu voltar para a casa de seus pais.

Dessa vez, quando voltou para Emaliguda, o seu irmão que vivia com seus pais recusou-se a ajudá-la e, após a morte de seu pai, ele abandonou não somente a ela, como a mãe deles e sua irmã mais velha não casada. Aiya agora começava uma "nova vida" com sua irmã e mãe; uma espécie de contínuo mulher-mulher (*woman-woman continuum*). Sua mãe e irmã trabalhavam assalariadamente na fazenda de outras pessoas e ela trabalhava na fábrica. Até mesmo após a morte de sua mãe, Aiya e sua irmã não eram ajudadas pelo irmão. Alguns anos depois, a irmã mais velha de Aiya também faleceu. Desde então, Aiya vive sozinha em Emaliguda em uma pequena casa construída por ela mesma.

Ser-Solteira

A noite acabará, nossas histórias, não...

(Salme Pedenti, Member, Eka Nari Sanghathan)

Algum tempo depois que Aiya deixou o seu trabalho na fábrica e iniciou o cultivo de uma pequena parcela de terra governamental "invadida" (a falta de terra continua sendo um problema importante entre as mulheres solteiras tribais em Emaliguda). O que ela produz nessa terra atualmente é o que a sustenta durante todo o ano. As incessantes lutas fizeram de Aiya bastante independente, e não destruíram o seu todo, mas ainda assim isso não retirou a sua solidão e insegurança acerca do futuro, que ela experiencia. Há dias em que, inclusive, ela dorme de estômago vazio ; esses dias em que ela está extremamente cansada ou doente e não se vê capaz de cozinhar ou trabalhar no campo. Ela não possui ninguém para compartilhar as suas aflições. Suas noites, ela diz, são de muito choro e lembranças de sua irmã e mãe.

> *Esta é minha vida e é assim que vai ser até o dia em que eu morrer. Se eu não trabalhar, eu não vou ter o que comer. Eu estou muito velha e mesmo que eu esteja com dores ou doente, eu ainda assim tenho que trabalhar. Não há um único dia, depois da morte do meu marido, em que eu tenha faltado ao trabalho.*
>
> Lachchi Pedenti, Widowed Single Woman, Emaliguda

Lachchi didi é uma viúva de 70 anos que deixa o vilarejo às 6h da manhã diariamente em busca de trabalho assalariado. Ela casou-se nesse mesmo vilarejo. Sete anos antes o seu marido faleceu. Ela teve dois filhos e uma filha. Quando seu marido estava vivo, costumava viver com seu filho mais jovem, mas um ano após a morte dele, o filho abandonou Lachchi didi. Nenhum de seus filhos a procura agora. Seu marido possuía dois acres de terra e ambos os filhos dividiram um acre de terra entre si e não deixaram nada para ela sustentar-se.

Nos últimos cinco anos, ela viveu completamente sozinha e assegurou a sua sobrevivência com a ajuda de Manika didi (que é sua sobrinha e vive no mesmo vilarejo). Pelos últimos dois anos, Lachchi didi vive com Manika didi e sua família; a casa em que Lachchi didi construiu foi destruída devido às más condições climáticas. Agora trabalha com Manika didi em sua terra e também trabalha na terra de outras pessoas como uma agricultora assalariada.

Ela dá todo o seu salário diário para Manika didi comprar itens para casa e também para a poupança no grupo de auto-ajuda (SHG). Ela diz:

> Minha sobrinha cuida de mim, por isso dou todo o meu dinheiro para ela. O que eu faria com o dinheiro? Eu não o necessito. Manika cuida de mim e isso é tudo que preciso. Isso é suficiente para mim. Eu me sinto muito melhor em sua casa. Na casa do meu filho, há sempre brigas. Minha nora costumava abusar aos montes de mim. Aqui, eu estou livre. Eu trabalho, eu como, eu durmo.

> Meu marido costumava bater em mim o tempo inteiro, e quando eu estava próxima de dar a luz para o meu segundo filho, ele me pôs para fora de casa. Eu voltei para a minha vila. Eu pensei que eu que eu pertencia aqui. Mas, as pessoas nesta vila não pensam da mesma maneira. Eu paguei 5000 para conseguir um pequeno pedaço de terra com o intuito de construir uma casa. Minha casa está kuchcha e em ruínas. Quando chove, a casa inteira é inundada com água e não há lugar para sentar ou dormir. O arroz que eu armazeno é destruído. Agora o dono da terra quer que eu devolva a sua terra para ele, mas eu não tenho outro local para ir.

Eu estou lutando todos os dias para garantir um teto[25] acima da minha cabeça.

Jiya Pedenti, Separated Single Woman, Emaliguda

As problemáticas das mulheres solteiras em Emaliguda giram não somente em torno da falta de terra, mas também, da falta de teto. Como garantir sustento, como garantir um teto, incluindo sabão e um par de sapatos é um questionamento diário das mulheres solteiras tribais. Trunki didi, está em lágrimas no que diz, suavemente,

Eu acredito que se passaram 7-8 anos desde que eu comprei algo para mim mesma. O que quer que o meu irmão e cunhada pensam que seja apropriado para eu ter, eles conseguem para mim, mas somente me dão o que julgam que é necessário. Eu não tenho nada que dizer e não é permitido que eu peça nada. O que eu visto é o que minha mãe consegue de seus irmãos. Não me lavo com sabonete há muito tempo. Nem sequer tenho um parte de sapatos.

Escondida nessa narrativa de pobreza aparente, há também uma subnarrativa de falta de escolha e falta de voz. De qualquer maneira, o que é talvez mais importante na narrativa acima é o fato de que não lhe é permitido fazer nenhuma demanda, demandar ao Outro, demandar neste mundo. Ela está, como se possível, unicamente solitária[26], absolutamente única, sofrendo uma singularidade que desafia qualquer experiência normal de solidão. Male didi narra:

[...] é triste quando devemos retornar à uma casa vazia. Quando se vive sozinho e se retorna à uma casa onde não há ninguém que esteja esperando para conversar, sente-se muito sozinho. Até

---

[25] Daí Didi é velha e é frequentemente abusada e espancada pelo irmão: "Eu temo para onde irei se meu irmão mandar eu sair de casa. Como eu sobreviverei? Sendo que sou velha e não posso cuidar de mim mesma, eu não posso viver sozinha. Na casa do meu irmão eu tenho que me envolver com muitos compromissos, mas que escolha tenho? Até mesmo quais e em qual quantidade de comida devo comer é decidida pela minha cunhada. Se algum dia algo bom é comprado, será comido primeiro pelo meu irmão e sua família. Apenas se sobrar algo, poderei comer. Mas, ao menos eu consigo satisfazer a minha fome."

[26] No discurso dominante do estado em desenvolvimento, uma mulher dada como solteira não por que ela não tem família, amigos ou aquisições, mas por que ela não tem um marido. Mulheres que se tornam viúvas são divorciadas, separadas, desertas e não casadas são comumente dadas como solteiras na imaginação limitada do estado da Índia. Parece que a "ausência de um marido" na vida da mulher tribal rural começa a formar a natureza das suas outras relações sociais e determina a sua experiência de gênero, ou por outra razão, a sua "sexistência". Em tempos, acusada de ser a casa pela (prematura) morte do marido, ela é socialmente deixada de lado e "punida" a levar uma vida sozinha.

mesmo se há pelo menos duas pessoas morando juntas, não há necessidade de trancar a casa. Mas ao chegar em casa, abrir a fechadura e entrar na casa completamente escura é como entrar no abismo da solidão.

A vida de uma mulher solteira tribal é, como se possível, vivida entre humilhação e falta de auxílio[27], tristeza e silêncio, dor e perseverança, em uma palavra entre viva "invivível" e morte deferida.

Gundayi didi costumava viver com o seu irmão e sua família. Ela ficou mal durante um longo tempo, mas ninguém na família cuidou dela ou a levou ao médico. Ela morreu. E após a sua cremação os seus irmãos pegaram todo o ouro que ela estava usando. Este é o nosso lugar aos olhos das pessoas que vivem conosco. Nós não podemos depender de ninguém. As pessoas vão nos deixar para morrer. Não há garantia que nós vamos ser cuidadas por aqueles que nós cuidamos durante toda a nossa vida.

Há também narrativas de mulheres solteiras que morrem sozinhas como resultado de fome aguda, doenças, falta de teto etc. Seus corpos mortos são achados eventualmente, depois de alguns dias, no meio da floresta (onde elas talvez tenham ido atrás de comida e morreram); corpos mortos deixados não reclamados, depois que o ouro vestido por essas mulheres foi retirado de seus corpos. Essa imagem representa as extremas formas de crueldade subjetivada não somente às mulheres solteiras, como também aos seus corpos mortos. Isso marca a natureza da brutalidade sem fim, crueldade e violência que são parte dos dia a dia da mulher solteira e continua a assombrá-la até sua morte e ainda após.

---

[27] A narrativa de Tulsi didi demonstra como as vidas são vividas entre a humilhação e a falta de auxílio. Ela performou alguns rituais religiosos para uma família e tendo performado seus deveres quando ela estava prestes a sair, a família a acusou de roubar o dinheiro que estava sendo guardado próximo à estatueta. Abusada em frente a toda aldeia, o incidente foi um ataque ao seu respeito-próprio. O fato foi que ela era solteira e era pobre, o que fazia ser fácil para outras pessoas apontarem-lhe o dedo. De qualquer forma, apesar da humilhação, Tulsi didi pegou o arroz que serviria como sua remuneração pela perfomance do ritual religioso. Ela gostaria de não ter pegado; mas ela precisava. Caso contrário, aquela noite ela teria de dormir sem comer. Ela foi, como se possível, "forçada" a colocar a sua falta de auxílio acima da sua humilhação.

Do ser-solteira à autonomia

No contexto deste projeto de pesquisa-ação, à medida que nossa exploração nas narrativas das mulheres solteiras tribais foi ganhando ritmo, houve um movimento simultâneo no grupo para um entendimento do ser-solteira (*singlehood*) como a ausência de um marido, como identidade e condição ou posição na sociedade. Para aprofundar-se ainda mais ao compreender a autonomia (*singleness*) entre as mulheres como experiência diária (i.e. a experiência de se sentir só), como também uma (escolhida) forma de existência. No primeiro momento, solidão era uma experiência que ocorria mesmo com a presença de um marido ou parceiro. Em um segundo momento, estar solteira não era visto como uma forma de ser (como por exemplo, a viuvez), mas uma escolha própria. O movimento do ser-solteira a autonomia levou essas mulheres tribais a prioritárias batalhas e negociações diárias, resultando em uma variada maneira de compartilhar as dificuldades que enfrentaram ou enfrentam, suas diversas maneiras de lidar com isso, sua força interna que as sustentaram por meio da morbilidade e a possibilidade de resistência; em outras palavras, possibilidades de viver, mesmo que cercadas de morbilidade.

As diversas formas de discriminação, opressões, explorações e violência perpetuadas pela maioria hetero-patriarcal para com as mulheres solteiras tribais, circulou de um "ostracismo social" a subjulgá-las à uma numerosa quantidade de tabus, restrições e diversas maneiras de controle; tornando-as economicamente vulneráveis e tirando-lhes os seus direitos sobre coisas como alimentação, salário, propriedade familiar e terra; assim como invisibilizando-as, mantendo os seus problemas particulares e preocupações fora do discurso da política de desenvolvimento:

> [...] ninguém acreditou na minha história e ninguém nunca entendeu a minha dor. Eu não tive escolha a não ser manter a minha tristeza para mim mesma. Eu não podia compartilhá-la com ninguém, então eu nunca a compartilhei com ninguém [...]

Mesmo que elas sejam "visibilizadas", são vistas como mulheres vítimas de problemas de terceiro mundo, com necessidade de apoio estatal ou caridade do Banco Mundial. Mas o "terceiro-mundismo" em que se insere a condição de vítima da mulher solteira tribal é, por assim dizer, em termos de Derrida,, "certa organização dos lugares (lieux) desenhada para enganar", e que se constitui em uma "cripta"[28]. Para Derrida, "a cripta esconde conforme mantém"; "terceiro-mundismo" – i.e. o presenciamento de partes do Sul como faltantes – escondem ao que mantém a narrativa de dor dar muiheres solteiras tribais; estes locais (*lieux*) são dispostos como uma maneira de

> Disfarçar e esconder [...] mas também disfarçar o ato de esconder e ocultar o disfarce [...] o que está em evidência aqui é o que é feito em segredo, ou tomar um lugar secreto, de maneira a manter-se a salvo em algum lugar (DERRIDA apud ABRAHAM; TOROK, 1976/1986, p. XIV).

O que então está sendo mantido à salvo? O que está sendo mantido em um local seguro? Pelo que (e não por quem)?

> A palavra chave, sem dúvida "indizível" e desconhecida até então, deveria ser polissêmica, expressando múltiplos significados através de uma única estrutura fonética. Uma dessas deveria manter-se envolta, mas a outra, ou diversos outros significados agora equivalentes, seriam nominadas através de estruturas fonéticas distintas, isto é, através de sinônimos... Nós chamaríamos isto de "criptônimos" (palavras que escondem) devido à sua alusão a um significado estrangeiro ou arcaico... Algumas palavras sofreram uma extraordinária exclusão, e esta mesma exclusão parece ter lhe conferido poderes mágicos, genuinamente... Porque dada palavra fora tida como "indizível" que surgiu a obrigação de introduzir sinônimos mesmo para seus significados laterais, e que os sinônimos adquirissem status de substitutos. Assim, eles tornaram-se criptônimos, aparentemente não possuindo nenhuma ligação fonética ou semântica

---

[28] Derrida explica a cripta em três sentidos. Cripta é em um e mesmo tempo (i) 'uma certa organização de lugares [*lieux*] designados para desencaminhar' (a cripta não apresenta a si mesma); os lugares [*lieux*] são dispostos como forma de 'disfarce para esconder... Mas também para esconder o ato de esconder o disfarce: a cripta esconde conforme mantém', (ii) 'um arranjo topográfico feito para manter (conservar-esconder) as mortas vivas, e (iii) uma "cifra, um código" (DERRIDA apud ABRAHAM; TOROK, 1986, p. XIV-XXXVI). Nós deveremos invocar os dois outros sentidos da cripta nas próximas seções deste capítulo. Os três sentidos da cripta atam para nós o nó de Borromean da (i) terceiro-mundização da vívida existência das mulheres solteiras tribais, e (iii) a necessidade, consequentemente, de uma de-cifração, daquilo que Derrida chama de "a ciência da interpretação criptológica" (1986, p. XV) das mortas vivas.

com as palavras proibidas (ou os tabus). (ABRAHAM; TOROK, 1976/1986, p. 18–19)

No contexto em que Derrida invoca a cripta e a "criptomania", um tipo persistente de autoquestionamento começa a tomar forma: "desenvolvimento" é um criptônimo (uma palavra que esconde)? Esconde uma palavra-chave, sem dúvidas indizível e desconhecida até então? Será que nos engana? Será que encobre a linguagem da mulher solteira tribal? Certas palavras – no mundo das mulheres solteiras tribais – sofrem uma exclusão extraordiária? Será que é porque determinada palavra, uma palavra-chave, ou algumas palavras no mundo das mulheres solteiras tribais são indizíveis – não necessariamente indizíveis, mas indizíveis no imaginário capitalocêntrico, orientalista e androcêntrica do desenvolvimento (CHAKRABARTI; DHAR, 2009). Será o desenvolvimento, como um significante substituto, como um criptônimo proibido (tabu), exclui algo no mundo da mulher solteira tribal (ABRAHAM; TOROK, 1976/1986, p. 18-19) A cripta do desenvolvimento seria então uma "lápide do ilícito".

A mulher solteira tribal, dessa maneira, possui duas faces; uma a qual é ilícita (no discurso mainstream – popular – do desenvolvimento). De um lado, é a imagem apropriada, a imagem terceiro-mundista da mulher solteira tribal; que é a imagem da viúva – uma imagem tatuada no discurso da condição de vítima (o destaque da viuvez, como ser solteira, escurece/invisibiliza/mata a experiência de ser-solteira). Por outro lado, é a inapropriada imagem, a ilícita, a proibida, imagem feita tabu da mulher solteira tribal; que é a imagem da solteira como autonomia. É como se uma imagem particular da composição "mulher solteira tribal" – a imagem da viúva – não fosse tabu para o desenvolvimento; a viúva é a vítima; dê à viúva a sua pensão (por volta de 4 a 5 dólares por mês... por mês!). O tabu então seria a imagem da solteira? A mulher não casada? O que há de ser escondido é a imagem da solteira – a mulher abandonada; o abandonamento em um ponto crítico da violência estrutural no contexto tribal; isso também aponta para a poligamia? Seria uma sustentada e progressivamente elaboração do "diário pessoal" (como o verbete do Homem dos Lobos em Abraham e

Torok) das mulheres solteiras tribais a catalogação dos "hieróglifos decifrados" e pesquisa "anasemica" (pesquisa anasemica aproxima-se de símbolos como um arqueólogo que luta para decifrar documentos em uma língua desconhecida; a qualquer custo, para completar o trabalho de decifrar, "deve-se restaurar o circuito funcional inteiramente, o que implica na multiplicidade de assuntos teleológicos, e dentro do qual o símbolo-coisa atua como uma mera retransmissão) que nos leva mais próximos ao que Derrida chama de palavra(s)-chave, as palavras tabu ou proibidas (em termos lacanianos, poderíamos dizer, significantes objeto de foraclusão) (*Verwefung*).

Cripta

Derrida (1976) invoca o conceito-metáfora de cripta para também designar um arranjo topológico feito para manter (conservar, esconder) os mortos vivos (p. XXXVI). Para Derrida, o lugar secreto é também uma "lápide", um "lugar de lugar nenhum", e seu (in)habitante é um morto vivo, uma entidade morta, semanticamente morta, como se não pudesse isentar-se na cadeia sintática, ou até mesmo na cadeia de significantes; como se ambos fossem "palavras enterradas vivas" (1986, p. XXXV); ambas são "palavras defuntas" (1986, p. xxxv), palavras "dispensadas de sua função de comunicação". São as mulheres solteiras tribais as mortas vivas da nação-estado indiana, de regime narcisista, de uma imaginação desenvolvimentista, pressuposta nas acumulações capital e primitiva?

Poderia o desenvolvimento inclusivo da cripta – o topógrafo delirante – manter (ocultar-conservar) essas mulheres mortas vivas? Ou teriam as que viviam dadas mortas pela "terceiro-mundização" da vívida experiência das mulheres solteiras tribais? Foi ela semanticamente morta, mesmo que biologicamente viva? Ela não pode ser inserida em uma cadeira sintática da troca de Nação-Estado-Imperial; Spivak (1994) chamará essa condição de "subalterna de gênero".

Que mulher solteira tribal é então a morta viva? Não a viúva. Mas a solteira. Ao invés disso, a viúva é vista em primeiro plano. A figura da viúva – a vítima de terceiro mundo – é em que o desenvolvimentalismo obsessivamente circula. Em termos lacanianos a solteira está fora-cluida. A que está na porta, no umbral da consciência da solteirice, está foracluida; a qual é uma experiência de morbilidade, e também uma experiência de falta de vida, assim como uma experiência na qual há vida na falta de vida. A seção seguinte buscará dar sentido a essa vida na morte e obscuridade.

De dentro para fora

No contexto deste projeto de pesquisa-ação, a análise coletiva do ser-solteira não somente gerou um sentimento de compartilhamento de tristezas no grupo, mas também, simultaneamente, levou à construção de raiva. Com a percepção baseada nos relatos das mulheres que diziam : "minha experiência de opressão, de ser mulher solteira, não pertence à mim somente, mas é uma experiência compartilhada por muitas outras", e que "eu posso estar solteira mas não sozinha", gerou uma necessidade de tomar posição juntas por si mesmas e pelas outras; para ser possível de levantar uma voz coletiva e dar voz ao coletivo, para "visibilizar" no setor de desenvolvimento e na práxis política, até então, que invisibilizou as mulheres solteiras tribais, para trazer a condição e problemática do ser-solteira à superfície; em outras palavras, colocar em primeiro plano o até então rejeitado/recalcado/foreclosed mundo das mulheres solteiras tribais.

Esse processo ajudou a dar luz à um nova posição subjetiva das mulheres solteiras que agora estão começando a dar-se conta de seu potencial político e transformação visionária que às obrigou a assumir o comando para maiores mudanças e não somente manter-se com meros benefícios e vitimismos. Isso marcou o início da constituição das mulheres solteiras tribais em Emaliguda como agentes emergentes-contingentes da transformação. Ao que se refere a Sanghathan que elas forjaram como emergente-contingente ser-em-comum, foi caracterizado por sua horizontalidade (sem hierarquia vertical) e por sua aceitação da diferença, da contradição e o antagonismo. Assim, uma sensação de pertencimento, de ética e responsabilidade, em nome de todas as integrantes do coletivo, surgiu como uma característica importante do Sanghathan. Essa sensação, por sua vez, ampliou o seu caminho por meio das redes de mulheres e de vidas entrelaçadas. Foi assim como preocupações, até então privadas, enterradas e imobilizadas na esfera doméstica, que se encorajaram a abrir-se ao espaço público.

A vida nas mortas

> [...] Mas agora eu compartilho os meus sentimentos com Sangha[29] no Sanghathan, porque elas acreditam no que digo e (talvez) entendam a minha dor [...] (relato de uma das entrevistadas).

Este capítulo também retrata o que ainda vive, prosperando ainda no mundo dos mortos, vítimas da violência; uma forma de "vitalismo"[30] (cf. WOLFE; WONG, 2014) irredutível. Por um lado, a política Maoísta da guerra de classes de guerrilha em contextos tribais na Índia e, por outro, a dependência do feminismo indiano no Estado e a dependência do setor de desenvolvimento no ativismo financiado; prosperando além dos regimes saqueadores do narcisismo na nova emergente Índia e regimes de desespero em remansos tribais (cf. NANDY, 2013). Assim, o que aqui nos interessa é a dupla natureza das histórias das mulheres solteiras em uma aldeia remota da Índia: histórias em que não se acredita, que não se entendem, que se guardam, então, para si mesmas, não se compartilham. Parte daí o silêncio prolongado: um silêncio que se apresenta, por um lado, como a dor do silêncio, mas por outro, na força

---

[29] O termo Sangha em Oriya significa amigas.

[30] A biofilosofia francesa entre os anos 1950s-1960s traz, ao menos, três nomes: Georges Canguilhem, Raymond Ruyer e Gilbert Simondon. Biofilosofia durante seu breve mandato era um projeto completamente diferente da 'filosofia da biologia' anglófona. Notavelmente, não apresenta a filosofia como vindo em segundo lugar em relação a um estatuto "fundacional ou normativo da prática científica". Nesse contexto, frequentemente encontramos referência à Vida, o pensar sobre a Vida, o "sentido (sens) da Vida" e, claro, a ideia da filosofia da Vida, juntamente com o foco no vitalismo. Aqui, a influência de Bergson é indispensável (WOLFE; WONG, 2014, p. 2).

do Sanghathan – da (in)ação coletiva das mulheres –, como resistência silenciosa e como resistência do silêncio. A morte da linguagem ou a morbilidade da linguagem nos vivos dá lugar, como se, a um tanto paradoxalmente à linguagem coletiva de viver. Mami didi – uma das integrantes mais ativas do Sanghathan afirma:

> Nossa felicidade é nossa e nossa tristeza também é só nossa. Nós não temos que nos preocupar em manter um marido satisfeito e feliz. Nós podemos conquistar nosso próprio dinheiro e, em vezes, até mesmo gastá-lo com nós mesmas, o que é bem difícil para mulheres casadas (no nosso contexto).

"Nossa felicidade é nossa e nossa tristeza também é só nossa". Mami didi deslocou a questão do dilema de se é feliz ou triste com o assunto do estado afetivo de felicidade ou tristeza. Parece que as mulheres solteiras podem chegar a sentirem-se comparativamente mais livres e que podem planificar a sua vida por sua conta, incluindo quando sofrem certas restrições e formas de controle. Inclusive escutamos as mulheres separadas as quais foram sugeridas que voltassem aos seus maridos e elas disseram que não gostariam de voltar a casar, porque não queriam sofrer novamente ao experimentar o mesmo tipo de violência, o mesmo desapego, a alienação, negligência, o estresse e as crises que deveriam enfrentar quando viviam com seus maridos. Muitas delas creem firmemente que o matrimônio só traz dor e controle à vida das mulheres e, portanto, sentem que estão melhores solteiras, longe de maridos e sogros.

Uma delas disse, por exemplo, "os maridos tendem a aumentar a carga de trabalho das mulheres, criar problemas desnecessários e distúrbios em casa e as dominam". Várias mulheres solteiras de Sanghathan que haviam passaram da "idade para casar" mencionaram que na realidade não se arrependiam de não terem casado. No geral, na verdade, achavam que era melhor do que ser como as mulheres casadas, presas na rotina e monotonia da vida de casado. Desmistificando o senso comum de que casamento leva à felicidade, Jaga didi questiona:

"[...] não é como se eu estivesse muito feliz no momento, mas qual é a garantia de que eu teria sido mais feliz se eu tivesse casado? ".

Esse questionamento é, no mínimo, uma reflexão cética sobre as instituições dominantes do matrimônio, a heteronormatividade reprodutiva e da família. Talvez o questionamento está dirigindo-se à estrutura hetero-patriarcal que decide o que poderia e deveria significar a felicidade para as mulheres, e que, buscando exercer seu controle sobre as mesmas mulheres, normalizou a importância do casamento na vida. É também um questionamento ao feminismo da Índia, que mesmo com a crítica existente às instituições do casamento e da maternidade obrigatória, esse mito em torno do casamento e da maternidade que conduz à felicidade e segurança ainda não foi totalmente problematizado. E se a mulher solteira tribal estivesse pedindo ao feminismo da Índia para adotar uma posição desconstrutiva ante a convivência?

Está colocando também em questão o paradigma dominante do desenvoivimento -- paradoxalmente focado em grupos de autoajuda para mulheres – questões deixadas sem vigilância e sem endereço, problemáticas pessoais e políticas relacionadas ao casamento e à família? Trata-se de questionar o aparente ginocentrismo do desenvolvimento – desenvolvimento focado 'nas mulheres, das mulheres, por mulheres, mas para a família e comunidade – mostrando como ele perde questões de gênero? O único agente de mudança que o setor de desenvolvimento pode pensar agora é a mulher; no entanto, esse mesmo setor não foca na mudança pessoal do agente; mudança nas relações de gênero nas esferas íntimas/sexuais, nos relacionamentos, em família, em grupos de parentesco e na comunidade imediata.

O questionamento das mulheres solteiras tribais também poderia colocar em crise o marxismo do indiano que ainda se mantém em grande parte cego com respeito às questões de gênero, e que continua sendo impulsionado por um economicismo e pela tese da inevitabilidade história, quer dizer, a tese do triste, mas inevitável, desaparecimento dos espaços pré-capitalistas, feudais, tribais/aborígenes ou pré-modernos/tradicionais atravéspor meio da acumulação primitiva, uma tese que ao final, até mesmo Marx, abandonou (cf. DHAR, 2003; CHAKRABARTI; DHAR, 2009). É verdade que algumas das palavras de Mami didi e de Jaga didi permacem, de qualquer maneira, enterradas no desenvolvimento, no feminismo indiano e em certo marxismo. Certamente, há aqui algumas palavras como aquelas que Derrida chamava de palavras mortas ou enterradas vivas ou sem função comunicativa. Sem embargo, há outras palavras, palavras das vítimas em tipos lineares simples de vitimização (como na viuvez), que já estão em primeiro plano.

As colinas de Emaliguda nos parecem verdes em dor; ou marrons como folhas secas mortas; quais as narrativas de dor que as colinas escondem; quais as histórias de dor que as colinas abrigam; dores acumuladas em milênios intermináveis e intoleráveis. Perguntamos-nos: a linguagem tribal, no geral, e a linguagem das mulheres solteiras tribais em particular, possuem um significante para dor? Significante tribal de dor, ou significante de dor tribal? Será que para o registro da elite, para as tradições do marxismo e para as práticas psicanalíticas?

Poderia o gênero subalterno ser ouvido no marxismo ou na psicanálise? Será que o ato de falar significa falar na linguagem capitalocêntrica como formas também androcêntricas de desenvolvimento, ou do feminismo liberal, do materialismo histórico marxista ou violento maoísmo? Será que, portanto, significa uma perda de conceitos? Além disso, a psicanálise pode dar sentido à dor ao trauma que não é necessariamente individual; dores e traumas que não estão, necessariamente, emanando da experiência familiar na infância; dores e traumas que são de origem social e de início na idade adulta e são encapsulados ou corrompidos em histórias tribais antigas e milenares ou a história de violação-subjugação-marginalização das mulheres?

Parece que a psicanálise contemporânea não tem recursos ricos suficientes para compreender a arqueologia complexa do psicosocial ou a natureza discursiva da infância, idade adulta e trauma social (BOULANGER, 2007); é por isso que talvez o pesquisador atuante tenha dificuldade em ouvir a língua dos «pesadelos sociais». Talvez a nossa escuta nos exige um questionamento de nosso próprio saber interior ou de nosso próprio hábito/habitat desses conceitos? Para estremecer nossos pontos cegos, talvez devamos fechar os nossos olhos, cortando o próprio olhar, nossa própria visão tão familiar, demasiadamente familiar.

> *Ninguém acreditou na minha história e ninguém nunca entendeu a minha dor. Eu não tive escolha a não ser manter a minha tristeza para mim mesma. Eu não podia compartilhá-la com ninguém, então eu nunca a compartilhei com ninguém. Mas agora eu compartilho os meus sentimentos com Sanghas no Sanghathan, porque elas acreditam no que digo e (talvez) entendam a minha dor. (Rupayi Pedenti, Member Eka Nari Sanghathan, Emaliguda.)*

A primeira parte da citação nos envergonha, aqueles de nós que historicamente falharam em escutar ou talvez ainda não aprenderam a escutar ou assistir à linguagem da dor que constitui o sofrimento daqueles que são Outros, Outro(s) que mundo(s) vivenciou, cuja experiência-linguagem-lógica-*ethos* permaneceu encerrado no capitalismo, como também do marxismo e feminismo; em estatais e nos auxílios Banco Mundial como também a prática do desenvolvimento.

A segunda parte da citação abre espaço para a voz subalterna - não na linguagem da revolução marxista, mas no que poderia ser chamada linguagem do Sanghathan, da mulher tribal. Ao quebrar o termo Sanghathan em Sangha e Gatchan, obtém-se, por um lado, uma reunião de amigos (sanghas significa amigos em Oriya) e, por outro lado, uma organização para construção (Ghathan significa em hindi uma reunião, a fim de construir e organizar). Assim, para as mulheres tribais, San(gha)than designa uma reunião para construir um espaço em que as amigas possam se unir para estar uma com a outra e, também, estar lá uma para a outra. O termo também implica a organização. Em suma, Sanghathan significa uma maneira de se relacionar com as demais, especialmente com a outra significativa, a Eka Nari (Mulher Solteira) como ela mesma.

De cifrar a descifrar

O presente capítulo foi um esforço para colocar em primeiro plano uma pequena parte, porém significativa, do ser corporal que vem sendo até agora violado, ferido e atormentado nas mulheres solteiras tribais. Foi uma tentativa de explorar as possibilidades de resistência(s) que residem nesta experiência de alteridade e de silenciamento. Em outras palavras, foi para dar visibilidade a visão de mundo das mulheres solteiras tribais e a possível ética-política das mortas vivas que emana dessa visão.

Este capítulo tomou entrada empática-política para os mundos vividos das mulheres solteiras tribais de Emaliguda, nas não contadas e não ouvidas histórias cheias dos desafios e sofrimentos diários que as mulheres enfrentam em detrimento de um parceiro masculino sexual "legítimo", principalmente um marido, em suas vidas. Entre muito não compartilhado, mantido consigo mesmas, silenciado e perdido, ainda que visível nas cicatrizes, fragmentado aqui e ali, falando hesitante e suavemente, parcialmente descobertas as histórias de ser solteira entre as mulheres, 40 mulheres solteiras visionaram um coletivo, ou o que poderíamos chamar de "sonho social" (LAWRENCE, 2003) – um sonho, uma utopia que é social – como também a socialização que parece ser um sonho entre a violência e a morbilidade que vem sendo experienciada há muito. Um sonho em que elas encontram umas nas Outras, uma Outra significativa, no qual elas escutam umas às outras, empatizam umas com as outras e acreditaram e entenderam umas às outras.

Em outras palavras, um sonho que tomou um caráter social, em nesse processo, elas começaram a achar também à si mesmas, "si mesmas" (*self*) que podem ter sido reprimidasforacluídas (reprimidas, recalcadas...), desmentidas e negadas, mas que foram (re)formadas no processo de sonhar coletivamente. Esse sonho social é o Sanghathan, chamado Eka Nari Sanghathan; um sonho que deu a Rupayi didi e todas às outras, Sanghas (amigas e companheiras) que acreditavam nas histórias e entendiam as dores umas das outras. Poderia o Marxismo clássico – focado na luta de classes e a revolução violenta – fazer sentido na segunda parte da narrativa de Rupayi didi – uma narrativa focada em transformar-se em política não violenta entre amigas? Essa questão perante nós: poderia haver uma política (alternativa) das vívidas (enquanto) mortas? O que poderia ser a política das mortas vivas?

Poderia, de um lado, o mundo do desenvolvimento capitalocêntrico-orientalista do Sul (subsumido na singularidade banal do moderno e do Terceiro Mundo) e de outro lado, o a política marxista tradicional, esperar pela violência final: a revolução para aprender a (im)possível política do pluralismo e do afeto do gênero subalterno? O que implicaria aprender do roteiro[31] das mulheres solteiras tribais? Derrida invoca a cripta como também uma "cifra, um código" em um movimento da cripta como nome e também verbo. Para Derrida, criptar é cifrar, uma operação simbólica e semiótica que consiste na manipulação de um código secreto. Mas o que há de ser decifrado?

Referências

ABRAHAM, N.; TOROK, M. *The Wolf Man's Magic Word:* A Cryptonymy. Minneapolis, MN: University of Minnesota Press, 1976/1986.

BARTHES, R. *A Lover's Discourse: Fragments.* Londres: Vintage, 1977/2002.

BOULANGER, G. *Wounded by Reality: Understanding and Treating Adult Onset Trauma.* Nueva York y Londres: Psychology Press, 2007.

CHAKRABARTI, A.; DHAR, A. *Dislocation and Resettlement in Development:* From Third World to World of the Third. Londres: Routledge, 2009.

_____; DHAR, A.; CULLENBERG, S. *World of the Third and Global Capitalism.* Nueva Delhi: Worldview, 2012.

_____; _____. The Question Before the Communist Horizon. En *Rethinking Marxism.* v. 27, n. 3, p. 357–359, 2015.

DERRIDA, J. Foreword. In: ABRAHAM, N.; TOROK, M. (Eds). *The Wolf Man's Magic Word:* A Cryptonymy. Minneapolis, MN: University of Minnesota Press, 1976/1986. p. XL-XLVIII.

DHAR, A. *Other Marx: Marx's Other.* Kolkata: Other Voice, 2003.

---

[31] Roteiro é ao mesmo tempo 'script' do discurso hegemônico (aqui desenvolvimento) e 'cripta' dentro do script do hegemônico, e isso é hermeticamente selado. O assunto é, em seguida, sobre um roteiro secreto; o script de uma cripta; ou a cripta de um script; um roteiro.

_____. *Action Research:* Writing on Righting Wrongs. Disponível em: <https://www.csu.edu.au/__data/assets/pdf_file/0009/1450188/Action-Research-writing-on-righting-wrongs-Anup-Dhar.pdf>. Acesso em: 21 dez. 2015.

_____; CHAKRABARTI, A. The Althusser-Lacan Correspondence as ground for Psycho-social Studies. *Psychotherapy and Politics International.* v. 12, n. 3, p. 220–233, 2015a.

_____; _____. Civilizational Futures (in Tagore): 'Political' or 'Social'. In: *The Palgrave Encyclopedia of Imperialism and Anti-Imperialism* (no prelo), 2015b.

KRISHNAKUMARI, N. *Status of Single Women in India: A Study of Spinsters, Widows and Divorcees.* Nueva Delhi: Uppal Publishing House, 1987.

LACLAU, E.; MOUFFE, C. *Hegemony and Socialist Strategy: Towards a Radical Democratic Politics.* Londres: Verso, 1985.

LAWRENCE, W. G. (Ed.) (2003). *Experiences in Social Dreaming.* Londres: Karnac, 2003.

LEAR, J. Working through the end of civilization. *International Journal of Psychoanalysis.* v. 88, n. 2, p. 291–308, 2007.

LEAR, J. *Radical hope: ethics in the face of cultural devastation.* Cambridge, MA: Harvard University Press, 2008.

MALABOU, C. One Life Only: Biological Resistance, Political Resistance. *Critical Inquiry.* Disponível em: < http://criticalinquiry.uchicago.edu/one_life_only/>. Acesso em: 26 dez. 2015.

MILLER, J. A. (Ed.). The Seminar of Jacques Lacan. Book III *The Psychoses* (1955–1956). Nueva York, NY: Norton, 1997.

NANDY, A. *Regimes of Narcissism, Regimes of Despair.* Nueva Delhi: Oxford University Press, 2013.

SPIVAKI, G. Can the Subaltern Speak?» In : WILLIAMS, P. ; CHRISMAN, L. *Colonial Discourse and Post Colonial Theory.* New York : Columbia University Press, 1994.

WOLFE, C. T.; WONG, A. The Return of Vitalism: Canguilhem, Bergson and the Project of Biophilosophy. In: BEISTEGUI, M.; BIANCO, G.; GRACIEUSE, M. (Eds). *The Care of Life:* Transdisciplinary Perspectives in Bioethics and Biopolitics. Londres: Rowman and Littlefield International, 2014.

5

SÃO DEMÔNIOS OS QUE DESTROEM O PODER BRAVIO DA HUMANIDADE: REFLEXÕES SOBRE A VIOLÊNCIA

Nadir Lara Junior (Brasil)

O título deste capítulo foi baseado em um trecho da música "monólogo ao pé do ouvido" escrita pelo cantor e compositor brasileiro Chico Sciense (1966-1997)[32]. Não só essa frase, como a letra dessa música nos ajudará a refletir sobre a questão do mal-estar, sofrimento e violência em tempos de sobredeterminação do Estado capitalista. Para tanto, vamos ilustrar um pouco mais essa questão, tomando a obra "Fausto" escrita por Johann Wolfgang von Goethe que retrata a vida de um homem insatisfeito, aquele que busca conhecimento e o sentido da própria vida.

> Fausto, além de ser a obra simbólica da vida de Goethe, adquire também significado universal por materializar o mito do homem moderno, o homem que busca dar significado a sua vida, que precisa tocar o eterno e compreender o misterioso. Sob este aspecto, o mito faústico transforma-se em um "mito vivo", um relato que confere modelo para a conduta humana. (ELOA HEISE)[33]

Interessante notar que o início dessa obra é marcado por um diálogo entre Deus e Mefistófeles no qual apostam a alma de Fausto. Nesse diálogo, percebemos que Mefisto é ardiloso e inteligente, hábil com as palavras, irônico diante da divindade, um recurso deveras interessante para esse tipo de situação.

---

[32] Disponível em: <http://basilio.fundaj.gov.br/pesquisaescolar./index.php?option=com_content&view=article&id=564:chico-science&catid=38:letra-c&Itemid=1>. Acesso em: 23 jun. 2017.

[33] Disponível em: <http://revistacult.uol.com.br/home/2010/03/fausto-a-busca-pelo-absoluto/>. Acesso em: 13 jul. 2015.

335- Mefistófeles: e quanto apostais vós que ainda se perde,
Se licença me derdes de leva-lo
Suavemente pelo caminho?
340 -Senhor: Enquanto ele viver vida terrena
Não te é proibido experimentá-lo.
Está sujeito a errar enquanto luta
O homem. (GOETHE, 2003, versos 335 e 340)

Podemos dizer que Mefistófeles sabe manejar todas as estratégias do engodo, talvez tenha sido um sofista de antigamente ou um cínico contemporâneo. Sagaz para libertar as pulsões humanas das tramas da lei, fazer enfim o sujeito atingir na terra o paraíso, livre de cobranças e exigências supostamente imposta por Deus. Enfim, sua maior estratégia para ganhar a aposta com Deus é oferecer o êxtase na Terra, o paraíso sonhado sem culpas ou cobranças e abrir assim os caminhos para que Fausto encontre o sentido da vida.

Nessa obra, os personagens demonstram certa fragilidade, elas são titubeantes, mas também se mostram puras, virgens, retas. Nesse sentido, aparece Fausto como o grande representante do humano, supostamente desejando o conhecimento da ciência, inquieto, ansioso. Como sabemos, a partir da psicanálise, os neuróticos sentem culpa, porque desejam sempre aquilo que é proibido e por isso sua libido reprimida se torna ansiedade. "Onde existe uma proibição tem de haver um desejo subjacente" (FREUD, 1913/2005, p. 78).

Ele expõe sua alma para que seja levada por desejos subjacentes para chegar justamente a um tipo de conhecimento científico que o colocava numa oposição a Deus e seus fundamentalistas. Mefistófeles logo percebe a inquietude de Fausto.

1555- Mefistófeles: Assim agradas-me!
Havemos de entender-nos, tenho esperança.
Para curar-te da melancolia,
Aqui me tens vestido à cavaleira,
De carmesim com passamanes de ouro,
De pluma no chapéu, manto de seda
E ao lado pendente a aguda espada –
1556- Um conselho te dou, sem mais preâmbulos:
Que vás ataviar-te deste modo,
E livre venhas ver qual seja a vida.

Nesse ponto, a grande façanha de Mefistófeles foi nomear o mal-estar em forma de sintoma e propor uma "cura" para a ansiedade: Fausto deveria entregar-se à luxúria, sovinice, ganância como um novo caráter, uma nova vida em busca da felicidade. A busca pela felicidade fez Fausto entrar numa empreitada para não se deparar com a infelicidade que causa sofrimento, pois todo sujeito é regido pelo princípio do prazer que orienta e domina o funcionamento psíquico. A dimensão religiosa da obra (Deus e o Diabo) aparece com uma proposta evidente para desviar-se do sofrimento, por isso tanto Deus quanto o Diabo encorajam a superação do sofrimento e da dor por meio de uma recompensa: o encontro eterno com o pai – o gozo plenificado ou buscar o gozo imediato mediante tudo aquilo que a sociedade possa lhe oferecer – sem o ônus da culpa (FREUD, 1930/1997).

Na lógica de Goethe, a vida entregue a Mefistófeles como o mestre que conduz seus escravos, faz o sujeito gozar na montagem perversa de imoralidades e prazeres, como no totem e tabu de Freud (1913/2005) em que os filhos matam o pai, dividem suas partes entre si e por meio do ritual totêmico, passam a se sentir como se fossem o pai da horda em potencial.

> 1435- Fausto: pois há leis no inferno?
> Acha-o excelente. Pode convosco
> Um contrato seguro celebrar-se?
> [...]
> 1460- Mefistófeles: teus sentido, amigo, vão nesta hora
> Maior prazer gozar que em roda do ano.
> O que os sutis espíritos te cantam,
> As formas belas que a teus olhos traze,,
> Vã magia não são: também olfato
> 1465- Delícias te dará, de finos gostos
> Os lábios lamberás depois, e a chama
> Doce e viva de amor ao fim de abrasa.
> Não é mister o preparar-se muito:
> Pronto estamos, começai vós outros!

No cristianismo, geralmente, tenta-se personificar a figura do demônio como um ser mau, ou um anjo caído que vive no inferno sob fogo ardente e que espera as almas daqueles que se insurgiram contra Deus ou não seguiram seus mandamentos. É certo que no imaginário cristão o demônio é mostrado com chifres, rabo, garfo tridente. Portanto esse é o símbolo do mal que se compromete a punir eternamente as almas que para lá foram destinadas após um julgamento de Deus.

Nesse mesmo imaginário, Deus é representado como o símbolo do bem, aquele que vive no céu e aguarda os bons seguidores de sua vontade divina para recompensá-los com o paraíso, o prazer eterno da presença de Deus. Pensamos que essas imagens povoam o imaginário, especialmente do brasileiro, visto que 86,8%[34] da população se autode-nomina cristã sendo 64,6% católicos e 22,2% evangélicos.

Em nossa análise, não tomaremos simplesmente o Diabo como a insígnia do mal e Deus como o baluarte do bem. Nossa perspectiva é mostrar que na obra de Goethe tanto Deus quanto Mefistófeles criam argutos para o sujeito, portanto, *tomamos Deus e Diabo como dois significantes complementares que irão nos ajudar a entender certos tipos de violência, nos afastando da lógica religiosa dual Deus x Diabo e suas crenças decorrentes.* O simbólico tratado nesse pacto discursivo (Deus, Mefisto e Fausto) envolve signos que se estruturam por meio da linguagem "funcionando a partir da articulação do significante e do significado, que é o equivalente da própria estrutura da linguagem" (LACAN, 1963/2005, p. 23).

Nesse imaginário judaico-cristão, tanto Deus quanto o Diabo fazem propostas sedutoras para o sujeito. Por um lado, Deus passa a ser considerado como aquele que se define como: "eu sou aquele que sou" (LACAN,1963/2005, p. 23) ou seja, um Deus que se define como o próprio Nome. Nessa relação do sujeito com Ele será Deus quem falará em nome de todos e por isso cada sujeito goza na prática daquilo que supõem ser o desejo de Deus, tendo como recompensa a vida eterna junto d'Ele. Portanto o Nome marca o sujeito que fala, assim na trans-ferência esse sujeito se usa dessa marca para se dirigir ao Outro que não tem Nome. Nessa lógica, o sujeito goza na suposta subserviência ao desejo divino.

---

[34] Disponível em: <http://censo2010.ibge.gov.br/pt/noticias-censo?view=noticia&id=3&idnoticia=2170&busca=1&t=censo-2010-numero-catolicos-cai-aumenta-evangelicos-espiritas-sem-religiao>. Acesso em: 8 jul. 2015.

Por outro lado, tanto no cristianismo, quanto na obra de Goethe o mal-estar possa ser entendido como o demônio, que por sua vez toma os sujeitos e os dividem, mas que também nomeia os segredos mais recônditos da alma humana. Todavia a astúcia desse demônio seja seduzir o sujeito neurótico a gozar sem se sentir culpado (Margaret mata o filho que teve com Fausto e ele com o apoio de Mefistófeles tentam resgatá-la, mas ela assume sua culpa e Deus a perdoa). O Diabo propõe, portanto, um gozo sem culpa. Nesse sentido, Contardo Calligaris (1986), nos diz que o sonho de todo neurótico é gozar como um perverso, sem culpa de seus atos, e que a sociedade capitalista contemporânea cria uma montagem em que o neurótico, mesmo em sua estrutura, consegue ter momentos de gozo perverso. Uma encenação perversa recoberta por um discurso que suspende a crítica e a culpa e passa a ser entendido como laço social. Todavia, em última instância, as pessoas sofrem com isso, mas a interpelação para esse tipo de atuação o faz repetir incessantemente sua neurose de gozo infindável.

A sucursal do Inferno

Nesse sentido, citamos o exemplo dos torturadores nazistas ou até mesmo os torturadores da Ditadura Militar brasileira que buscam inocentar-se de um julgamento judicial dizendo que não sabiam ou que estavam apenas cumprindo ordens, como vassalos sem opção. No entanto os relatos das vítimas denunciam dor e uma ação destruidora dos torturadores para arrancar dos militantes brasileiros a verdade. E qual seria essa verdade? Ser comunista.

O demônio pregado pela Ditadura Militar brasileira era vermelho, ou seja, um comunista. Alegavam como arautos da verdade divina que matavam os militantes porque eles traziam o "mal" e assim livravam a nação brasileira dos perigos do comunismo. A essa horda juntaram-se o movimento das senhoras católicas; os donos do capital; donos das mídias e a massa que se identificava com discursos autoritários. A busca virulenta a um comunista significava arrancá-lo de sua casa, trabalho, igreja e lançá-lo em um calabouço para "confessarem" aos torturadores que eram comunistas, amigos dos russos e cubanos e que planejavam uma revolução no Brasil.

Podemos ler nos relatos dos torturados as mais tenebrosas formas de imputar sofrimento, humilhação e tudo dentro da tutela do Estado. Essa ação violenta era organizada e regida pelos militares. Na prisão de Frei Tito, por exemplo, logo que algemado o policial diz a ele as seguintes palavras: "Você agora vai conhecer a sucursal do inferno"[35]. Nessa frase, o torturador já deixa claro que Frei Tito iria encontrar o demônio, numa viagem de horrores pelo inferno e de fato isso ocorreu como consta nas memórias deixadas por esse militante.

Por outro lado, os "condutores" dessa sucursal do inferno tem uma sensação de completude e bem-estar, como se o mundo se voltasse a seus pés: poder, lisonja, gracejos e reconhecimento da posição estratégica num laço social em que passa a reconhecê-los como detentores de um poder sedutor, travestido e fazendo sua marcha transloucada pelas cidades.

Deus, Mefistófeles, Fausto e Kevin Lomax

Nessa mesma lógica, Menon (2008) nos mostra como a figura do diabo aparece na Literatura (Milton, Dante Aleghiere, Goethe, William Beckford etc.) e interessante notar que em quase todos eles há um embate entre o sujeito, Deus e o Diabo uma trinca em que um depende do outro para colocar suas intenções em prática. Nesse sentido, é sempre válido lembrar-se do filme *Advogado do diabo* de 1997, em que um jovem advogado, Kevin Lomax, passa a executar seu plano de ascensão profissional, patrocinado pela oferta de seu chefe John Milton (diabo). Também nesse filme, o diabo conhecia muito bem o que se passava no recôndito da alma daquele jovem. Talvez seria ali a atualização de Fausto para a sociedade contemporânea.

---

[35] Disponível em: <http://www.torturanuncamais-sp.org/site/index.php/historia-e-memoria/270-relato-da-tortura-de-frei-tito?tmpl=component&print=1&page>. Acesso em: 8 jul. 2015.

Kevin Lomax (Keanu Reeves), advogado de uma pequena cidade da Flórida que nunca perdeu um caso, contratado John Milton (Al Pacino), dono da maior firma de advocacia de Nova York. Kevin recebe um alto salário e várias mordomias, apesar da desaprovação de Alice Lomax (Judith Ivey), sua mãe e uma fervorosa religiosa, que compara Nova York a Babilônia. No início tudo parece correr bem, mas logo Mary Ann (Charlize Theron), a esposa do advogado, sente saudades de sua antiga casa e começa a testemunhar aparições demoníacas. No entanto, Kevin está empenhado em defender um cliente acusado de triplo assassinato e cada vez dá menos atenção sua mulher, enquanto que seu misterioso chefe parece sempre saber como contornar cada problema e tudo que perturba o jovem advogado[36].

Nesse sentido, tanto Fausto quanto o Kevin Lomax ao se imbuírem na busca de realização de suas demandas por conhecimento e poder, trazem consequências diretas à sociedade e à vida das pessoas, talvez os coadjuvantes desses protagonistas fiquem impingidos como "coitados", frágeis e despercebidos durante os relatos, pois o que está em jogo é uma aposta entre Deus e Mefisto, ou até o drama pessoal de Fausto ou do jovem advogado.

Vejamos que esse mergulho de Fausto e Kevin Lomax no mais profundo de suas almas trouxeram consequências à vida das pessoas e por força à sociedade. Corromper acordos, leis, normas, costumes, políticas para satisfazer sua ânsia por conhecimento foram as marcas demoníacas nesses dois personagens, quanto mais agiam para se satisfazer na coletividade mais parecido ficavam com Mefisto. Interessante notar que, tanto Fausto, quanto Kevin precisam do cenário para agir, precisam dos coadjuvantes, da plateia, da lei, reconhecimento do olhar dos outros, talvez aí resida seu grande prazer exibicionista.

O grande trunfo de Mefisto foi apresentar o engodo a Fausto e Kevin Lomax que passaram a agir "como se" estivessem sozinhos, deu a eles um indulto sobre a lei, mas claramente visto na trama do filme: goze sem culpa – use-se das mulheres como objetos, pegue da sociedade tudo que puder saquear, faça do outro seu escravo "como se"

---

[36] Disponível em: <http://megafilmeshd.net/advogado-do-diabo/ >. Acesso em: 7 jun. 2015.

Outro (Deus) não estivesse olhando. Interessante notar que esse tipo de atitude na sociedade capitalista contemporânea (melhor percebida no filme) tem uma admiração das elites, especialmente, pelo sucesso desses personagens. Status, poder e um suposto gozo fora da lei encantam os neuróticos que sonham perambular por esses caminhos.

Na sociedade de hoje, esses, Fausto e Kevin Lomax são vistos como "vencedores", aqueles que trabalharam e obtiveram sucesso. Na lógica de Freud (1913/2005), um ideal de Eu para a massa de consumidores e seguidores da lógica capitalista, como também é visto com ressalvas e críticas por aqueles que não compartilham dessa horda, portanto, dessa cadeia significante. Nessa lógica temos aqueles que se inebriam e tentam tirar proveito dos benefícios de poder obtido pelas forças demoníacas, há aqueles que se entregam às hordas e seguem os significantes impostos por essa elite (encantada com Fausto com aparências de Mefisto, como num totem) e por fim a minoria que se opõe a duas lógicas anteriores.

Na lógica teatral, poderíamos dizer que esses que questionam as atitudes de Fausto e Kevin Lomax, podem ser considerados não como coadjuvantes numa oposição binária entre o bem e o mal, um anjo que vem resgatar a humanidade perdida e inebriada, mas como figurantes, aqueles atores que compõem o cenário, mas não possuem influência quase nenhuma no desenvolvimento da peça. Aquelas ou aqueles que tentam questionar o roteiro, rapidamente são trocados por alguém que se limita a seguir as normas da direção da peça.

Qual seria o lugar dos críticos incomodados com o sistema? Que força eles possuem para frear esse avanço dos protagonistas e coadjuvantes?

Para responder a essas perguntas, Marx e Engels insistem na organização da classe trabalhadora, que deixem de ser figurantes nos modos de produção capitalista e virem protagonistas. Esses autores criticam duramente a sociedade capitalista porque ela cria um cenário em que aqueles que de fato fazem a história acontecer deixam de ser tratados como meros objetos, mão de obra explorada e que deixem de gerar mais valia.

Marx e Engels denunciam essa aposta de Deus com o Demônio e demonstram o engodo de Mefisto para Fausto e de Deus ao colocar seus eleitos à prova. Marx e Engels entendem que as elites (burgueses) fizeram, assim como Kevin Lomax, um acordo com Mefistófeles: gozar sem culpa; explorar sem dó; destruir o planeta sem piedade, devorar a vida como se come um prato de azeitonas, apenas tomam o cuidado de cuspir os caroços, como lixos que não se reciclam em nossos rios e oceanos.

Por outro lado, Marx e Engels (1846/ 2009) criticam duramente os religiosos, desde os envolvidos com a religião, como os neohegelianos na obra ideologia Alemã, por exemplo. A crítica surge porque não se pretende que na sociedade se tenha santos, modelos de heroísmos, aquele que resistiu ao demônio em nome de Deus. A liberdade defendida por Marx e Engels é a liberdade do sujeito que aprende a gerir a vida, a sociedade sem a necessidade de um Deus ou Demônio, que o imaginário seja povoado pela possiblidade de se viver com o mínimo de dignidade humana. Que as forças do Estado não sejam gerenciadas para tomar esse humano como um objeto e lhe oferecer prazer (pelo consumo) e gozo (pela violência).

A violência e a maldade

Chico Sciense foi um dos artistas brasileiros que talvez tenha melhor percebido, por meio de sua música as consequências da aposta de Deus e Mefisto em nossos dias e tenta fazer daqueles que morreram buscando construir uma cadeia significante que não se presta a converter sujeitos livres em escravos. O primeiro verso da música "monólogo ao pé do ouvido" que de forma genial Chico diz: "O medo dá origem ao Mal", poderíamos pensar esse verso de trás para frente: o Mal podemos supor que seja Mefistófeles, como vimos pensando até aqui. Então, dessa forma poderíamos afirmar que o medo faz nascer Mefisto, ele é fruto do medo. O que seria o medo?

Para isso, Freud e Lacan dizem-nos que o maior medo do sujeito é assumir que é castrado, sujeito faltante, limitado, submetido à lei, regrado em seu gozo, incompleto, finito, sujeito a intempéries. Para suplantar esse medo, Freud já nos alertava que esse sujeito busca a todo custo criar fantasias para driblar essa situação, seja elegendo um mestre autoritário que lhe proporcione uma suposta sensação de proteção, se alienando a um discurso autoritário para que sua falta não fique em "carne viva" e assim o obrigue a curá-la.

Žižek (2003) de modo mais radical, baseado Lacan, afirma que a política da psicanálise é expor em "carne viva" o medo do sujeito (sua falta), ou seja, fazer que o real (carne viva) fique à mostra para que todos saibam e assim construam um laço social digno de sua realidade, incompleto, incapaz, provisório e de tal modo criem uma política não regida pelos moldes capitalistas em que Mefefisto funciona como mestre (S_1) ou uma política baseada no fundamentalismo religioso em que Deus funciona como mestre (S_1).

Defendemos, assim como Marx e Engels, uma sociedade em que o sujeito em sua precariedade, em "carne viva" possa fazer política, entendida nas palavras de Badiou (1999) como uma crença de um coletivo que pode fazer algo por eles próprios, depois dissolvem-se para começar a fazer outra política. Nessa lógica, a sociedade não é uma coisa que deve permanecer sempre igual, regida exclusivamente pelo discurso do mestre (Deus ou Diabo). Na lógica de Lacan (1970/1992), os quatros discursos precisam existir em seus campos para que haja mudança nas posições de sujeito e, consequentemente, que o poder possa circular e não se hegemonizar.

Outro trecho que trazemos dessa obra de Chico Sciense: "O homem coletivo sente a necessidade de lutar". Pensamos que esse se relaciona diretamente com à reflexão lacaniana de que sentir a necessidade de lutar lança o sujeito na busca por um mundo melhor; de romper com o status quo *operandi*. Nas palavras de Badiou (1999), essas iniciativas não podem ser vistas como uma psicopatologia, um desrespeito à sociedade, mas algo que deve fazer parte desse laço social de sujeitos em "carne viva", portanto, incomodados pelas formas de opressão a que são submetidos como animais, objetos de gozo daqueles que venderam sua alma a Mefistófeles ou fazem de Deus seu tutor moral.

As almas desses sujeitos estão cheios de desejo por poder de dominação: "o orgulho, a arrogância, a glória; - Enche a imaginação de domínio", complementa Chico Sciense. Por isso, consideramos que os sujeitos cujas almas pertencem a Mefistófeles ou a Deus, causam danos a si mesmos como as análises apresentam, porém seu maior dano é a destruição da sociedade: "São demônios, os que destroem o poder bravio da humanidade".

A violência parece ser a estratégia de Mefistófeles para calar quem ousa questionar. Inunda de sangue as ruas e becos em nome de uma suposta defesa da ordem. Atiram em homens, mulheres, crianças, jovens como se fossem um estorvo para o desenvolvimento social e econômico de um mundo inebriado, extasiado, fadado ao gozo ininterrupto do fracasso de uma sociedade mais igualitária. Gozam como bestas que devoram suas presas em coliseu lotado. Gritam a seus imperadores como lacaios, aplaudem a corrupção, a destruição dos corpos humanos como objetos desprezíveis.

Os religiosos fundamentalistas se usam da violência como estratégia de garantia da vontade de Deus, imputam modelos, fórmulas morais a serem seguidas e aos poucos voltam seus interesses para o Estado para que seus aparatos regulem a vida sexual dos cidadãos; para que adolescentes sejam encarcerados; que o lucro seja administrado por pastores-administradores-políticos que se auto-intitulam arautos do bem e legitimam assim a ganância capitalista parafraseando Marx(1867/1968) como um elemento constituinte dessa cadeia.

Nessa lógica, por um lado os que apostam em Mefistófeles gozam matando os corpos e os que apostam em Deus gozam destruindo as liberdades. A esse tipo de violência o Estado é regulador, tributário da barbárie e da desigualdade social. Tomados por esses que brincam numa aposta perigosa entre Deus e o Diabo. Inebriam se como apátridas que cinicamente desejam somente o prazer de destruir.

Vivemos em um mundo de violência em que a dor da punição aos corpos se instala onde menos se pode nomear – na própria vida. Essa vida tomada por uma lógica de dominação que afeta não somente os corpos, mas uma tomada destruidora do inconsciente em que os sujeitos trabalham participando de uma montagem perversa, guiada por Deus ou Mefistófeles em que Fausto e Kevin Lomax são os objetos da aposta, afundados em suas próprias almas sofredoras e angustiadas. Deus e Mefisto divertem-se; sua redenção é sua destruição, pois com Deus e Mefisto fica sempre no mesmo lugar: o troféu da vitória de ambas as partes. Ali Kevin Lomax se entrega como coisa, consumido por sua ganância, por seus espectros mais profundos, seduzido por um poder inebriante e pífio ao final de sua transloucada aventura.

Matam os insurgentes como vítimas expiatórias para agradar seus espectros, suas divindades ou somente para agradar sua pulsão de morte: basta ver na história brasileira o fim de Sepé Tiaraju; Zumbi dos Palmares, Antonio Conselheiro; Carlos Marighela; Chico Mendes e muitos outros, todos brutalmente assassinados como bichos no matadouro. Mataram sem terra, sem teto, menino e menina de rua, morador de rua, índio, negro e mestiço. Todo o poder do Estado e das elites nacionais, apoiando a carnificina.

No entanto vale destacar que, tanto na obra na história de Fausto, quanto de Kevin Lomax, no final do enredo ambos percebem o ardil de Mefistófeles e as consequências que seus atos haviam provocado. Não queremos cair aqui na "tentação" de dizer que suas almas foram salvas por Deus, remontando o dualismo do imaginário cristão, como apontamos no início.

Entendemos que outra lógica pode operar no laço social que não seja essa estabelecida na aposta entre Deus e o Diabo. Supomos que os sujeitos podem mudar suas posições no laço social, sua relação com o Outro (Deus e Diabo). Nesse sentido, lembramos de mais um trecho da música de Chico Science: *"Viva Zapata!; Viva Sandino!; Viva Zumbi!; Antônio Conselheiro!; Todos os panteras negras; Lampião, sua imagem e semelhança. Eu tenho certeza, eles também cantaram um dia"*. Ações como as de Zapata, Sandino, Zumbi demonstram que eles, para mudar sua posição (assim como a de seu povo) no laço social, precisaram usar de um tipo de violência que não era coordenada por um tipo de pacto nem com Deus, tampouco com Mefistófeles, mas um pacto com a liberdade e a justiça social. Isso lhes custou a vida.

A violência revolucionária

Como vimos até o momento, nessa tríade Deus, Mefistófeles e o Sujeito havia um laço social estruturante para a atuação deles, suas apostas, rivalidades e buscas. Fausto e Kevin eram aplaudidos, desejados, argutos e seu pacto com Deus e o Diabo era mantido em dúvida, pois não foram tratados como a encarnação de um ou de outro.

No entanto a outra parte dessa saga são aqueles que, ideologicamente, são tratados como a encarnação do mal, os representantes do demônio na sociedade, os anticristos, a escória que traz uma suposta divisão ao status quo operandi por Deus, Diabo e Fausto. A essas pessoas cabe o peso da força repressora do Estado, o desprezo da sociedade, o esquecimento da história.

No Brasil, a ideologia macarthista foi levada às últimas consequências. Os comunistas foram (são) tratados como o "perigo vermelho", a mesma cor do Mefisto; ateus, propagadores do fim da propriedade privada e da ascensão do trabalhador ao poder. A esses coube o peso da violência destruidora do Estado oficializado na era Vargas (1930-1945/1951-1955) e na Ditadura Militar (1964-1985). No comunista ainda hoje está a personificação do medo, portanto qualquer ato de rebeldia passa a ser tratado como terrorismo, crime, destruição, ameaça ao pacto social, pois os comunistas entram na mente das pessoas (como um demônio) e os destituem de suas verdades e os levam para o caminho do mal.

Interessante notar que essa descrição acima, apareceu muito fortemente nas manifestações que ocorreram no Brasil em março e abril de 2015[37]. Um dos lemas das manifestações era retirar das escolas qualquer pensador comunista, perseguir os professores e políticos comunistas e argumentava esse grupo neofascista que a causa da crise moral e econômica em nosso país foi por causa da ascensão do Partido dos Trabalhadores ao poder e junto a eles estavam os comunistas. Nessa lógica, cria-se um discurso para a eliminação de

---

[37] Disponível em: <http://ariquemes.yesmania.com.br/noticia/2015/03/16/melhores-cartazes-da-manifestacoes-vem-pra-rua-2015.html>. Acesso em: 13 jul. 2015.

qualquer foco comunista no Brasil. Os militantes comunistas devem ser eliminados, discurso esse ganhando forças a cada dia.

Para executar esses planos, esse grupo exigia o retorno dos militares ao poder para "moralizar" e dispersar os comunistas entendidos como os pobres, trabalhadores, militantes de movimentos sociais, intelectuais de esquerda etc. pediam a ação massiva da polícia contra a ameaça comunista e contra as mudanças na moral do povo brasileiro, pois deveria se acabar, por exemplo, com o casamento homossexual. Eles clamavam em seus cartazes por mais repressão.

Em maio de 2015, os professores da rede pública de ensino do Estado Paraná, iniciam uma greve, pois o governador (um dos apoiadores do ato de abril) estava acabando com alguns direitos trabalhistas dos professores (como plano previdenciário; não permitindo reajuste salarial etc.). Eles mobilizaram-se e foram ao Palácio do Governo para negociar. Chegando lá, o governador autoriza a Polícia Militar a cometer um dos atos mais violentos da história do Brasil contra os professores. Eles foram espancados brutalmente. Silêncio na sociedade. Silêncio na mídia que apoiava as manifestações de abril e o governador do Paraná. Enfim chegou a violência e a repressão exigida, recoberta pela democracia liberal.

Diante dessa realidade, coube a funcionalidade da ideologia, tomada em seu sentido marxista mais clássico: serviu de véu para encobrir a realidade – a mídia sensacionalista tratou de esvaziar o assunto político em manchetes inócuas e assuntos sem funcionalidade, perdendo-se nesse lastro o sentido da violência sofrida pelos professores. Nenhum pronunciamento da presidenta, nenhum ato coordenado nacionalmente... Silêncio! O mesmo que experimentamos em tempos de Ditadura Militar, agora vivemos a ditadura do "Estado democrático neoliberal". A essa violência, tratamos como decorrência dessa aposta entre Deus e Mefistófeles, em que o Estado entra como o mediador, pois trata os trabalhadores como objetos, figurantes que atrapalham a cena capitalista do lucro, mais-valia e mais de gozar.

A pergunta que nos fazemos diante disso: Mas se a liberdade é a proposta neoliberal, por que tanta reação violenta do Estado? Por que a mídia demoniza tanto qualquer ato contrário ao status quo *operandi*?

Por que Deus estaria sempre ao lado das elites? Onde estariam Fausto e Kevin Lomax num país como o Brasil? Estariam mortos como Marighela ou vivos e desfrutando a vida como muitos torturadores dos tempos de Ditadura Militar? Que aposta teria feito Deus e Mefistófeles com os governantes brasileiros? A quem poderiam os comunistas recorrer? A quem endereçariam suas reivindicações?

"Na contramão dessa aposta, há o tratamento da violência como esperança", como nos diz Carlos Marighela (1911-1969), militante comunista brasileiro; pego numa emboscada e assassinado brutalmente pela polícia da Ditadura Militar. No entanto Marighela deixa duas obras importantes em que reflete sobre a violência desde o ponto de vista comunista. No livro *Por que resisti a Prisão*, relata como foi a primeira vez em que a polícia da Ditadura tentou assassiná-lo (09/05/1964) em uma sessão de cinema lotada de crianças e depois como a polícia continuava a persegui-lo. E por que queriam matá-lo? "[...] a grande força do marxismo é ser exatamente a fonte de inspiração da liberdade" (MARIGHELA, 1965/1994, p. 113).

Esse é o raciocínio de Marighela, a luta revolucionária fundamenta-se na busca de liberdade para todos, que a justiça seja para todos e que a miséria e o fim da escravidão, enfim, chegue às relações sociais, políticas e econômicas no Brasil. A violência revolucionária visa a fins políticos para que esses ideais se realizem, portanto não se trata, como nos diz Chico Science "banditismo por pura maldade", porque o banditismo visa privilegiar uma pessoa, uma quadrilha ou uma classe social que insiste em reter o poder e a riqueza somente para si. A violência revolucionária busca construir um laço social em que todos sejam sujeitos de sua história e a violência passa ser uma estratégia e não um fim em si mesmo.

Na lógica de Marighela, esse tipo de violência revolucionária é forçosamente um desafio à lógica do Estado neoliberal, porque no comunismo não há muros e a vida supostamente é para todos. Não olhemos isso com um desprezo cínico achando que desejar liberdade e o fim da opressão seja uma ilusão pueril ou um ato de fé desvairado diante da agressão do Estado que vivemos. A política do desejo de Lacan arremessa-nos para longe de tudo o que torna o humano, inumano. A morte desses que quiseram um mundo melhor não pode ser visto como um erro ou uma aposta numa utopia vazia, porque se fizermos assim perdemos toda dimensão da política como aquilo que busca garantir que não fiquemos presos à lógica de exceção. Quanto mais omissos e resilientes, mais propensos a reproduzir esse tipo de situação que denunciamos na primeira parte deste trabalho.

Portanto, ao tratar dessas violências revolucionárias nos dias atuais nos faz despertar demônios adormecidos – o da violência e o da revolução. Palavras essas exorcizadas de nossos discursos acadêmicos, suspensas de nossas militâncias e esterilizados pela ciência. Os cientistas-exorcistas avisaram-nos que isso não era coisa de Deus e da ciência, pois o nosso país vai melhorar se tivermos ordem, progresso e fé. Desejar esses tipos de significantes é lançar-se em violências capazes de fazer frestas nos muros de um Estado violento e propor saídas para a construção de outras possibilidades de vida que não estão na aposta entre Deus e Mefistófeles.

Referências

BADIOU, A. *Conferências de Alain Badiou*. Belo Horizonte: Autêntica, 1999.

CALLIGARIS, C. O laço social, sua produção e a psicanálise. In: Che vuoi? – psicanálise e cultura. *Cooperativa cultural Jacques Lacan*, ano 1, n. 1, inverno, p. 33-42, 1986.

FREUD, S. *Totem e Tabu*. Rio de Janeiro: Imago, 1913/2005.

_____. *O Mal Estar na Civilização*. Rio de Janeiro: Imago, 1930/1997.

GOETHE, J. W. *Fausto*. São Paulo: Martin Claret, 2003.

LACAN, J. *Nomes-do-Pai*. Rio de Janeiro: Jorge Zahar Editor, 1963-64/2005.

_____. *O Seminário, Livro XVII: O Avesso da Psicanálise*. Rio de Janeiro: Jorge Zahar Editor, 1970/1992.

MARIGHELA, C. *Por que resisti à Prisão?* São Paulo: Brasiliense, 1965/1994.

MARX, K.; ENGELS, F. *A Ideologia Alemã*. São Paulo: Boitempo. 1846/ 2009

MARX, Karl. *El Capital. Crítica de La Economía Política*. v. 1. México/Buenos Aires: Fondo de Cultura Económica, 1867/1968.

MENON, Maurício C. O diabo: um personagem multifacetado. *Revista Línguas & Letras*. Número especial, p. 217-227, 2008.

ŽIŽEK, S. *Bem-vindo ao Deserto do Real. Cinco Ensaios sobre o 11 de Setembro e Datas Relacionadas*. São Paulo: Boitempo, 2003.

6

GERÊNCIA DO CORPO PARA O TRABALHO: OBSESSÃO, ORGANIZAÇÃO E INTERPRETAÇÃO[38]

Ian Parker (Inglaterra)

Este capítulo irá explorar as condições da possibilidade para a fundamentação material do discurso psicanalítico e para a sua incorporação em forma de organização dentro da qual o gerenciamento (management) moderno e o trabalho lacaniano dos "estudos críticos de gestão" (Critical Management Studies) ocupam um papel importante. O foco aqui é o gerenciamento (management) e o colapso do corpo. Eu estou, particularmente, preocupado com o "re-enquadre" (re-framing) crítico de Lacan em relação à estrutura do discurso e nos primeiros trabalhos de Jacques-Alain Miller sobre a interpretação. Focaremos aqui nas questões de adaptação, gestão (management) e apresentaremos como Lacan, Seminário VI, elucida e executa "cortes" nos aspectos da ordem e do poder.

O trabalho psicanalítico é um trabalho de interpretação, mas interpretação de um tipo diferente da impulsionada pelo discurso terapêutico popular. Este trabalho psicanalítico está condicionado pela construção de enquadres (frames) que filtram e, algumas vezes, proíbem e que assim também convidam e dentro disso incitam o desejo de saber, o que há para dizer sobre o desejo e a quem há de dizê-lo. Nós não podemos nada além de nos engajar no processo de leitura e releitura que enquadra (frames) e reenquadra (reframes) o que a psicanálise trata. Este capítulo parte da questão geral do uso da psica-

---

[38] Tradução de Julia Bilhão Gomes e Nadir Lara Junior.

nálise em pesquisas organizacionais (FOTAKI et al., 2012), passaremos para questões especificas em torno do trabalho de Jacques Lacan em uma abordagem diferenciada em relação às organizações (DRIVER, 2013), para então focar mais especificamente no *Seminário VI* de Lacan (1958-1959)[39]. Mostraremos também a discussão de Lacan sobre como a adaptação, gerenciamento e a estrutura são elaborados no campo de prática psicanalítica de Jacques-Alain Miller, e as implicações de como se realiza a pesquisa sobre as práticas de gerenciamento.

Lacan (1958-1959) nos mostra no Seminário VI que há algo particular sobre a natureza da sociedade contemporânea dita "moderna", como ele diz, que provoca certa leitura, e que o próprio desejo é construído para interpretarmos, atualmente, de maneira individual. Então Lacan relembra-nos da natureza histórica do fenômeno psicanalítico que ele está tratando quando, por exemplo, ele cita o comentário de Freud (1900, p. 264) no qual "toda a diferença na vida mental daquelas duas épocas da civilização amplamente separadas" que constituirão o Édipo e Hamlet como sujeitos humanos (LACAN, 1958-1959, 4 de março de 1959). Lacan insiste na estruturação do desejo enfocando, por exemplo, na diferença crucial entre a descrição de "erupções" de si mesmo como se sempre já estivesse borbulhando debaixo da superfície da linguagem e o que ele prefere em termos de "desequilíbrio" na organização da fantasia que aflige o sujeito (15 de abril de 1959).

O Seminário VI (O desejo e sua interpretação) resume o ataque lacaniano contra a teoria das relações objetais que tem sido o foco desse Seminário: Relações Objetais e Estruturas Freudianas (LACAN, 1956-1957) e que vem sendo uma teoria muito presente no Seminário V, as formações do inconsciente (Lacan, 1957-1958). Aqui nesse sexto Seminário, Lacan enfoca na maneira como as relações objetais operavam na época como uma abordagem dominante do que se tornou conhecido como "tradição britânica" da psicanálise, repetiu e aprofundou os problemas tomados pela psicologia do ego nos Estados Unidos (WHITE, 2006). Entretanto Lacan enfatiza as contradições e rivalidades entre as distintas interpretações das relações objetais em

---

[39] Publicação sem paginação.

uma extensa discussão de Ella Sharpe (1937). Na época, isso se deu em parte, porque Sharpe estava mais próxima do trabalho de Melaine Klein (1986) do que de Anna Freud (1936). Também por esse motivo, os recentes comentários psicanalíticos na tradição do trabalho, liderados por Jacques-Alain Miller, simpatizam mais com a contribuição da Sharpe (GUEGUEN, 2007).

O ano do Seminário, 1958-1959, foi em um período de grande tensão política organizacional, ao passo que, grupos psicanalíticos franceses exerciam pressão sobre a Associação Psicanalítica Internacional (IPA) para que tomassem uma decisão a respeito de seu pertencimento institucional. Um processo que tinha iniciado cinco anos antes e que não se resolveu até 1963, quando as comissões de investigação da IPA concluíram seu trabalho, que incluíam destacados analistas de relações objetais residentes em Londres (MARINI, 1992; ROUDINESCO, 1990).

Não há uma tradução inglesa autorizada para estes três Seminários. Ainda que as conferências sobre Hamlet, guiadas pelas notas de Sharpe, tenham aparecido na revista de Miller, chamada *Ornicar?*. Depois da morte de Lacan, uma versão francesa oficial do *Seminário VI* foi somente publicada em 2013 (LACAN, 2013). Três das conferências sobre Hamlet foram traduzidas e publicadas em inglês vários anos antes, na Yale French Studies, em um marco mais teórico-literário do que clínico-psicanalítico (LACAN, 1977). No entanto o aparato teórico da teoria das relações objetais foi uma preocupação para Lacan, todavia, isso não foi tão óbvio para os seus leitores. (RABATE, 2001).

Neste capítulo utilizaremos o *Seminário VI* como uma âncora. É deste único seminário do qual proverão todas as referências a Lacan. Não recorreremos, portanto, a outros Seminários devido às supostas trocas de argumento nos momentos que sucedem aos Seminários de Lacan que podem ser acumulados ou agrupados como se eles se formassem em um todo homogêneo. As citações do *Seminário VI* neste capítulo são de uso privado e a tradução foi realizada por Cormac Gallagher em Dublin (com algumas pequenas modificações quando necessárias), fazemos referência unicamente às datas das sessões, já que a paginação muda periodicamente na página eletrônica a versão de Gallagher (LACAN, 1958-1959).

A psicanálise é uma teoria e uma prática sobre a ordem e a intervenção. Quando nós abordamos a questão do desejo e sua interpretação, podemos mapear este par, desejo e interpretação; ordem e intervenção, respectivamente. Desse modo, o desejo corresponde a ordem e a interpretação remete à intervenção. É importante ater-se a tais correspondências, já que a interpretação não deve ser concebida como uma espécie de rede que põe ordem na fala, tampouco deve ser conceituada como desejo que move a intervenção. Pelo contrário, a tradição lacaniana de psicanálise enfatiza que o desejo está ordenado e que a interpretação é, em si mesma, transformadora. E nesse ponto há, nessa formulação, uma alusão deliberada ao marxismo que Lacan menciona em vários pontos do Seminário.

Seria fácil, em concordância com as formas psicanalíticas de sentido do senso comum, assumir o desejo como algo que pulsa por meio de cada ser humano individual, e que sempre o fez, e a interpretação é a resposta historicamente variável a esse desejo. Esta meta-reflexão psicanalítica, que é uma mera reiteração da psicanálise entendida como uma verdade universal e inconsciente para nós, fracassa para fazer justiça à natureza historicamente contingente, não somente da prática psicanalítica como também da substância na qual ela opera. Para dizer, ao invés, que a interpretação é a mais variável, ainda que não completamente invariável e que o desejo, o que está já estruturado de maneira particular para nós, agora é, talvez, melhor compreendida a importância da invenção do inconsciente e da própria psicanálise. Assim é como lemos Lacan (1958-1959), quando ele afirma que o "desejo somente poder ser concebido, situado, com respeito às coordenadas fixas da subjetividade" (15 de abril 1959), coordenadas que se fixam de maneira particular para o sujeito moderno, o sujeito da psicanálise. Lemos essa questão junto à afirmação de que "antes de que houvesse análise ou analista, os seres humanos se pergutaram uma ou outra vez onde radicava sua vontade" (LACAN, 1958-1959 – 18 de março de 1959).

O que está em questão aqui é a relação entre desejo e interpretação, separação e articulação. A separação e a articulação, do mesmo modo que a 'interpretação" vem a operar sobre o "desejo", assim como historicamente o significante media os processos estruturados pela fantasia que precisa estar presente. É na separação e na articulação que se dá sentido à forma em que configuramos nosso entendimento sobre nós mesmos e as formas de alienação que caracterizam o sistema político-econômico, capitalismo e a peculiar obsessão científica auto-examinativa que se aproveita para o próprio desenvolvimento deles. Essas formas de alienação provê as condições das possibilidades para o próprio discurso psicanalítico.

É por isso que Lacan (1958-1959) sustenta que "na medida em que o homem moderno está no corte do discurso cartesiano, é em grau supremo um eu sou" (24 de junho 1959). Isso é também o que Lacan nos relembrou no Seminário, na primeira sessão, em sua "metáfora da fábrica" que nos permite apreciar que "certas conjunções do simbólico e do real são necessariamente para que a noção de energia possa subsistir" (12 de novembro 1958). Esta maneira de traçar a metáfora da fábrica nos abre a questão sobre o lugar do imaginário por meio do qual nós explicamos as conjunções entre o simbólico e o real. Voltaremos a essa questão ao ocupar-nos da gestão e do mal-estar.

Tomo seriamente a base material das condições de possibilidades para o discurso psicanalítico e exploro a integração desse discurso nas práticas particulares nas quais o sujeito está recrutado e adaptado na ordem social. Nessa ordem social, a gestão moderna nas fábricas e outros lugares desempenha um papel crucial que mereceu a oposição de um re-enquadre crítico de Lacan em relação a estrutura dos discursos, concretamente em alguns dos primeiros trabalhos de Jacques-Alain Miller. Então, o foco aqui é na questão da adaptação, gestão e estrutura.

Adaptação

Primeiramente, adaptação. A descrição desliza-se rapidamente pela prescrição na abordagem das relações objetais, as quais, como Lacan (1958-1959) nos relembra que no final do Seminário, estava chegando a "dominar toda concepção que nós temos do progresso na análise" (1 julho de 1959). Esse "progresso em análise" diz respeito não somente à concepção reinante do progresso em análise de um indivíduo e a forma que se dirige o tratamento, que é algo que Lacan (1958) tinha examinado antes do *Seminário VI*, mas também à concepção de progresso contrabandeada na psicanálise por aqueles que diziam saber o que era e o que devia ser a realidade, e que pretendiam ajudar as pessoas a se adaptarem a elas. Mais adiante disso, nós devemos ler essa frase "progresso na análise" como pertencente a noção de progresso no campo social, de tal modo que a psicanálise pode ser empregada em projetos políticos e até pode chegar a funcionar como um projeto político.

Com respeito ao tratamento, Lacan (1958-1959) é contrário a análise que se situa "na linha do que poderia se chamar normatização moralizante" (1 julho de 1959) e pontua que quando o psicanalista organiza seu trabalho com "referencia a realidade" (1 julho de 1959 que pretende conhecer, e quando ele pensa que sabe como seus analisandos devem organizar suas relações com seus objetos, então ele pode supor que se guia e guia seus analisandos por uma "conclusão identificatória" (1 julho de 1959. A diferença entre moralidade como um sistema de papéis aos quais o sujeito deve aderir para ser bom, por um lado a ética e por outro lado será retomado por Lacan (1959-1960) no Seminário seguinte.

A advertência lacaniana contra a "normatização moralisante" por meio da qual o analisante se vê alinhado, normalizado com respeito as normas morais padrão com as quais se identifica o analista, não somente se aplica, em primeiro lugar, a um mundo o qual o sujeito é concebido em sua relação com os objetos no espaço que ele compartilha com seu analista, o aparente bom mundo o qual ele irá se unir à medida que se avança em direção ao final de análise, senão também, em segundo lugar, a um mundo em que o sujeito se concebe como recluso em um reino privado e organizado como constelação de objetos internos, um mundo mau no qual somente se pode aspirar à sobrevivência.

Lacan não somente se opõe a essa primeira visão psicanalítica do sujeito no mundo, uma visão que atualmente renasce nas versões da psicanálise relacional e intersubjetiva (LOEWENTHAL; SAMUELS, 2014), ele também discute a segunda visão que naquela época era defendida por antigos kleinianos, como Edward Glover. Nesse segundo caso, Lacan aborda, por exemplo, o universo da paranoia infantil a qual, numa preciosa citação de Glover (1956, p. 222) "o mundo externo tem representado a combinação de açougue, banheiro público e sala de autópsia", assim como as diferentes permutações desse universo, como a que se encontra no drogadito que converte o universo em "uma farmácia mais reconfortante e fascinante, na qual, contudo, o armário dos venenos permanece aberto" (GLOVER, 1956, p. 222).

O ponto é que, em qualquer caso, se o mundo está muito bem ordenado e seja uma loucura não se adaptar a ele ou se aceita a incerta coordenação entre os fantasmas dos distintos indivíduos, tem que desconfiar, segundo Lacan, de qualquer unidade sã da sociedade ou de si mesmo. Lacan se mostra favorável a visão kleiniana do sujeito perpetuamente dividido, uma visão erroneamente incluída na tradição das relações objetais, a tempo se dirige seu escárnio aos psicanalistas que se entregam a fantasia já cabalmente adaptativa da perfeita coordenação entre a criança e a mãe. Como disse o próprio Lacan (1958-1959), "o fato é que no ser humano não há possibilidade de assentir este experiência de totalidade" (11 de fevereiro de 1959). O desejo não busca "se juntar com o mapa do mundo numa espécie de harmonia pré-formada", como poderia supor, depois de tudo, uma ideia harmônica, otimista de desenvolvimento humano (13 de maio de 1959).

Nesse sentido, Lacan não perde de vista de que o outro lado da "normatização moralizante", o outro lado da intenção de adaptar o sujeito a futuras relações com os objetos que serão tão harmoniosas como supostamente haveria sido com a primeira relação com a mãe (segundo a teoria das relações objetais). Nessa lógica se pensa que é possível saber que a criança está impulsionada por fantasias de onipotência e que deve reconhecê-las com o intuito de finalizar o tratamento. Isso seria a jornada típica-ideal que parte da posição esquizo-paranoide para chegar a posição depressiva na obra de Klein. Isso também é sustentado pela análises de Ella Sharpe do homem com um pouco de tosse discutido por Lacan.

Então, Lacan toma a comparação de Sharpe entre psicanálise e um jogo de xadrez para assinalar que o analisante guarda sua rainha, que "é o lado da mulher onde se assenta a onipotência" (LACAN, 1958-1959: 11 de fevereiro de 1959). Esse ponto está inserido numa discussão mais ampla sobre quem tem o poder inexpressável que deve se expressar: "não é o sujeito quem é o todo poderoso", como como os kleinianos parecem crer. Para Lacan, "o todo poderoso é o outro" (11 de fevereiro de 1959).

O que está em questão aqui é tão importante quanto a recusa da castração simbólica e o intento de manter a rainha em sua posição para um sujeito que "recusa a castração do outro" (LACAN, 1958-1959, 4 de março de 1959). É nesta relação com outro, na atribuição de onipotência ao outro que Lacan descreve as condições do obsessivo, para quem "seu próprio desejo é uma defesa" (LACAN, 1958-1959, 10 de junho de 1959) e quem gasta seu tempo "adquirindo seu mérito" (LACAN, 1958-1959, 10 de junho de 1959); "mérito para: referenciar o outro em relação ao seu desejo" (10 de junho de 1959). Este é o sujeito que subsiste naquilo que Lacan se refere como sendo a "servidão do seu domínio" (17 de junho de 1959). A obsessão é o sujeito mais obediente e adaptado ao capitalismo e também o mais prevalente, e também é um importante elemento em uma análise das formas contemporâneas de organização.

A noção do obsessivo de manter no lugar as formas da ordem, as quais ele se submete a si mesmo, pode se complementar com as influentes explicações estruturalistas do capitalismo que, precisamente, Lacan faz uso para se fundamentar. O trabalho do teórico marxista Louis Althusser está centrado na questão da adaptação, mesmo quando o consideramos um crítico dela. Althusser que tinha se encontrado pela primeira vez com Lacan em 1945 quando participou da apresentação de seu trabalho sobre o tempo lógico (LACAN, 1946) na *École Normale Supérieure*, ele usou o trabalho de Lacan como um recurso para descrever a função da ideologia. Não somente se atribui um caráter eterno a ideologia e ao inconsciente, mas Althusser parece pouco interessado na tentativa de quebrar o circuito da interpelação do sujeito no Aparato Ideológico do Estado que serve para reforçar e justificar essas formas dominantes de organização. É por isso que seus críticos da esquerda o consideraram um filósofo da ordem (RANCIERE, 1974).

Há um outro aspecto do lugar da psicanálise no processo de interpelação e adaptação do sujeito que precisa ser notado, e o fracasso de Althusser ao separar a descrição da prescrição indica a profundidade do problema que ocorre em sua própria versão particular do marxismo (que deveria fusionar a interpretação com a transformação do mundo). Esse problema está apontado no estudo *Le psychanalysme* de Robert Castel (1973), no qual o discurso da psicanálise não somente fundamenta o contrato clínico, mas também provê as formas nas quais ele será descrito. Há uma crítica da forma como a psicanálise desloca a psiquiatria e opera de modo ainda mais eficaz e insindiosa para normalizar os indivíduos de acordo com o programa psiquiátrico. Nesse sentido, a psicanálise

> Oferece um reforço massivo do poder da prática psiquiátrica, primeiramente facilitando a identificação da operação da instituição com a mágica proeza do analista/psiquiatra, em segundo, impondo uma "psicossociologia", em termos do discurso do inconsciente, como um meio exclusivo para interpretar as estruturas objetivas da instituição (GORDON, 1977, p. 122)

Talvez, ninguém pode entender por que Castel teria se sentido atraído por Deleuze e Guatari (1977) como uma aparente crítica da psicanálise, mas nós podemos notar que há uma preocupação com a maneira em que a realidade termina redimindo o privilégio dado ao Complexo de Édipo (GORDON, 1977, p. 126). Gostaríamos que não fosse assim, no entanto o caso é que o discurso psicanalítico também está implicado na adaptação. A partir daí Lacan procura nos mostrar como esse discurso, com seu privilégio dado ao Édipo, também pode ser decifrado.

Gerenciamento (*management*)

Agora passamos da questão da adaptação para a gestão. Todas as abordagens acadêmicas disciplinar, incluindo a psicanálise quando está configurada nesse sentido, corre o risco de respaldar o que pretende descobrir, principalmente no campo de estudos de gestão que embasa ou tem sido caracterizado como "a existência do ser racional, assexual e sensato, agindo milagrosamente de acordo com suas próprias intenções individuais" (CEDERSTRÖM, 2009, p. 16). Contrariando as tentativas de reforçar cada modelo de sujeito, disciplinar e individual, emergem o "estudos críticos de gestão" (ECG) que se firmaram como um sub-campo reconhecido nos princípios de 1990 (ALVESSON ; WILLMOTT, 1992). Tem sido no contexto da discussão teórica dos ECG centrados em Marx, Weber e Foucault que surgiu um novo "sub-sub-campo" chamado de "lacanianos da gestão" que estão ganhando forças nas escolas de Negócio e Administração.

Os primeiros trabalhos nesse sub-sub-campo lacaniano dos ECG (ROBERTS, 2005; HARDING, 2007) embasaram-se na descrição do estádio do espelho para apresentar como os empregados "se identificam com a imagem de unidade e assim se tornaram mais vulneráveis ao controle administrativo" (CEDERSTRÖM, 2009, p. 23) e ainda, sendo mais otimista, como "o sujeito assume diferentes identidades em diferentes situações" (p. 25). As contribuições lacanianas mais recentes têm descrito processos de identificação em conjunto com as teorias da hegemonia ideológica e a multiplicidade das construções discursivas que garantem o compromisso dos empregados com seu trabalho (CONTU; WILLMOTT, 2006). Mostrou-se com isso que a "fantasia torna as identidades mais cativantes e bonitas e também mantém o status quo numa experiência de estabilidade e sustentabilidade" (CEDERSTRÖM, 2009, p. 27).

A atual preocupação na qual Lacan é refratado por meio de Ernesto Laclau e Chantal Mouffe (2001) e por meio de Slavoj Žižek (1989) centra-se em como um núcleo impossível de gozo opera como lugar fascinante da identidade (JONES ; SPICER, 2005), e como a transgressão é funcional para a gestão, permitindo e aproveitando o gozo, porém o gozo como alguma coisa que se desenvolveria diante da forma em que Lacan o define no *Seminário VI*, como uma simples "satisfação direta de uma necessidade" (1958-1959, 15 de abril de 1959). Esse desenvolvimento teórico de Lacan sobre ECG tem facilitado a especificação da fantasia a qual também aprofunda a análise da incidência da ideologia no sujeito. Uma influente consideração elaborado por Lacan no *Seminário VI* sobre as formas do discurso, ele argumenta que "a lógica da narrativa fantasmática é tal que estrutura o sujeito do desejo ao apresentar um ideal, um impedimento para a realização de um ideal, ou melhor como um gozo ligado a transgressão de um ideal" (GLYNOS, 2010, p. 29-30).

O exemplo há pouco mencionado é claramente parte de um projeto mais amplo sobre a natureza da ideologia e da fantasia na economia política (GLYNOS, 2001, 2012). Esse projeto baseia-se na premissa de que "se estas lógicas políticas nos proporcionam os meios para mostrar como as práticas sociais se realizam ou se transformam, então as lógicas fantasmáticas, revelam o modo em que práticas específicas atrapalham ideologicamente os sujeitos" (GLYNOS, 2010, p. 31). Dessa maneira, dentro dos ECG, a crítica às atuais condições de trabalho como alienadoras e destrutivas, ampliaram o âmbito de competência dos estudos tradicionais de gerenciamento (CEDERSTRÖM ; FLEMING, 2012).

Mostraremos a importância do que foi dito com um estudo no qual não é em totalidade lacaniano e que, inclusive, trata de evitar a teoria, para assim refletir sobre si por meio da obra de Miller em uma tradição lacaniana que foi atacada por sua natureza hiperteórica (ROUDINESCO, 1990). Uma apresentação no congresso internacional "Re-trabalhando Lacan no trabalho" (*Re-working Lacan at Work*), realizado em 2013 em Paris, compreendeu aos estudiosos lacanianos de ECG e proporcionou uma medida controlável de gozo (CEDERSTRÖM; HOEDERMAEKERS, 2013). A apresentação e discussão giraram em torno a um importante estudo realizado por Alexandra Michel (2011, p. 325), intitulado *Transcendendo a socialização: etnografia de nove anos do papel do corpo no controle e conhecimento organizacional e na transformação do trabalhador.*

Michel baseou-se em uma quantidade assombrosa de dados etnográficos e entrevistas provenientes dos bancos de investimentos de *Wall Street* que foram "triangulados para reforçar a validade" do estudo (p. 334). Esses dados consistiram em sete mil horas de observação, mais de 600 entrevistas formais semiestruturadas, por volta de 200 entrevistas informais e a análise dos materiais da companhia. O estudo "se moveu interativamente entre os dados da emergente teoria" para demonstrar como "os controles menos visíveis contornaram a mente para dirigirem-se ao corpo" (p. 335).

A plateia desse congresso se viu paralisada e encantada pela maneira a qual os bancários usaram os seus corpos, abusaram destes e, em muitos casos, acabaram por destruí-los; iniciando por um regime de privação de sono com o uso de cafeína e remédios prescritos, e terminando com a experiência de uma variedade de doenças debilitantes, como fenômenos de *burnout* e, de quebra, em um processo que em geral se demonstrou evidente depois de quatro anos de trabalho. Os bancários relataram isso ao dizer coisas como "eu não chamo isto de controle, eu estou em guerra com o meu corpo" (p. 342), "eu não vou deixar o meu corpo arruinar a minha vida" (p. 345) e que "estou obrigando o meu metabolismo a fazer o seu maldito trabalho" (p. 350). O artigo é, de fato, em alguns aspectos, gratificante para quem seja de qualquer maneira favorável a uma crítica ao capitalismo, porém os apresentadores passaram por alto a forma como Michel também oferece um relato de redenção em que ao menos alguns bancários superaram sua hostilidade às panaceias de autoajuda que anteriormente desprezavam. E então "os bancos beneficiaram-se da transcendência dos bancários acerca da socialização e do controle". O rendimento daqueles que trabalham "o seu corpo como sujeito", segundo Michel (2011) melhorou à medida que se evidenciava uma superação do antagonismo: os bancários "se mostraram criativos ao reconciliarem os bancos às demandas do corpo" (p. 350).

Entre os diversos pontos de interesse do artigo de Michel, gostaríamos de destacar o da relação entre o "método" e a "teoria", e a maneira em que certos requisitos institucionais acadêmicos reiteram-se na elaboração de um estudo para uma revista da corrente dominante nos estudos de gestão, revista que somente publica estudos quantitativos que foge da teoria, especialmente da teoria "crítica". Michel apresenta o seu método fazendo referência à "triangulação" dos dados para tranquilizar os leitores acerca da validade do estudo e subordina a "teoria" ao "método" e todo sentido que deve se dar ao material, justificando isso com a "teoria fundamentada", um enfoque metodológico que pretende construir hipóteses a partir dos dados (GLASER ; STRAUSS, 1967).

Esse movimento manifesta, porém não resolve o paradoxo de que "os empregados erroneamente experienciam a autonomia" (MICHEL, 2011, p. 329). Embora Michel observe que "os trabalhos monótonos gastam a vitalidade e adormecem o corpo de tal maneira que a pessoa não o sinta" (p. 331), e ainda que faça referência aos trabalhos de Marx (1867) e ao feminismo sobre o trabalho emocional (HOCHSCHILD, 1983), o caso é que sela eficazmente a análise contra qualquer interpretação teórica, o que faz com que os ECG e o enfoque lacaniano devam operar desde o exterior, como uma metalinguagem.

Qualquer descrição do corpo como real, tratado como objeto para ser gerenciado e representado simbolicamente, deve-se considerar aos investigadores em psicanálise questionamentos acerca da fantasia e da encenação do sujeito para com sua relação com os seus objetos. Lacan, no *Seminário VI*, acentua o modo que essas partes do corpo mobilizam-se dentro do discurso, no entanto, de maneira tal que oculte suas funcionalidades no mesmo momento em que parece proporcionar acesso transparente ao que está passando: "é com nossos próprios membros – isto é, o imaginário – que compomos o alfabeto deste discurso que é inconsciente" (LACAN, 1958-1959, 18 de março de 1959). Essa organização imaginária das partes do nosso corpo, do real, em uma narrativa coerente, aplica-se também ao simbólico. Referindo-se que os bancos provêm serviços gratuitos de automóveis, comidas, academias e lavagem à seco, um dos participantes no estudo comentou: "As feministas costumam dizer que cada mulher poderia trabalhar já que as esposas se encarregavam das tarefas domésticas. O banco é a esposa de minha esposa" (MICHEL, 2011, p. 339). O que fazer com o "grande segredo" de Lacan no *Seminário VI*, aquele segundo o qual "não há Outro do Outro" (1958-1959, 8 de abril de 1959)? A lição aqui não é de que existam aspectos de "controle da organização" dos corpos no real, sentimos que há uma brecha necessária entre o experiencial, o reino imaginário a que Michel está acessando ao construir a sua "teoria fundamentada" e os processos simbólicos que somente podem ser captados teoricamente como manifestações da estrutura, do real.

Estrutura

Havendo examinado a adaptação e o gerenciamento como aspectos de ordem, passaremos agora para a questão da estrutura como tal. O próprio interesse de Lacan pelo gerenciamento e os perigos de uma adaptação resulta evidentemente em sua cuidadosa especificação de estruturas organizativas para a Escola Freudiana de Paris, fundada em 1964, cinco anos após ao *Seminário VI*. Um exemplo de tais estruturas são os "cartéis", grupos de trabalho de duração limitada abertas a não analistas, que devem se dissolver e se formarem novamente, porém com diferentes participantes para evitar a sedimentação da hierarquia institucional a qual se caracterizou a IPA (LACAN, 1964). Um dos primeiros cartéis, inspirado por Althusser e integrado por estudantes da Escola Normal Superior, foi dirigido por Jacques-Alain Miller e era centrado na "Teoria do Discurso". Um dos produtos desse cartel foi o texto *Ação da Estrutura*, de Miller (1968), que oferecia, segundo o seu autor, uma "exposição sistemática" (p. 69) do discurso da psicanálise e de sua articulação com o do marxismo, o que permitia "refletir um em outro em um discurso teórico unitário" (p. 80).

Este trabalho é inovador não somente porque sistematiza a obra de Lacan até o presente momento, concebendo-a como uma reflexão teórica sobre epistemologia e ontologia, mas também porque antecipa uma leitura particular de Lacan e de suas próprias leituras particulares de Freud a qual se prepara a arquitetura conceitual da atual Escola da Causa Freudiana (Cf. VORUZ ; WOLF, 2007).

O texto *Ação da estrutura* consta em três partes que tratam sucessivamente da "estrutura", o "sujeito" e a "ciência". A estrutura, para Miller (1968), é "o que instaura uma experiência para o sujeito a que inclui", ainda que ao mesmo tempo há "uma subjetividade ineliminável situada na experiência" (p. 71). Essa subjetividade é o que distingue crucialmente a noção de estrutura da que encontramos no estruturalismo linguístico mecanicista caricato ao que às vezes se assimila a psicanálise lacaniana. A psicanálise, que se refere à "relação do sujeito com a sua palavra" (p. 71-72), exige rastrear a estruturação dessa subjetividade sem confundi-la com a "função imaginária" que dá continuidade à realidade "por meio da produção de representações que responde a ausência na estruturação e compensam a produção da falta" (p. 72).

É precisamente a estrutura imaginária que "se constitui no real", como "reduplicação do sistema estrutural" que era "meramente ideal desde o princípio" (MILLER, 1968, p. 72), o que se ilustra nos estudos etnográficos e de entrevistas como os de Alexandra Michel (2011). O "paradoxo da autonomia" que Michel aborda não pode, dessa maneira, resolver-se com as operações de uma "ordem que ajusta secretamente o que se oferece a contemplação" (MILLER, 1968, p. 73-74). Há um "desconhecimento" do lugar do sujeito na estrutura que é necessário para o próprio e que também deve estar oculto para este como parte de sua própria lógica interna no qual "o exterior passa ao interior" (p. 74). Logo vemos aqui uma tentativa de Miller (1986) em descrever teoricamente a extremidade do objeto lacaniano em uma explicação do excesso de determinação da estrutura que dá lugar a um efeito de "coerência ou homogeneidade", mas que gira em torno ao "ponto utópico" da estrutura que "sempre engana aos olhos" (MILLER, 1968, p. 73).

A segunda parte do texto de Miller (1968), dedicada ao sujeito, argumenta que a fenomenologia não está adequada como alternativa ao estruturalismo, já que "o invisível dispõe uma estrutura que sistematiza o mesmo visível que oculta" (p. 74). O que se necessita, portanto, é "uma arqueologia verdadeiramente radical de percepções que são históricas por completo, que são absolutamente especificadas, que são estruturadas como um discurso" (p. 75). Aqui, a obra de Foucault, em especial O Nascimento da Clínica (1963), aponta-se explicitamente como guia. Isso significa que nem mesmo a transparente intersubjetividade, ou a reflexão intrasubjetiva do sujeito, em qualquer tipo de estratégias paliativas de autoajuda coletiva ou individual, podem ser consideradas como soluções para "a falta" que "persiste no interior do sujeito", quer dizer, "a alienação não pode ser entendida como um inferno do que deveria liberar-se a fim de possuir-se a si mesmo e desfrutar de sua própria atividade" (p. 76). Não há escapatória imediata do reino que Miller (2005) descreverá mais adiante como o predicamento quantitativo "um-todos-sozinhos" em uma apreciação reflexiva mais qualitativa dessa condição.

Não há, portanto, "nenhuma relação entre um sujeito e outro, ou entre um sujeito e um objeto", que preencha a falta, "exceto por uma formação imaginária que a estruture" (MILLER, 1968, p. 76). E a partir daqui Miller gesticula para o segundo artigo teórico chave, em "sutura", que complementa *Ação da Estrutura* (MILLER, 1966). Miller aponta, em uma crítica presciente a atual moda em políticas governamentais a respeito da saúde mental que "nós devemos considerar qualquer noção de uma política da felicidade, quer dizer, de ajuste, como o meio mais seguro de reforçar a inadequação do sujeito com respeito a estrutura" (p. 76). Em outras palavras, o feliz compromisso entre os bancários e seus corpos, e entre as demandas da companhia e o seu próprio bem-estar, que Michel (2011) descreveu para aqueles que não destruíram completamente as suas saúdes serão apenas uma miragem; a drenagem da vitalidade e entorpecimento do corpo que ela lamenta são um componente integral e íntimo da alienação do sujeito em uma organização sob o capitalismo.

A terceira parte do texto de Miller leva-nos diretamente às preocupações de Lacan no *Seminário VI* e, em particular, a divisão entre os níveis superior e inferior do gráfico do desejo, uma divisão que seria histórica para os íntimos de Lacan e mesmo para Miller (ROPER, 2009). Miller destingue aqui entre "o campo do enunciado", como "campo em que a lógica estabelece a si própria", e "o campo da palavra" que é "o da psicanálise" (p. 77). Logo descreve uma "distribuição topológica" que "desconecta o plano em que o sujeito se efetua em primeira pessoa" e "o lugar do código em que se insere" (p. 78). Essa "divisão" no "interior da linguagem" significa que "o sujeito é capaz de um inconsciente" (p. 78).

As interpretações que dão sentido ao dito estão implicadas no "campo do enunciado" que sempre inverte o discurso e que nutre as distorções e torsões que fazem dele algo inconsciente para o sujeito. No Seminário VI, Lacan chama a atenção sobre a forma em que os elementos da fantasia se constituem por meio de um corte que também divide aquilo que será o sujeito com respeito ao que se converterá em objeto para ele. Logo, como uma alternativa a de nutrir o inconsciente com o significado, argumenta na sessão final que "o corte é, sem dúvida, o modo mais eficaz de intervenção analítica e de interpretação" (LACAN, 1958-1959, 1º de julho de 1959). Podemos fazer aqui uma conexão bastante surpreendente entre o *Seminário VI* e Deleuze e Guattari, que consideram que "o corte" de Lacan pode equiparar-se com uma "diferença-em-si". Por essa perspectiva, o corte de Lacan:

> Divide a falta em duas partes assimétricas: por um lado, deixa um sujeito desfocado que não tem mais natureza que a de um rastro do que havia antes do discurso (passado-em-si); por outro lado, indica um objeto além do discurso, que permanece para sempre fora de seu alcance (futuro-em-si) (MØLBAK, 2007, p. 482).

Para Miller (1968), de modo ainda mais polêmico, a mencionada distribuição topológica também faz possível "um discurso plano sem inconsciente", que é "o discurso científico" que "encerra o discurso sobre si mesmo", mas que "não deve ser confundido com a sutura do discurso não-científico" (p. 79). Isso é importante para a possível articulação discursiva entre "a seleção secundária da cena do Outro primordial" em discurso psicanalítico e, nos termos de Miller, "outras cenas do Outro, implantadas no lugar do código" (p. 78). Miller diz, por exemplo, antecipando uma articulação entre psicanálise e marxismo em um "discurso teórico unitário", que "a Outra cena da luta de classes, cuja combinatória envolve 'interesses de classe', é possível em uma especificação de faltas" (p. 78).

Nesse sentido, assim como esse discurso científico é "sem inconsciente", assim "não inclui nenhum elemento utópico" (p. 78-79). Este "campo fechado" da ciência funciona como se fosse ilimitado quando se vê desde o interior e aparece como "um espaço fechado" desde o exterior

(p. 79). Há aqui um indício da futura proliferação da "foraclusão genera-lizada" e da "psicose ordinária" na obra de Miller (REDMOND, 2014). Miller (1968) já detém, de fato, que "toda ciência está estruturada como uma psicose" (p. 80). Suspeitando que as estratégias terapêuticas alimentam o inconsciente, Lacan, e mais tarde Miller (2013), argumentaram que "o desejo é sua interpretação". Miller (1999) também criticará a prevalência da interpretação na sociedade contemporânea. A descreverá como uma forma do que alguma vez foi chamado "psicanalismo" por Castel (1973), e irá propor o "corte" como uma resposta clínica.

Intervenção

O que recém foi dito conduze-nos a alguns comentários finais sobre a intervenção. A intervenção teórica de Miller (1968) ocorre em um momento histórico político muito particular. Foi publicada inicial-mente na revista *Cahiers pour l'Analyse*, dedicada a uma aproximação entre o marxismo e a psicanálise a qual somente Alain Badiou (2007) se manteve fiel, segundo seu próprio testemunho. O número 9 dos *Cahiers*, ao qual aparece a *Ação da estrutura*, publicou-se no verão de 1968, justo após os acontecimentos do Maio Francês, e foi o último número da revista. Miller lançou-se à atividade política durante um tempo com o grupo maoísta *Gauche prolétarienne* (HALLWARD, 2012).

É nesse ponto em que voltamo-nos à psicanálise como um objeto téorico para o sujeito psicanalítico como agente, para não falar de um agente humanista de transformação saudável. Há aqui a primeira troca de ênfase da defesa ao desejo, troca aberta por Lacan no *Seminário VI*, e logo outra troca de ênfase do desejo ao gozo, troca acentuada por Miller em sua obra posterior.

O mapa lacaniano do desejo no campo do outro gira em torno da questão do poder, já que seria no caso do homem com tosse de Ellen Sharpe, inscrevendo-se a si mesmo no campo de um todo-poderoso outro, o bem, no caso de Hamlet, invocando o poder de atuar contra o seu rival. Essas figuras sujeitas ao poder são tratadas, em alguns momentos do *Seminário VI*, como se fossem verdadeiramente casos clínicos, ainda quando Lacan advertiu de maneira explícita que Hamlet não deveria ser tratado desse modo. Sem embargo, as mesmas figuras são também representações dos sujeitos, sujeitos a identificação de quem lê sobre eles. Essa é uma das questões que o próprio Lacan levanta sobre Hamlet e que também se aplica aos demais casos clínicos reais.

Na última sessão do *Seminário VI*, Lacan (1958-1959) nos disse que o desejo "é um rastreamento do sujeito com respeito a sequência [da cadeia significante] que o reflete na dimensão do outro" (1º de julho de 1959). Acaso a política não seja a organização do poder na dimensão do outro, tanto no campo simbólico realmente existente como na relação do sujeito com esse campo no marco de seu próprio desejo em participar, ainda quando isto seria conceder a onipotência ao outro e desfrutar da servidão do seu próprio domínio?

Em sua meditação sobre a organização do desejo e suas implicações para o trabalho clínico com indivíduos, Lacan também nos mostra algo sobre a maneira como o poder é configurado de maneira que o desejo nos prende em algumas formas de organização. Esse desejo atualmente também inclui o desejo para psicanálise como um modo de interpretação que confortará o sujeito obsessivo à medida que eles organizam a sua existência no mesmo tempo que o outro e consolam a si próprios com fantasias que são atemporais, "trailers" fílmicos perversos, como Lacan (LACAN, 1958-1959: 17 de junho de 1959) coloca, "trailers" para o que nunca acontecerá.

Por isso, como Lacan coloca, que "o corte" é "o mais eficaz modo de intervenção e interpretação analítica". Então temos uma maneira de reconfigurar a intervenção de uma maneira a reconhecer as críticas feitas no "O psicanalismo" de Castel (1973) conectando com os argumentos expostos por Deleuze e Guattari, medimos o grau em que Lacan da Escola da Causa Freudiana de Miller sempre chegou tarde ou "mais tarde" (VORUZ;WOLF, 2007) e apreciamos o valor do próprio trabalho específico de Miller sobre a natureza da estrutura e do real (FLOURY, 2010).

Focamos no trabalho teórico inicial de Miller e na trajetória que se inicia lá, para precisamente desemaranhar sua contribuição da constelação de estrutura, gerenciamento e adaptação que ainda assombra as organizações psicanalíticas. As separações e rivalidades que caracterizam as organizações psicanalíticas indicam que isso não é o suficiente para "aplicar" a análise lacaniana à problemática estrutura da IPA, ou que nós poderemos, assim, desenvolver a crítica lacaniana para melhorar os Estudos Críticos de Gerenciamento. Nós precisamos trabalhar reflexivamente por meio da maneira como a própria psicanálise colide com o gerenciamento e frequentemente opera como uma maneira de gerenciamento. Há uma questão de ordem nas instituições lacanianas que somente podem responder-se corretamente mediante uma interpretação.

Tentamos mostrar como esses problemas envolvem no gerenciamento da subjetividade em seu senso mais amplo, mas também o quão relevante é o relevante argumento de Lacan sobre a organização do desejo que é o de compreender o desejo de organização e seu lugar nos chamados estudos críticos de gerenciamento que compartilham com Lacan a profunda suspeita de adaptação.

Psicanálise é uma das molduras para experiência, para nossa reflexão sobre nossa subjetividade hoje e, como tal, funciona como o que poderíamos chamar de uma cápsula conceitual historicamente-específica do sujeito. E simultaneamente a psicanálise é um método pelo qual nós desfiamos essa subjetividade, orientamos a intervenção contra a ordem para que possamos extrair-nos de sua constelação de conceitos e, assim, manter em aberto a possibilidade de um outro mundo em que existam outras formas de organizar, interpretar e desejar.

Referências

ALTHUSSER, L. Ideology and Ideological State Apparatuses (notes towards an investigation). In: _____. *Lenin and Philosophy, and Other Essays*. Londres: New Left Books, 1971.

ALVESSON, M.; WILLMOTT, H. On the Idea of Emancipation in Management and Organization Studies. *Academy of Management Review*, v. 17, n. 3, p. 432-465, 1992.

BADIOU, A. *Theory from Structure to Subject*: An interview with Alain Badiou. In: HALLWARD, P.; PEDEN, K (Orgs.). *Concept and Form*. Selections from Cahiers pour l'Analyse. v. 2. Londres: Verso, 2012.

CASTEL, R. *Le Psychanalysme: L'ordre psychanalytique et le pouvoir*. Paris: Maspero, 1973.

CEDERSTRÖM, C. Lacan goes business. *Annual Review of Critical Psychology*, v. 7, p. 16-32, 2009.

_____.; FLEMING, P. *Dead Man Working*. Londres: Zero Books, 2012.

_____.; HOEDERMAEKERS, C. When work doesn't stop. In: *CONGRESSO MUNDIAL RE-WORKING LACAN AT WORK*, ESCP Europe Paris Campus. París, jun. 2013.

CONTU, A.; WILLMOTT, H. Studying Practice: Situating Talking About Machines. *Organization Studies*, v. 27, n. 12, p. 1769-1782, 2006.

DELEUZE, G.; GUATTARI, F. *Anti Oedipus: Capitalism and Schizophrenia*. Nueva York: Viking, 1977.

DRIVER, M. The Lack of Power or the Power of Lack in Leadership as a Discursively Constructed Identity. *Organization Studies*, v. 34, n. 3, p. 407–422, 2013.

FLOURY, N. *Le Réel Insensé: Introduction à la Pensée de Jacques-Alain Miller*. París: Editions Germina, 2010.

FOTAKI, M.; LONG, S.; SCHWARTZ, H. S. What Can Psychoanalysis Offer Organization Studies Today? Taking Stock of Current Developments and Thinking about Future Directions. *Organization Studies*, v. 33, n. 9, p. 1105–1120, 2012.

FOUCAULT, M. *The Birth of the Clinic: An Archaeology of Medical Perception*. Londres: Routledge, 1989.

FREUD, A. *The Ego and the Mechanisms of Defence*. Londres: The Hogarth Press, 1936.

FREUD, S. *The Interpretation of Dreams (First Part)*. Standard Edition 4. Londres: Hogarth Press, 1953.

GLASER, B.; STRAUSS, A. *The Discovery of Grounded Theory: Strategies for Qualitative Research*. Nueva York: Aldine, 1967.

GLOVER, E. *Selected Papers on Psychoanalysis: On the Early Development of Mind*. v. 1. Nueva York: International Universities Press, 1956.

GLYNOS, J. The grip of ideology: a Lacanian approach to the theory of ideology. *Journal of Political Ideologies*, v. 6, n. 2, p. 191-214, 2001.

_____. Lacan at work. In: CEDERSTRÖM, C.; HOEDERMAEKERS, C. (Orgs.) *Lacan and Organization*. Londres: MayFlyBooks, 2010.

_____. The Place of Fantasy in a Critical Political Economy: The Case of Market Boundaries. *Cardozo Law Review*, v. 33, n. 6, p. 101-139, 2012.

GORDON, C. The unconscious of psychoanalysis. *Ideology & Consciousness*, v. 2, p. 109-127, 1977.

GUÉGUEN, P.-G. Women and the symptom: The case of the post-Freudians. In: VORUZ, V.; WOLF, B (Orgs). *The Later Lacan: An Introduction*. Nueva York: SUNY Press, 2007.

HALLWARD, P. Introduction: Theoretical Training. In: HALLWARD, P.; PEDEN, K. (Orgs.). *Concept and Form, Selections from Cahiers pour l'Analyse*. v. 1. Londres: Verso, 2012.

HARDING, N. Essai: On Lacan and the Becoming-ness of Organization/Selves. *Organization Studies*, v. 28, n. 11, p. 1761-1773, 2007.

HOCHSCHiLD, A. R. *The Managed Heart: Commercialisation of Human Feeling*. Berkeley: University of California Press, 1983.

JONES, C.; SPICER, A. The Sublime Object of Entrepreneurship. *Organization*, v. 12, n. 2, p. 223-246, 2005.

KLEIN, M. *The Selected Melanie Klein*. Harmondsworth: Peregrine, 1986.

LACAN, J. Logical time and the assertion of anticipated certainty: A new sophism. In: _____. *Écrits: The First Complete Edition in English*. Nueva York: Norton, 2006.

_____. The Mirror Stage as Formative of the I Function as Revealed in Psychoanalytic Experience. In: _____. *Écrits: The First Complete Edition in English*. Nueva York: Norton, 2006.

_____. *La relation d'objet*. Disponível em: <http://www.valas.fr/Jacques-Lacan-La-relation-d-objet-1956-1957>. Acesso em: 4 set. 2014.

_____. *The Seminar of Jacques Lacan Book V: The Formations of the Unconscious*. Disponível em: <http://www.lacaninireland.com/web/published-works/seminars/>. Acesso em: 4 set. 2014.

_____. The direction of the treatment and the principles of its power. In: *Écrits: The First Complete Edition in English*. Nueva York: W. W. Norton & Co, 2006.

_____. *The Seminar of Jacques Lacan Book VI, Desire and its Interpretation*. Disponível em: <http://www.lacaninireland.com/web/published-works/seminars/>. Acesso em: 4 out. 2014.

_____. The Ethics of Psychoanalysis. In: _____. *The Seminar of Jacques Lacan Book VII*. Londres: Routledge, 1992.

_____. Founding act. *October*, v. 40, p. 96-105, 1987.

_____. Desire and the interpretation of desire in Hamlet. *Yale French Studies*, v. 55/56, p. 11-52, 1977.

_____. *Écrits: The First Complete Edition in English*. Tradução de Fink, B; Fink, H; Grigg, R. Nueva York: Norton, 2006.

_____. *Le seminaire livre VI, Le désir et son interprétation*. París: Éditions de La Martinière/Le Champ Freudien, 2013.

LACLAU, E; MOUFFE, C. *Hegemony and Socialist Strategy: Towards a Radical Democratic Politics*. 2. ed. Londres: Verso, 2001.

LOEWENTHAL, D; SAMUELS, A. *Relational Psychotherapy, Psychoanalysis and Counselling: Appraisals and reappraisals*. Nueva York: Routledge, 2014.

MARINI, M. *Jacques Lacan: The French Context*. New Brunswick: Rutgers University Press, 1992.

MARX, K. *Capital:* A Critique of Political Economy. Disponível em: <https://www.marxists.org/archive/marx/works/1867-c1/(1867)>. Acesso em: 4 set. 2014.

MAZMANIA, M.; ORLIKOWSKI, W.; YATES, J. *The autonomy paradox: The implications of wireless email devices for knowledge professionals*. Working paper n. 4884-11. Boston: Sloan School of Management, 2011.

MICHEL, A. Transcending socialization: A nine-year ethnography of the body's role in organizational control and knowledge worker transformation. *Administrative Science Quarterly*, v. 54, p. 1-44, 2011.

MILLER, J.-A. Action of the Structure. In: HALLWARD, P.; PEDEN, K. (Orgs.) *Concept and Form Volume 1, Selections from Cahiers pour l'Analyse*. Londres: Verso, 2012.

_____. Extimité. In: BRACHER, M.; ALCORN, M.; CORTHELL R.; MASSARDIER-KENNEY, F. (Orgs.). *Lacanian Theory of Discourse: Subject, Structure and Society*. Nueva York: New York University Press, 1994.

_____. *Suture: Elements of the logic of the signifier*. Screen v. 18, n. 2, p. 24-34, 1977.

_____. Interpretation in reverse. *Psychoanalytical Notebooks of the London Circle*, v. 2, p. 9-18, 1999.

_____. A Fantasy. *Lacanian Praxis: International Quarterly of Applied Psychoanalysis*, v. 1, p. 6-17, 2005.

_____. Presentation of Book VI of the Seminar of Jacques Lacan. Disponível em: <http://www.lacan.com/actuality/?page_id=293>. Acesso em: 4 set. 2014.

MØLBAK, R. A. A Life of Variable Speeds: On Constructing a Deleuzian Psychotherapy. *Theory & Psychology*, v. 17, n. 3, p. 473-488, 2007.

RABATÉ, J.-M. *Jacques Lacan: Psychoanalysis and the Subject of Literature*. Londres: Palgrave, 2001.

RANCIÈRE, J. *Althusser's Lesson*. Nueva York: Continuum, 2011.

REDMOND, J. *Ordinary Psychosis and the Body:* A Contemporary Lacanian Approach. Londres: Palgrave Macmillan, 2014.

ROBERTS, J. The Power of the 'Imaginary' in Disciplinary Processes. *Organization*, v. 12, n. 5, p. 619-642, 2005.

ROPER, B. Practices, provenances, homologies? *Annual Review of Critical Psychology*, v. 7, p. 91-100, 2009.

ROUDINESCO, E. *Jacques Lacan and Co.:* A History of Psycho-Analysis in France 1925–1985. Londres: Free Association Books, 1990.

SHARPE, E. *Dream Analysis:* A Practical Handbook for Psycho-Analysts. Londres: The Hogarth Press, 1937.

VORUZ, V.; WOLF, B. *The Later Lacan:* An Introduction. Nueva York: State University of New York Press, 2007.

WHITE, J. *Generation:* Preoccupations and Conflicts in Contemporary Psychoanalysis. Londres y Nueva York: Routledge, 2006.

ŽIŽEK, S. *The Sublime Object of Ideology*. Londres: Verso, 1989.

7

VIOLÊNCIAS SILENCIOSAS: APONTAMENTOS PARA UMA DISCUSSÃO CONTEMPORÂNEA[40]

Svenska Arensburg (Chile)

Apresentação

Como profissionais e investigadores das ciências sociais, enfrentamos frequentemente à demanda acadêmica e profissional de responder a problemas que estão presentes na sociedade atual e que se vinculam de uma ou outra maneira à denominada "violência social". Quando nos ocupamos de crianças vulneradas em seus direitos, de mulheres agredidas por seus companheiros ou de fenômenos vinculados à criminalização, o aprisionamento ou abuso policial, muitas vezes nos deparamos com a necessidade de abrir um diálogo que nos faça pensar nos problemas sem antepor preconceitos, medos ou discursos míticos que finalmente nos impedem de pensar. Um dos aspectos preocupantes na abordagem de tais fenômenos, como abordamos em outras publicações (ARENSBURG; PUJAL, 2014; ARENSBURG; LEWIN, 2014), é que as respostas institucionais podem agravar o problema. As saídas abordadas para enfrentar os estados limites que tais situações impõem aos sujeitos, frequentemente pioram as formas de padecimento ou expandem suas consequências mortíferas para outras esferas da vida. É por isso que consideramos uma tarefa preliminar poder oferecer alguns dos argumentos que nos levem a repensar o que estamos entendendo por violência.

---

[40] Tradução de Nanci Inês Lara da Silva.

O termo violência constitui em nossos dias uma noção densa a partir do qual se qualificam vários fenômenos de diferentes procedências e com trajetos históricos diferentes. Como teremos oportunidade de revisar aqui, poderíamos concordar em pensar sobre o campo de análise da violência como conectada com a tradição do estudo sobre os conflitos e o possível estatuto da convivência social. As reflexões contemporâneas a esse respeito sugerem repensar essas formas de inteligibilidade sobre a violência do ponto de vista de suas condições de possibilidade históricas, propondo uma discussão sobre as operações e as vias pelas quais um fenômeno foi julgado e qualificado como "violento", enquanto que outros foram silenciados ou invisibilizados como tais (GALINDO, 2009).

Aceitaremos, para começar, que existiam fenômenos que nos interessaria qualificar de "violentos", e, no entanto, foram sistematicamente silenciados. Como é o caso das violações aos Direitos Humanos perpetradas em ditaduras latino-americanas, assim como esses encontros/desencontros cotidianos que de tão naturalizados não tivemos oportunidade de detectar, mas que na atualidade se denunciam como ações violentas, entre elas, a homofobia, o sexismo, o classismo e o racismo. Para abordar esse problema, desenvolver-se-á uma discussão na qual se considerarão alguns dos argumentos expostos em filosofia política, em ciências sociais e psicanálise.

A violência como força constituinte do humano

Ignacio Martín-Baró (1985/1996) iniciava seu livro sobre violências na América Latina recorrendo ao *Dicionário da Real Academia Espanhola* que por "violência" considera "uma noção que indica a força que tira alguém ou algo de seu estado, situação ou modo natural," (p. 368). Na mesma linha, Izquierdo (1998, p. 66) apoia-se na mesma definição:

> Se retomarmos que "violência" é a palavra que nos remete à qualidade de violento, ou à utilização da força em qualquer

operação, a violência tem a ver com o que se faz e como se faz, sendo violenta qualquer coisa que se faz ou ocorre com brutalidade ou extraordinária força ou intensidade. [...] Também violência tem a ver com manter ou realizar as coisas contra sua tendência natural.

Essa noção de senso comum se torna fundadora da questão-problema da violência como força tal que transforma a natureza daquilo que é seu objetivo. Como vemos em leituras da Bíblia ou em considerações antropológicas, dizer "violência" é também dizer "força", uma força que se apodera dos homens, que se torna incontrolável e arrasadora, que pode derivar da natureza, da potência divina ou do impulso selvagem animal, e que conduz à morte da própria humanidade (em sua acepção singular ou coletiva). Quem abordou, como Girard (1972/2002), o problema da violência em sua vinculação com a cultura, adverte que cada reduto de coletivização humana teria nomeado de alguma maneira sua relação com o que chamamos preliminarmente sua "violência/destruição". É diante dessa figura que teriam iniciado as formações culturais como tentativas de pensar e fazer algo, apropriar-se e manipular o que conduz à morte e ao desastre da comunidade humana enquanto tal.

À respeito disso, Girard (1972/2002) escreve sobre o surgimento da vida social como efeito de tramitar a violência: "as sociedades humanas têm vivido em relação à violência e esta tem que entender-se como força inevitável [...] só se pode enganar a violência à medida que não seja privada de qualquer saída" (p. 10-12). Isto é, se a cultura está transpassada pela violência, será inútil pensá-la como uma aberração ou uma fala do estado de coisas, já que será inevitavelmente expressão e corpo de uma formação cultural. Como não se pode escapar da violência, as práticas rituais teriam inaugurado formas de tratar ou lidar com ela, ou de orientá-la ou gerenciá-la de algum modo. Os povos primitivos, segundo relata Girard (1972/2002), tentavam dar direção à violência enviando sacrifícios aos deuses, ou seja, usando a violência, construindo-lhe um caminho e ocupando seus materiais de tal modo que se acalmasse durante algum tempo.

A partir daí que, para Girard (1972/2002), as formas coletivas de vida das sociedades sacrificiais, tentaram desviar em uma vítima relativamente indiferente (vítima sacrificial) uma violência que ameaçava em ferir seus próprios membros. Num sentido retrospectivo, esse ato de desviação e de práxis ritual não só resolvia contingentemente um problema, mas fundava a cultura, já que o ritual do sacrifício cumpria uma "função social" ao proteger a comunidade de sua própria violência (p. 15).

Ao cumprir com a função de regular a violência da comunidade por meio de uma saída ritual, teria diferenciado, por uma lado uma violência não manipulável, e por outro lado, uma violência interna que seria possível manipular, pela qual, longe de ser impedida seria usada como atos e processo inaugural para sua elaboração. As distinções entre violência entranhada e purificadora, ou entre violência adaptada e sagrada, possibilitariam "fazer algo" diante do que destrói (GIRARD, 1972/2002). Promover um sistema de distinção entre violências que purificam e destroem reforça também a marca de um tipo de sociedade, sem pretender extingui-la, mas encaminhá-la.

Seguindo Girard (1972/2002), somente com a decadência do sagrado e com a crise da função do sacrifício se mostra que o aqui defendido era uma ordem de diferenças. A perda da diferença entre violência impura e purificadora mostra a perda de diferenças da ordem cultural em seu conjunto. Partindo da diferença fundamental entre as violências que purificam e as que destroem, estabeleciam-se todas as diferenças internas na comunidade humana que dividia o puro do impuro, assim como o que conserva e o que destrói. Nesse sentido, a partir da matriz proposta por Girard (1972/2002), a transgressão de um tabu como o do incesto ou do parricídio ocupa o lugar da violência porque expressa a crise de valor que essa diferença mantinha para certa organização comunal-familiar (p. 56). Quando paulatinamente se foi "profanando" o sagrado, quando se foi separando a violência humana da divina e se foi consolidando uma ação à respeito da violência inter-humano, começaram a se produzir novos lugares para a violência.

Modernidade e violência

A modernidade marcará o momento da perda de uma noção sagrada de violência. Para abordar essa perda, retomemos o motivo da violência como momento inaugural da pergunta pelo humano que entranha uma formação cultural. O conflito inter-humano com suas imagens de violência e de morte, segundo Esposito (2009), é fonte de inspiração para quase todas as formações culturais. A partir dessa exploração, a *violência humana* não só se situa no começo da história, mas a própria comunidade está fundada numa violência homicida que seria emergente de uma mesmice indiferenciada apoderando-se da comunidade. De acordo com Esposito, efetivamente, a exploração moderna sobre o começo cultural consideraria que os humanos não teriam combatido a morte por ser muito diferente – como hoje em dia tenderíamos a acreditar – mas porque não havia distinção alguma entre eles.

No processo de instauração moderna, segundo Esposito (2009), as sociedades conduziram-se para formas históricas de "imunização". Essa imunização seria o preço pago para formar parte de uma sociedade que quer preservar sua distância com respeito à violência pretérita da comunidade originária da qual nos diferenciamos como civilização moderna. As operações de imunização consolidaram-se com o propósito de distanciar a contaminação ou o germe barbárico da mesmidade indiferenciada pelas vias da expulsão, exterminando ou expulsando o que ameaça, perturba ou põe em risco as formas de vida protegidas. Como consequência, nossa cultura teria deixado de lado o exame político e ético da violência, para concentrar-se no problema técnico de como administrá-la, como gerar tipificações e protocolos, como acomodá-la institucionalmente, como isolá-la e medi-la.

É importante resgatar os dois planos discursivos envolvidos na imunização: por um lado, o estabelecimento da propriedade privada – Locke – via individualização do sujeito-proprietário; por outro lado, o pacto social – Hobbes – por meio do Estado de direito, mediante o qual cedemos nossos direitos individuais depois da proteção que o Estado nos oferece (ESPOSITO, 2009). Aqui se abrem dois caminhos no pensamento sobre a violência: de uma parte, as fontes de diferenciação entre civilização e barbárie; e de outra, o problema da hegemonia jurídica sobre a distinção legítimo/ilegítimo. Partamos dessa última argumentação. Defender que a violência pode ser conduzida por meio do ordenamento legal-legítimo será ponto chave da leitura da teoria social e o pilar para a argumentação penalista (ARENSBURG, 2011).

Essa economia da violência será o processo de instituir na figura da lei e seus representantes o lugar de onde se garanta a legalidade do pacto e de onde legitimamente a racionalidade jurídica possa identificar e perseguir as violências condenáveis que rompem o pacto ou o ameaçam: como se sabe, violências diante do direito, violências criminais que infringem a lei instituída, que ameaçam a ordem legítima, tal como apresenta Hobbes (1651/2009).

Sob o amparo do Estado de Direito, far-se-á a distinção entre uma violência legítima, exercida pelo Estado, e uma violência ilegal que deve ser perseguida, expulsa e exterminada, e que será particularmente entendida como violência física que atenta contra a paz social, a convivência e o contrato. Nesse ponto, Elias (1980/2011) distingue a violência física e outras violências. A modernidade política teria sido eficaz para distanciar a violência física de diversas esferas da atividade humana, aplacando e concentrando-a no Estado (GALINDO, 2009, p. 216). Isso fará que o Estado retenha o controle da violência recíproca, isto é, o monopólio da violência como meio de dominação (WEBER, 1919/2007).

Como consequência do exposto, a violência fundacional da Ordem Social ficou sepultada em tanta violência, para representar-se como exercício político legítimo representado na autoridade do Estado de Direito. Seu estatuto violento, como ato supremo de regulamentação, acabou de se enterrar como tal. No entanto a partir dos genocídios da primeira metade do século XX, o Estado de Direito foi examinado na *banalidade do seu mal*. Foi necessário assumir historicamente que o próprio suceder do Estado moderno supôs derivar em formas de extermínio e horror diante das quais os cidadãos tinham ficado sem ferramentas jurídicas para se defender.

Um aspecto que nos interessa destacar aqui é como foram articulando formas de impugnação dos discursos hegemônicos que tinham tentado expulsar a violência fora da civilização. A administração moderna foi conduzida evitando as formas violentas que o mesmo ordenamento simbólico e material produz para sustentar-se como tal, questão detalhada contundentemente na tradição do pensamento crítico (BENJAMIN, 1921/1991; ARENDT, 1969/2006; GALTUNG, 1981; BOURDIEU, 200; AGAMBEN, 2003; Žižek, 2009). Na continuação revisaremos algumas dessas passagens.

Pensamento sobre a violência: uma crítica possível?

Recuperemos a proposta de Benjamin (1921/1991), para quem o problema político da violência está situado no estatuto de autoridade do próprio direito. Benjamin se expressa com perguntas: qual é a prova que podemos dar aos meios para julgar a violência? E, onde se fundamenta o direito ao julgar um acontecimento histórico como violento?

Para o autor que citamos, a violência só pode ser criticada na esfera do direito ou das relações morais, posto que o conceito de violência que conhecemos na modernidade pertence à ordem simbólica do direito, da política e da moral. Benjamin (1921/1991, p. 2-4) propõe o seguinte:

> Como chegamos a avaliar algo como violento? [...] Na história se observa como algo sob certas condições tem recebido sua legitimação ou sua sanção. [...] Esses fins historicamente reconhecíveis são fins de direito e não naturais.

Revisemos a proposta de Benjamin. Por um lado, defende que a violência que não é aplicada a partir do direito (Estado de Direito) põe em perigo a ordem legal porque assim é possível uma violência fora do direito. Por outro lado, o interesse do direito no Estado de Direito é conservar-se, manter o interesse que ele representa, e sua missão é excluir o que ameaça sua ordem. Isso quer dizer que, ao monopolizar a violência por parte do Estado, os indivíduos já não podem exercer um *direito à violência*, porque atentariam com o fundamento do próprio direito. A partir dessa proposta, a violência que fundamenta ou conserva o direito seria a que deve submeter-se à crítica (BENJAMIN, 1921/1991, p. 5). O exemplo da polícia é claro. A polícia fundamenta e conserva o direito: fundamenta porque administra-interpreta a lei em suas mãos, e conserva porque está à serviço dos fins do direito.

> A polícia é a forma que o Estado persegue empiricamente seus fins a todo custo. A polícia é ruim porque interrompe a diferença entre a violência fundadora e conservadora, y se expande permanentemente. A polícia está facultada para exercer a ditadura, isto é, a violência do poder, pois não se justifica ante nenhuma lei preexistente, mas que legisla permanentemente. (p. 9)

Sob essa perspectiva, as consequências da relação violência-direito estabelece-se explicitamente. A força que torna possível usar violência a partir do Estado moderno provém do direito. O que chamamos "violência de Estado" é um tipo de violência que recorre à força proveniente do direito ou delegada a ele, como crença constitutiva do pacto social, para fundar e defender sua ação com o fim de manter o Estado, ou para destruir o outro, sua ameaça. Por isso é tão claro o exemplo da polícia, na qual, fundação e conservação de direito são simultâneos em sua atuação. Esse proceder tem sido muito estudado em criminologia, como veremos mais adiante.

O exame será essencial a partir do momento que consiga abrir o paradoxo que envolve uma sociedade que tranquiliza seus indivíduos por meio do submetimento ao monopólio da violência por parte do Estado de Direito. Tal como o apresenta Derrida (1997/2008), o momento fundador do direito implica sempre uma força que provém da crença. O direito tem assim uma relação interna e complexa com a violência (que em alemão é simultaneamente, também, *poder e força*): "Quando se institui um direito, [...] este rompe o tecido da história. [...] É uma invasão de força que funda a lei. [...] O ato fundador está preso em uma estrutura violenta." (DERRIDA, 1997/2008, p. 33).

Essa perspectiva nos pareceu relevante para analisar contextos problemáticos atuais. Temos recorrido a ela, de fato, em um trabalho de investigação-ação que estamos desenvolvendo desde o ano de

2013, junto a algumas organizações sociais de uma população urbana de Santiago altamente criminalizada e cercada por polícia militarizada (ARENSBURG; OLIVARI; REYES et al., 2014). A esse respeito, quando Wacquant (2000) refere-se ao conceito de "civilização da cidade", cobra interesse examinar como as politicas de segurança cidadã tinham privilegiado uma estratégia de *tolerância zero* na qual a relação direito-violência é paradigmática.

Esse tipo de programa de segurança tem sido implementado em Latinoamérica e particularmente no Chile e na população urbana de Santiago à qual nos referimos. Por um lado, para o governo e os meios de comunicação, na população reina a barbárie sob a forma da delinquência, do narcotráfico e do crime organizado, por isso se reclama para impor o Estado de Direito policial e penal. Por outro lado, para muitos dos habitantes que pudemos conhecer, o que está em disputa é o território onde o valor do solo dos urbanistas é uma peça chave, junto ao interesse percebido de desarticular o tecido de relações de uma população emblemática por causa de sua resistência social.

Sob a mencionada configuração, para os vizinhos da população, o reconhecimento da violência não está na visível violência criminal condenável do Estado e dos meios de comunicação, mas nas múltiplas formas cotidianas de: discriminação (quando busca um trabalho e escondem no currículo o bairro onde moram), vigilância (câmeras de vigilância no perímetro da população e registro fotográfico frequentes de veículos) e perseguição policial que experimentam dentro da população (controle de identidade que tem chegado a implicar práticas abusivas e degradantes, inclusive de violência sexual, denunciadas no Instituto Nacional de Direitos Humanos).

Essa forma de *tolerância zero* opera ela mesmo como uma violência conservadora, como "uma imposição extremamente discriminatória contra determinados grupos de pessoas em certas zonas simbólicas", pelo qual "seria mais correto descrever as formas de atividade policial realizadas em nome da *tolerância zero* como *estratégia de intolerância seletiva*" (WACQUANT, 2000, p. 17). A repressão policial seletiva somente é possível a partir da criação cultural de certos estereótipos criminais que atemorizam especialmente a população e que costumam incluir os adolescentes e jovens urbanos com baixa escolaridade, os toxicodependentes, os desempregados e as pessoas sem qualificação profissional. Retomando tais estereótipos na prevenção situacional do delito, a segurança pública gestiona os marginalizados e sustenta a segregação.

Como vemos, o exercício de poder do Estado de Direito, ao pretender cobrir-se de legitimidade, revela-se inconsistente, toda vez que encobre um submetimento social pretérito. Se assumimos que as civilizações fundam-se e conservam-se violentamente, destruindo o que as precede e o que as ameaça, então, para estudar como um acontecimento tem sido qualificado como violento, deveria ao menos considerar uma discussão sobre sua trajetória e situação histórica e, em especial, à respeito a que tipo de relações e distinções se estabelece.

Relações de denominação ou o vir a ser sujeito a partir das relações de poder

No estudo da questão sobre violência e subjetividade, o denominado como "atos de violências" foi examinado a partir de dois grandes esquemas de pensamento. O primeiro concebe a violência como expressão do interno no indivíduo, força destrutiva do próprio sujeito que atenta contra outro ou contra si mesmo. Essa espécie de violência constitutiva, presente de forma dominante no pensamento psi, identifica violência com agressividade. A partir de nossa aproximação, tal postura é questionável porque, a partir dela, tende-se a naturalizar, por exemplo, a violência sexista perpetrada por alguns homens. O outro esquema considera que as formas de imposição exterior, por meio das quais se civiliza, impactariam aos sujeitos, que reagiriam com violência contra elas.

Esse debate é proposto pela psicanálise freudiana em sua dupla constituição: ou os meios que a cultura oferece para tramitar a violência primitiva não são suficientes e/ou as formas de regulamentação da sociedade violentam os indivíduos e estes reagem contra elas (FREUD, 1930/1996). Isto é, as plataformas culturais poderão operar de forma insuficientes ou de forma excessiva quanto à sua relação com tramitação da violência para o sujeito.

Retomando o mesmo debate, Arendt (1969/2006) recupera a crítica de Benjamin (1921/1991) ao Jusnaturalismo, o qual, ao separar a violência humana da animal, naturalizou e assim justificou a violência. A violência que emerge dos indivíduos foi entendida como natural e inevitável, e é por isso que foi necessário impor formas políticas que as regulassem e controlassem. No entanto longe de situar a violência nesse plano, Arendt (1969/2006) afirmará que a violência não se relaciona com a biologia, mas com a política, pois está vinculada com seu potencial de ação. Isto é, cada violência visível responde a um tipo de organização social, e não a um impulso selvagem ou a uma barbárie primitiva.

Livrando o problema da condição interna e inevitável da violência primitiva, a emergência violenta proveniente do sujeito pode se desenhar dessa forma. Quando o Estado trai a promessa contida no pacto social com sua ilusão de unidade do ordenamento da sociedade, rompe-se o laço possível que faria com que os sujeitos se identificassem com um mesmo ideal, separando o que os une e fazendo surgir os interesses particulares e o império da força.

Como explica Freud (1932/2001, p. 5):

> Ao propósito homicida se opõe a consideração de que, respeitando a vida do inimigo, mas mantendo-o atemorizado, poderia empregá-lo para realizar serviços úteis. Assim, a força, no lugar de matá-lo, se limita a subjugá-lo. No entanto, [...] uma sociedade formada por elementos de poderio díspar por homens e mulheres, filhos e pais, e em pouco tempo, por causa de guerras e conquistas, também por vencedores e vencidos que se convertem em amos e escravos, [...] onde as leis serão feitas por e par os dominantes, retornará o recurso à violência.

Nessa figuração é possível mostrar como a suspensão do direito como ato fundador, assim a frágil legitimidade que sustenta a conservação do direito, fundamentam-se numa vinculação entre violência e poder a partir do problema que entranha o exercício de dominação. Assim, o pacto social é uma intermediação histórico-cultural que torna possível uma vida para um tipo de sujeito. No entanto o direito que o fundamenta configura essa intermediação, instituindo umas determinadas relações de dominação.

A partir dos aportes precedentes, o problema do pensamento social sobre a violência ficará planificado, com respeito à relação entre violência e poder, no qual a noção de violência como abuso de poder segue vigente até a atualidade (OMS, 2003). Como adverte Foucault (2001), uma conformação de violência pode ser o passado de uma determinada relação de dominação. Ao mesmo tempo, retroativamente, podemos advertir como certas formas de exercer poder puderam ter como resultado efeitos violentos, no sentido de abater, quebrar ou destruir o outro.

O estatuto violento da dominação contemporânea

Neste contexto que adquirem sentido as noções de *violência estrutural* (GALTUNG, 1981), *violência simbólica* (BOURDIEU, 2000) e *violência objetiva* (Žižek, 2009), para dar conta do problema entre umas violências estruturantes da ordem (ordem social que possibilita a convivência e ordem psíquica que organiza as posições do sujeito) versus umas violências visíveis, manifestações de violência subjetiva, "verdadeiras" violências que aparecem enquanto machucam, matam e mostram aquilo que ocorre por fora dos limites do permitido. Seguindo as categorias de Žižek (2009), a violência objetiva não pode ser atribuída aos indivíduos, pois é sistêmica e anônima, a subjetiva é exercida diariamente pelos atores sociais, sendo possível torná-la pública.

Nesse enfoque, a noção de violência subjetiva ou invisível se apresenta como um emergente psíquico e social de formas de violência objetiva (Žižek, 2009). As emergências de violência subjetiva se entenderão dentro do problema da conformação cultural das violências contemporâneas, abrindo a discussão sobre os efeitos estruturais e simbólicos da violência. Por um lado, não é possível compreender as formas de violência subjetiva com independência das formas de subjetivação, pelas quais as violências subjetivas não podem ser analisadas como emergências solipsistas, pois conformam e encarnam-se em posições de sujeito culturalmente constituídas. Por outro lado, as violências objetivas não justificam os atos de violência subjetiva, mas sim permitem explicar sua emergência e lugar cultural, questão que favorece o exame de seus enunciados.

Bourdieu (2000, p. 28), por sua vez, reconhece na violência simbólica o fundamento para defender determinadas relações de dominação:

> Às relações de dominação se aplicam umas categorias construídas do ponto de vista dos dominadores, fazendo-as aparecer como naturais, favorecendo o processo de auto-denigração do dominado. A dominação é violenta, pois o dominado se adere obrigatoriamente à posição que lhe oferece o dominado, pois não imagina outro instrumento possível que o conhecimento dominante.

Femenías (2009) recorda, nesse sentido, que a dimensão simbólica inerente às relações de dominação apresenta-se nos discursos de legitimação por meio dos quais os dominadores tentam obter a adesão voluntária dos dominados. O poder simbólico constituiria o mundo ao enunciá-lo e atuaria sobre ele ao instituir uma certa representação desse mundo.

Em um estudo precedente no qual abordamos o problema da violência de gênero num casal, mostramos como os excessos visíveis, a nível dos conflitos de gênero, podem ser entendidos como derivados de uma violência estrutural naturalizada sob as formas do sistema sexo/gênero, violência que se desdobra na própria trama articulada pelo patriarcado para defender-se como tal (ARENSBURG; PUJAL, 2014). Isso tem importância porque mostra que a violência contra as mulheres num relacionamento não pode dissociar-se da compreensão do gênero como dispositivo de poder, não pode ser analisada com independência de uma concepção de relação de dominação e não pode desatender o vínculo entre condições de produção históricas e relações intersubjetivas (ARENSBURG; LEWIN, 2014).

As violências objetivas, sejam sistêmicas e/ou simbólicas, costumam perder-se de vista sob os efeitos da naturalização, a invisibilização e/ou a banalização. Para trabalhar com violências de gênero, seria necessário desarmar essas operações de desconhecimento delas. Como mostra Femenías (2009, p. 56):

> A violência física é o emergente excessivo de uma violência estrutural mais profunda. Em parte, essa violência fica invisibilizada num tanto que não ultrapasse um umbral levemente delimitado pela cultura, classe social ou pela base cultural e religiosa de seus membros.

A violência sexual, que fundamenta distintas formas de tornar visíveis as violências contra as mulheres, é um instrumento que tem o efeito de limitar as liberdades das mulheres e manter formas de submetimento. A violência de gênero é uma violência pela dominação patriarcal. O "patriarcado", o "sexismo", a "heterossexualidade obrigatória" ou a "masculinidade hegemônica" têm sido formas de dominar essas relações de dominação.

O gênero pode ser entendido, assim, como dispositivo de violência simbólica sobre as mulheres quando seus efeitos são nos tornar inferiores, reduzidos a um ideal virginal ou sexual, ou quando nos evitam, subsumindo-nos dentro de uma humanidade pensada a partir da virilidade. Por meio de expressões triviais, é possível ridicularizar, instituindo uma norma valorativa encoberta contra as mulheres, que opera como dominação. É assim como os discursos sexistas terminam por explicar, disciplinar e formar os desejos e expectativas das mulheres.

Comentários finais

Do nosso ponto de vista, o problema de como pensar as violências se explica a partir do sentido e o peso que lhe é dado dentro de uma discursividade social moderna (VERÓN, 1987) que tende a individualizar a violência nos sujeitos, tornando-os portadores de características internas que os tornam inclinados a exercê-la ou a padecê-la, deixando sem interrogar as bases culturais de onde esses sujeitos foram convertidos. Ingressar ao campo da discussão atual sobre a violência nos permitiu interrogar um certo registro hegemônico, abrindo a trama de resposta que foram especialmente úteis a determinados interesses políticos e institucionais, ou, se se deseja, a determinadas tramas semiótico-materiais que compõem uma matriz cultural, conduzindo a práxis para um determinado destino.

Quando se estudam as violências sociais, como podem ser o sacrifício, a vingança, a guerra, o mecanismo jurídico, a tortura etc., examinam-se formações sociais que têm sido qualificadas como "violências", isto é, formas sociais que tem cumprido uma função na configuração coletiva e psíquica da vida. Isso significa que se constituem historicamente, sofrem transformações históricas e estão determinadas pelas definições de uma formação cultural. Portanto o termo "violência" não pode reduzir-se ao modo, pauta o impulso agressivo que se torna insuportável e condenável nas formas de convivência humana.

No estudo da violência como fenômeno social, por "violência" se entenderá uma realidade enlaçada no conjunto de práticas econômicas, sociais, políticas, jurídicas e culturais (LÓPEZ, 2003). Isto é, essas discussões deixarão esboçadas a questão da violência como um assunto de realidade, mas da ordem de uma realidade constituída socialmente, portanto, não natural, não neutra, não objetiva, não universal.

Sob essa reflexão, enquanto não se abrem campos que conectem a ordem composta por uma violência objetiva e as formas de violência subjetiva emergentes, o problema das violências sociais visíveis e cotidianas não poderão ocupar um lugar dentro da análise histórica das relações de dominação. Por exemplo, as formas de psicologizar, individualizar e patologizar a violência, silenciam e obstaculizam abordar o problema em seu estatuto estrutural e impedem localizar o vínculo entre uma violência sistêmica ou objetiva e as subjetivas. Então não podemos esquecer que as formas do conhecimento psi que objetivam/classificam os sujeitos, patologizando-os, vitimizando-os etc., operam subordinando o sujeito ao discurso hegemônico. Esse tipo de vinculação entre o saber psi e o sujeito pode conceber efeitos globais de dominação (ROSE, 1996).

Portanto à respeito do pensamento psi, é necessário revisar sua produção discursiva, reparando nas formas em que estimula certas práticas ou inibe outras. Tem que detectar as violências estruturais que preservam e as que se fundam sobre as subjetividades. Por sua parte, de modo específico, a investigação psicossocial sobre fenômenos violentos visíveis ou condenáveis terá que reconstruir a história diante da qual essa violência subjetiva responde estruturalmente.

Referências

AGAMBEN, G. *Estado De Excepción*. Buenos Aires: Adriana Hidalgo, 2003.

ARENDT, A. *Sobre la violencia*. Madrid: Alianza, 1969/2006.

ARENSBURG, S. *Dispositivo jurídico y tramas de calificación victimal. Estudio cualitativo: víctimas de delito y ruta procesal penal en Chile*. Tese (Doutorado). Barcelona: Universitat Autònoma de Barcelona, 2011.

ARENSBURG S.; PUJAL M. Aproximación a las formas de subjetivación jurídica en mujeres víctimas de violencia doméstica. *Universitas Psychologica*. v. 13, n. 4, p. 1429–1440, 2014.

_____.; LEWIN E. Comprensión de los nudos institucionales en el abordaje de la violencia contra las mujeres en la pareja: aportes de una lectura feminista a la experiencia chilena. *Universitas Humanística* 78, 187–210, 2014.

_____.; OLIVARI, A., REYES, M. J. (2014). Intervenir vidas cotidianas en emergencia: Reflexiones a propósito del plan "Iniciativa Legua". In: *XI Congreso Argentino de Antropología Social*, Rosario, Argentina, 23 a 26 de julho de 2014.

BENJAMIN, W. *Para una crítica de la violencia y otros ensayos*. Madrid: Taurus, 1921/1991.

BOURDIEU, P. La dominación masculina. Barcelona: Anagrama, 2000.

DERRIDA J. *Fuerza de Ley: el fundamento místico de la autoridad*. Madrid: Taurus, 1997/2008.

ELIAS N. *El proceso de civilización*. México: FCE, 1980/2011.

ESPOSITO, R. *Comunidad y violencia*. Madrid: Círculo De Bellas Artes, 2009.

FEMENÍAS, M. L. Violencia de sexo-género: el espesor de la trama. In: LAURENZO, P.; MAQUEDA, M. L.; RUBIO, A. (Coord.). *Género, violencia y derecho*. Buenos Aires: Del Puerto, 2009.

FREUD, S. *Malestar en la cultura*. Madrid: Alianza, 1930/1996.

_____. *Por qué la guerra*. Madrid: Minúscula, 1932/2001.

FOUCAULT, M.. El sujeto y el poder. In: DREYFUS H.; RABINOW, P. (Orgs.). *Michel Foucault:* Más allá del estructuralismo y la hermenéutica. Buenos Aires: Nueva Visión, 2001.

GALINDO, J. Apuntes para una sociología de la violencia. In: BARBOSA, M.; YEBENES Z. (Orgs.), *Silencios, discursos y miradas sobre la violencia*. Barcelona: Anthropos, 2009.

GALTUNG, J. Contribución específica de la irenología al estudio de la violencia: tipologías. In: JOXE, A. (Coord.). *La violencia y sus causas*. París: Unesco, 1978. p. 91–106.

GIRARD R. *La violencia y lo sagrado*. Barcelona: Anagrama, 1972/2002.

HOBBES, T. *Leviatán*. Madrid: Alianza, 1651/2009.

IZQUIERDO, M. J. Los órdenes de la violencia: especie, sexo y género. In: FISAS, V. (Coord.). *El sexo de la violencia:* género y cultura de la violencia. Barcelona: Icaria, 1998.

LÓPEZ, F. La violencia: una gramática social perversa. In: BARROS, L. (Coord.). *Los sentidos de la violencia*. Santiago De Chile: Universidad De Chile, 2003.

MARTÍN-BARÓ, I. *Psicología social desde Centro-América. Acción e ideología*. San Salvador: UCA, 1985/1996.

ORGANIZAÇÃO MUNDIAL DA SAÚDE. *Informe mundial sobre la violencia y la salud*. Washington, DC: Organización Panamericana de la Salud, Oficina Regional para las Américas, 2003.

ROSE N. *Governing the soul. The shaping of the private self*. Londres: Routledge, 1990.

VERÓN, E. *La Semiosis social*. Barcelona: Gedisa, 1987.

WEBER, M. *La política como vocación*. Madrid: Biblioteca Nueva, 1919/2007.

WACQUANT, L. *Los condenados de la ciudad: gueto, periferia y estado*. México: Siglo XXI, 2013.

ŽIŽEK, S. *Las metástasis del goce. Seis ensayos sobre la mujer y la causalidad*. Buenos Aires: Paidós, 2003.

ŽIŽEK, S. *Sobre la violencia. Seis reflexiones marginales*. Buenos Aires: Paidós, 2009.

8

VONTADE SADIANA DE ESTADO E ROMPIMENTO DA FRATERNIDADE[41]

Mario Orozco Guzmán (México)

Nascimento mítico do medo: a ideologia no mito

A violência e a transformação social foram experiências e situações solidárias em diferentes momentos da história. Nos seus exercícios de posicionamento radical, não há violência que não aposte por transformá-lo tudo ou por impedir a mais rápida modificação na ordem social.

No caso da psicanálise, sua inserção comprometida na mudança social implica por sua vez um processo violento. Tal como o concebe Tort (1984, p. 9):

> A psicanálise é uma disciplina teórica inscrita no continente do materialismo histórico, como teoria do processo de produção e de reprodução dos indivíduos suportes sobre o duplo aspecto antagônico de sujeitamento/desujeitamento (*assujettissement/ dés-assujettissement*) necessário para seu funcionamento na instancia Ideológica, e, através desta, nas outras instancias das formações sociais (jurídico-política, económica).

Sujeitar e de-sujeitar são processos violentos dos quais participa a psicanálise nos esforços subjetivos e sociais da transformações. Não há sujeitamento que não impele e mobilize inflexões críticas, processos

---

[41] Tradução de Nanci Inês Lara da Silva.

correlativos de desujeitamento, destacamento de coerções do poder autoritário. Porém não há destacamento que não envolva um ulterior acontecimento de sujeitação a outra ordem que balize, na sua dialética mesma, retornos de posturas autoritárias.

Freud localiza processos de sujeitamento/desujeitamento no mito, impregnado de violência, do assassinato do *Urvater*, o pai primordial. Mito fundador de uma origem, mas pleno de ideologia, na medida em que reproduz a ideologia dominante de uma classe que se destaca como dona de todos os bens, particularmente, nesse caso, das mulheres e os filhos como propriedades materiais. Tem-se aqui uma propriedade privada primordial, de sentido narcisista, ostentada e sustentada por um *Pai sem História*. Para esse Pai, surtido pela ideologia freudiana, estariam sujeitadas/os mulheres e filhos como primeiras vítimas de seus ciúmes e de sua intolerância.

Engels (1884a/1976) refere como Marx já assinalava que na família moderna podiam situar os antagonismos que se desdobrarão ulteriormente na sociedade e o Estado. Nestes antagonismos de classe, as mulheres e os filhos também personificam a classe dominada, a classe oprimida, por esse grande macho da ordem autoritária mítica. Os ganhos que obtêm este primeiro grande capitalista tem a ver com a exploração do sexo e do poder, uma exploração que se verte em gozo e que se ata com uma soberana exclusão. Os filhos estão longe dos privilégios de gozo próprio dessa posição dominante de um primigênio amo violento.

Freud propõe uma origem mítica carregada de violência para a divisão de classes numa condição ideológica. É o mesmo que Hobbes vai expor na luta lupina entre homens, de todos contra todos, na qual é o livre mercado na sua luta sangrenta, na sua concorrência atroz e sanguinária, o que se derrama na projeção a um passado lendário. Mas o mito de Hobbes se recusa ou refuta um acordo primordial de vinculação fraterna, ao contrário do mito freudiano, que requer o acordo para apertar a oposição e rebelião contra o tirano.

A projeção constitutiva de um passado mítico da luta de classes é o que paira na assimetria da relação violenta do *Urvater* com seus filhos e suas mulheres. Na verdade, também é um mito da origem da violência. Esta nasceria de uma setorização primordial nas relações entre os seres humanos. A violência proveria, primordial nas relações entre os seres humanos, com efeito, de uma forma primitiva de autoritarismo em função de uma apropriação e exploração de todos os meios de produção e reprodução detidos por esse *Urvater*. E o progresso parece aderido a esta condição de emergência primordial da violência: "encontrado com espanto que o progresso fez aliança com a barbarie" (FREUD, 1939/1999, p. 156). O progresso pactua com a violência do poderio absoluto, do império absoluto do *Urvater* da opressão dos primeiros excluídos do disfrute de seu ser próprio, de seu corpo, de sua força material de vida e trabalho. Desde as primeiras caracterizações do *Urvater* em *Tótem e Tabú*, Freud (1913/1999) recorre ao significado "violento", "*gewalttätig*" (p. 171), como um de seus principais e primordiais atributos.

O poder do *Urvater*, promotor de intendo medo, aparece na Psicologia das massas e análise do eu como "ilimitado", "absoluto", "*unumschränkt*" (FREUD, 1921/1999, p. 136). A mera presença de outro, dos filhos, supõe, para este proprietário que se pretende absoluto, um risco, a possibilidade de que em algum momento passem da intimidação para a rebelião. De alí que também, desde um principio, trate-se de um *Urvater* necessariamente ciumento, como o supremo Deus dos judeus nas primeiras descrições de seu caráter. Esse pai supostamente narcisista, que parece requerer não amar ninguém, precisa, no entanto, do medo de seus parentes. Precisa tê-los sujeitos pela via do medo. Isso é assim porque, tal como o assinala Sofsky (1996, p. 64):

> O medo aprisiona a sua vítima. Não é o ser humano quem tem medo, é o medo quem o tem. Pouco interessa que esteja fechado numa cadeia. Lá onde reina o medo, o mundo se estreita no entorno imediato. Aquele a quem atormenta o medo está consignado no seu lugar, onde queira que se encontre. Quer escapar ao perigo, porém não pode. O impulso da fugida se encontra bloqueado. O medo não é outra coisa que este antagonismo da paralise e fugida.

Não deve nos surpreender, pois, que os governos despóticos definam-se por suas estratégias do medo, por seus violentos esquemas e sistemas para fazer reinar o medo na população.

O medo como produto do progresso

Esclarecemos que o progresso social, que não é outra coisa que o progresso bárbaro, o avanço do poder despótico de uns quantos sobre uma maioria trabalhadora, implica a progressão do medo em função de diversas manobras da violência do Estado. Na implementação delas, conviria descrever um atributo subscrito a uma autoridade primordial, um atributo que não aparece em Freud, mas sim em Lacan (1958/1999). É o atributo de "capricho" (p. 195), entendido como algo afim a lei incontrolada da mãe. Faltava dizer e deduzir que o *Urvater*, o pai violente e ciumento, o poder autocrático, é sempre veleidoso.

Tem a população em condição de sujeitamento abjeto, de sujeitação a sua vontade caprichosa. Esse é um exercício fundamental da violência, enquanto isso se baseia numa lei, na lei da veleidade materna, na lei da não lei, numa lei carente da sanção simbólica pelo consenso coletivo. Como refere-se a uma condição de vulnerabilidade original na vítima, a implementação desse capricho como lei envolve ao que parece uma questão de sobrevivência. Dai apanhar o sujeito numa situação de medo vital.

O sujeito está exposto ao que anseia o chefe do Estado, o dono do capital, o patrão de uma empresa. É súbdito de seus caprichos. O chefe o possui na função da angústia que lhe suscita, do medo sob o qual o paralisa. Lacan (1958/1999) insiste que esse capricho da lei da autoridade materna está "articulado" ao discurso e como discurso, predominantemente ao discurso político e como discurso político, mas também com as forças do poder repressor, o poder de perseguição e extermínio (p. 195). Tem-se em conta que a violência foi pontual do desenvolvimento e do progresso para os donos do capital. Engels (1884b/1976, p. 398) assinala como a "possibilidade de explorar livremente a mão de obra massiva foi à primeira condição do progresso industrial". Essa exploração se estende mediante a sujeitação desta força de produção ao medo ligado a competência e a obsessão pungente da utilidade.

Extrema-se em fazer germinar de maneiras sangrentamente diferente a sobre-exploração pois "a economia capitalista não repousa sobre a simples exploração, a não ser sobre a sobre-exploração" (BALIBAR, 1996, p. 80). E esta, em última instância, determina a "produção do homem descartável" (p. 80-81). Acrescentaríamos que é também a capacidade de transformar o homem em descartável e de descartar a condição de humidade mediante as diferentes práticas da violência. O cenário da crueldade como paixão radical da violência, com efeito, leva a "negação da humanidade no outro que se extermina" (HÉRITIER, 1996, p. 16). Do cenário da exploração da força de trabalho supérfluo e utilitarista desta, recorre-se o tenso fio de uma violência que situa o ser humano na condição de matéria ou recurso do tipo "use e jogue".

Logo, então, no terreno político, o progresso não pode desconhecer a vocação de conflito: "na política não existem mais que duas forças decisivas; a força organizada do Estado, o exercito, e a força não organizada, a força elementar das massas populares" (ENGELS, 1884a/1976, p. 418). A mesma violência do exército pode remeter a essa organização do poder do Estado, enquanto que a violência das massas não se apresenta como organizada, mas sim como força tumultuosa de oposição, como "movimento" (SOREL, 2005, p. 88). Wieviorka (2005) propõe que essa força elementar, não organizada, dos movimentos de massas, pode responder ao que concebe como sujeito flutuante. É uma violência para fazer valer e reconhecer em suas demandas e exigências. Tem que recorrer por sua conta aos elementos de ameaça e medo para conseguir o que pretende:

> O sujeito flutuante pode estar advertido por um vivo sentimento de injustiça, de não reconhecimento, que exacerba a perturbação ou a cólera e se transforma em violência pelo fato de um simples acontecimento que vem a mostrar como é negado o proibido, e sublinha a discriminação social ou racial vivida, a brutalidade da policia, as carências iniquas da justiça... Deste modo, é frequente que a violência urbana explore quando a negação

das pessoas como sujeito se vive como intolerável pelo fato de um "abuso" policial ou de uma decisão da justiça particularmente inadmissível. (WIEVIORKA, 2005, p. 293).

Na realidade, o sujeito está advertido e pela violência das forças repressivas do Estado que sempre se extraviam e gozam extraviando com seus abusos. A experiência da injustiça se torna a da violência cotidiana que responde a do programa instituído, supervisionado e operado pelo poder do Estado. É a organização discriminatória do aparelho da justiça do Estado o que faz flutuar os sujeitos, a que os desconhece e anula como sujeitos, até que estes respondam com a violência para fazer escutar e validar nas suas exigências econômicas e sociais. A impressão dessa validação ou revalidação subjetiva, na sua reclamação desatendida ou desconhecida, carrega como fatura e fratura social a firma – *grafiti* no teatro mesmo do ato violento. Precisa que se saiba que esta violência passe de ser algo que se ressente e que se respira, a possuir um caráter propriamente "operatório" na luta do reconhecimento e liberação (FANON, 1961/2001, p. 62).

Teríamos, por um lado, um Estado que organiza sua violência, explorando o medo do povo. Por outro lado, estaria o povo que se propõe desujeitar-se dos mecanismos de dominação do poder ideológico do Estado. No esforço de desujeitamento que implica violência, se podem dar, e de fato já se dão passos de organização popular. Ilustraremos tudo isso com o caso específico do México atual.

No nosso território mexicano, o Estado transformou-se nos últimos tempos algo mais que temível. Transformou-se em terrível, horrível, a raiz dos laços que veio estabelecido com o crime organizado. Em seu cuidado de proteger os interesses mercantilistas da grande capital do progresso do narcotráfico, dos quais chegou a coparticipar, constroem-se negócios que requerem fortalecimento e consórcios de enorme alcance político.

Aliar-se ou pactuar com o poder do narco levou o Estado a uma declinação institucional. Se antes inspirava medo no seu controle político, agora poderia os cidadãos numa situação de horror ao fazê-los advertir, a partir de sua extrema condição inerme, a poderosa capacidade de destruição derivada do pacto entre o Estado e o crime organizado. Se o Estado organizava crimes para acalmar a oposição e a rebelião política, agora o crime organizado recorre o Estado, a suas forças repressivas, para expandir ou proteger seus territórios financeiros e seus capitais.

Além do medo, trata-se de infundir e promove horror na população, lançando corpos despedaçados ou pendurados para que se exponham ao olhar e a atenção pública. Suscita-se horror também sistematicamente com ameaças, com discursos de extorsão, com desaparições forçadas que funcionam eficientemente como táticas de controle no sistema de perseguição política que implementa o Estado em sua intolerância feroz as posições críticas que mobilizam a consciência de opressão do povo e sua capacidade de insurreição. A insegurança campeã, já que não somente declinou a ordem institucional, a não ser também a ordem fraterna. Sobre, Freud (1921/1999) destacava que o que permitia fazer resistência e superar o regime ditatorial do *Urvater* era a aliança fraterna. Para ganhar a liberdade, o direito a desejar por fora da veleidade da lei do Outro, pode se voltar urgente a confiar no outro, no irmão, que se encontra na mesma condição de desamparo e vulnerabilidade que o sujeito.

Na verticalidade de assimetria, no diagrama do poder, radica o medo, enquanto que na horizontalidade da identificação se inscreve a solidariedade. O horror radicaliza a assimetria, pois situa ao próximo numa condição degradante. Subscrevemos essa categoria do horror na função dos planejamentos de Adriana Cavarero (2009) sobre a exigência de uma maneira diferente de nomear acontecimentos que transbordam o campo bélico, mas rodeiam os massacres, a depravação de Auschwitz e outras nas que se convoca uma violência que ataca sobretudo aos mais vulneráveis, aos mais indefesos, que são finalmente a maioria dos cidadãos e cidadãs de um povoado: "o horror, embora com frequência tenha que ver com a morte, ou se se quer, com o assassinato das vítimas inermes, se caracteriza por uma forma particular de violência que transpassa a morte mesma" (CAVARERO, 2009, p. 61). Trata-se de uma violência que não se detém com o morto do outro, a não ser que se exceda.

Essa é a incidência de uma vontade sadiana que transborda nos limites da morte, não sem deixar de distrair e recriar de maneira desafiante neles, na sua iminente dissolução.

Horrorizado pela força mortífera do crime organizado que parece haver substituído o Estado ou tê-lo sob seu poder, o cidadão se encontra perplexo e travado em sua pretensão de denúncia. Então a impunidade recria-se na impossibilidade de tomar a palavra, e renuncia a denuncia. Em relação a isso, Freud (1921/1999) tinha descoberto que o pânico provinha da ruptura de dois tipos de vínculos fundamentais na estrutura de uma formação grupal. Os laços que se transformam em pó são os que afirmam a relação com o condutor chefe e seus companheiros em relação de igualdade e reciprocidade, de homogeneidade e fraternidade.

O pânico surge quando não se pode contar nem com o substituto do Pai nem com o irmão para fazer frente a uma situação adversa, quando não se pode ser assistido por uma autoridade nem se pode ser respaldado por um irmão. Então o sujeito recua e recai numa individualidade fragmentada e sem compromissos diferentes dos que dependam de suas apetências utilitárias ou mercantis. O horror se desencadeia precisamente nessas condições de vulnerabilidade propiciadas pela ruptura dos vínculos aos que o sujeito poderia segurar e nos que se poderia reconhecer protegido e compreendido indentificatoriamente.

Consumo horrífico da violência

O horror de Ayotzinapa, que parece derivar da vontade sadiana mencionada anteriormente, é próprio de uma condição na qual o crime organizado parece ter instrumentado o poder repressor do Estado, ou seja, este ter apoiado naquele, para fazer desaparecer jovens que encarnam precisamente a força elementar e fundamental de desujetamento, uma força de liberação de consciência ou de consciência emancipadora que sempre esteve articulada com a formação ética e política dos professores e das professoras rurais no México. O crime organizado pode se constituir agora na grande álibi para que o Estado elimine aos que considere como ameaça para um sistema corroído por suas engrenagens e manipulação corrupta. Qualquer um pode constituir-se em sujeito suspeito de ter relação com o crime organizado sob uma espécie de panóptico para descobrir e desmantelar as armadilhas e picaretagens do poder ideológico e político do Estado. Como sugere um personagem do romance *Número Zero* de Umberto Eco (1915, p. 43): "Vivemos na mentira, e se sabe que te mentem, deve viver instalado na suspeita. Eu suspeito, suspeito sempre".

Mas o horror encontra-se especialmente preso de um relato oficial que ostenta numa suposta verdade histórica sobre a desaparição e sequestro dos 43 normalistas, e que parece dar caminho sangrento a uma espécie de segunda morte (LACAN, 1960/1990). Cada um dos jovens teria sido incinerado, mas sem deixar pegar nem rastro algum, tanto de presença humana como de crime. Teria uma eliminação, então, que também não teria direito a memória. Parece uma sentença de que o humano, devido resíduo, perda todo tipo de direito humano. Teria dado morte aos estudantes como se fossem animais sem direito a cerimônias nem sepultura, sem direito a lembrança, a uma lembrança que patenteia um laço de fraternidade humana. Esse direito é o que confirma Antígona, posto que consiste, como diz Lacan (1960/1990, p. 334), em que "meu irmão é meu irmão". Além do que tenha sido, o sujeito, por ser meu irmão, por ser além do parentesco, pela condição básica (que a todos nos irmana de desvalimento e vulnerabilidade, possui o merecimento de "reder as honras fúnebres" (p. 334-335).

O relato oficial estimula o horror ao descrever os detalhes de uma crueldade especificamente humana na medida em que se deleita em e com a degradação da vítima. Esse tipo de violência, que Wiecviorka (2005) denomina "de anti-sujeito", empreende-se de maneira gratuita, sem mais ganho que a satisfação de ver reduzida a vítima a uma condição desumanizada ou subhumanizada, externa e alheia a toda relação social. É por isso que falamos aqui de um componente sadiano frequente associado a outro eventualmente masoquista.

Se os restos deste corpo explorado até transformá-lo numa espécie de resíduo lançam-se em bolsas de lixo ou numa lixeira, se completa o quadro de uma transformação sangrenta da força humana em objeto de consumo do horror. Assim se expande a violência sadiana, a violência pela violência, na qual se cancelam os elementos de humanidade e sociabilidade do outro. Ou seja, o outro passa a constituir-se no meio material de produção e reprodução da satisfação. A gratuidade na violência anexa-se à gratuidade no consumo. Violentar por violentar, consumir por consumir. Consumo de violência e violência no consumo amarram-se sob o signo de rendimento do prazer. Encontramo-nos aqui encurralados na lógica descrita por Marcuse (1984, p. 118):

> O sistema reage aumentando a produção dos bens e serviços que ou não incrementam em nada o consumo individual, ou o incrementam com bens supérfluos, bens supérfluos frente a uma pobreza persistente, porem imprescindível para ocupar uma força de trabalho suficiente para reproduzir as instituições econômicas e políticas estabelecidas. Na medida em que este tipo de trabalho aparece como supérfluo, absurdo e desnecessário, mas necessário para se ganhar a vida, a frustração fica enraizada na mesma produtividade desta sociedade e a agressividade se ativa; e na medida em que a sociedade se transforma agressiva em sua mesma estrutura, a mesma estrutura mental de seus indivíduos se ajusta de modo paralelo: o indivíduo se transforma dócil e submisso, já que se ajusta a uma sociedade que, em virtude de sua opulência e poder, satisfaz suas profundas (e por outra parte enormemente reprimida) necessidades instintivas.

A estrutura da sociedade transforma-se por expansão e irradiação ideológica, inevitavelmente sadiana, pois o Estado modela um exercício de violência que pode ser diferentemente apontado nas medidas estratégicas e táticas de repreensão social. Seus operadores desenvolvem-se com instâncias contumazes de frustração e desânimo mortífero diante de uma população que se abastece voluptuosamente de atitudes acríticas, bem como de indolência, docilidade e submissão. A indiferença e a indolência são o fornecimento masoquista que se oferece para o espalhamento do cinismo do poder do Estado. Tudo parece resumir-se e concentrar-se, segundo a abordagem oficial da violência que nos sacode cotidianamente, em ajustes entre setores do crime organizado, mas sem deixar de apelar à veleidade ou contingência política. Nem sequer evocam-se nem retomam histórias de perseguições políticas, histórias de violenta eliminação de dirigentes de agrupações populares ou desaparecimento sangrento de perseguidos políticos.

A morte pode anexar-se a um impulso que gosta de retroagir a espécie humana à condição inorgânica, mas também se atribui aos poderes intolerantes da organização criminosa do Estado. A noção de "pulsão de morte" exige inventariar outros possíveis empregos. No princípio, Freud a propõe para situar uma instância subjetiva inerente ao ser, mas também como força trans-subjetiva que procura, além do domínio do prazer, uma repetição que faça função de ligação simbolizante, mas igualmente paradoxal, na medida em que possibilita a passagem a uma anulação do sujeito, a uma ausência da representação, para submergir na inércia silenciosa de uma submissão plena ao outro revestido de poder. Como o observa Žižek (1989/2012, p. 27):

Tomemos a noção freudiana de "pulsão de morte".

> Temos que abstrair, com certeza, o biologismo de Freud: a "pulsão de morte" não é um fato biológico, a não ser uma noção que indica que o aparelho psíquico está subordinado a um automatismo de repetição cega além da procura de prazer, da autoconservação da conformidade do homem com seu meio.

Nada mais mortífero que a conformidade, que o conformismo, que o grito de protesto e crítica afogado pelo medo ou borrado pelo horror. Nada mais mortífero que o repetitivo de um ciclo adaptativo. Entretanto o impulso, erótico ou mortífero, não necessariamente deveria reduzir o ser humano à biologia, a organismo, pois trata-se fundamentalmente de demanda de surgimento de palavras que abram o desejo no campo da ação libertadora.

Se a violência, no plano explicativo, remonta-se predominante e exclusivamente aos extravios da pulsão de morte, pode não ser um artifício ideológico. Faz obtusa ou opaca um olhar que situe criticamente o estatuto subjetivo originário ao que empurra sua arremetida brutal. Esse é o estatuto da vulnerabilidade:

Negamos a existência de um instinto violento originário, tanto em nome das pulsões como de uma teoria sexual, mas porque a violência, originária ou não, é o efeito de uma relação com o outro, mais que fundadora de tal relação. A violência não está na origem, a não ser na relação recorrente com a origem, o que concerne a sua distribuição e ao fato de que de todas as maneiras este mal distribuída. (SIBONY, 1998, p. 41)

Como efeito de uma relação com o outro, a violência remete então ao modelo originário de relação com o outro que estabeleceu o capitalismo, um modelo de intercâmbio mercantil no que se assinala como as pessoas sustentam sua atividade em "seus interesses egoístas", cada qual procedendo "como um bem utilitário" (Žižek, 1989/2012, p. 52). O que acontece com a violência, acontece com as riquezas: mal repartida. E esse mal repartido, essa distribuição inadequada das riquezas, encontra-se na origem de toda a violência.

Agências políticas do sadismo

A violência possui sempre uma potência e um alcance desmesurado, um poder *plus*. Pode ser instrumento e garantia de sustentação de repreensão, mas também exige excesso na medida em que se transforma no recurso preponderante do ódio. Não é que o amor não comprometa um caudal de violência. De fato, em nome do amor, podem racionar ou racionalizar tempestades virulentas de violência. Múltiplas formas de castigo derivam de um veemente amor dirigido para a algo tão abstrato-ideológico como a disciplina, ou bem para Deus, para a pátria, mas também para algo tão concreto como os lucros do mercado competitivo. Entretanto logo que se ingressa no turbilhão do ódio, a violência, por mais organizada que posso estar, faz que o sujeito perca na força de sua tortura, na potência de seu prazer, potência diante da qual o sujeito se mostra impotente. O amor se perde inelutavelmente no turbilhão do prazer da violência.

O mestre se perde inelutavelmente no turbilhão do gozo da violência. O sujeito é levado por um vendaval no qual o único que o detecta e o afiança é a sensação de voluptuosidade emanada da opressão do outro, a qual o faz participar dos laços de solidariedade e fraternidade, e isso se transforma em vil instrumento para a expansão narcisista do Eu e também para eleger um outro que ocupa uma suposta autoridade e uma presunçosa onipotência. Essa violência pela violência reproduz a exploração do homem pelo homem na qual pode extrair, na função de seu exercício coativo, a fascinante "mais valia", o excedente substancioso, de ver reduzido ao outro a coisa produtora de bens mercantis.

A exaltação do Eu do amo capitalista na função da degradação e vexação do sujeito é correlativo do êxtase vigorizante da exploração, do consumo e consumação da força de produção dele. A sociedade industrial, forjada na exploração laboral nos limites da condição humana, semeou os fundamentos ímpios da violência anti-sujeito, pois trata-se inegavelmente de uma violência sadiana feita de retalhos e sangramento musculares e cutâneos do corpo do outro. Como já tinha indicado, a violência sadiana, tão imperante e imperiosa nesses momentos, faz do medo e além, do horror, estímulos e nutrientes do prazer. Essa violência sadiana radica na força, no domínio que exerce de maneira sofisticada e até solene contra o outro reduzido à quinquilharia, porém sobretudo a grito de dor e sofrimento. Não basta então fomentar o medo e o horror. Nessa forma de violência, se trata de viver e se alimentar do medo e do horror. É uma forma de violência que assim se sistematiza, faz-se sistema, sistema de governo e de exercício a todo custo do poder.

A violência sádica sistematizada aparece num dos princípios do "suposto praticante" o *vorgebliche Praktiker* que Kant (2012, p. 41) expõe no seu texto "A Paz Perpétua". Esses princípios modelam-se no seu rigor prático como máximas e exortações que orientam astutamente um plano político injetado de violência. Não se explicita o lucro do prazer que se extrai de sua aplicação. Não se adverte, por exemplo, o benefício prazeiroso que se obtém da primeira máxima que dita: *primeiro há que atuar e logo desculpar-se*. Trata-se de surpreender apoderando-se dos direitos sobre tal o qual território, mas o que se impoe de imediato é a expropriação dos Direitos Humanos. Primeiro se atua e logo se justifica essa violência. Sempre se darão a posteriori as razões dessa ação violenta.

Trata-se, então, nos términos de Wieviorka (2005), de uma violência de hipersujeito que se ergue saturada de motivações que a explicam e determinam. No campo laboral, é uma máxima recorrente para antecipar-se a qualquer movimento sindical, restringindo direitos e logo dando razões da imposição. No âmbito político, é a manobra conhecida como "madruguete"[42], tática de truculenta aplicação nas recentes reformas postas na ação pelo atual regime político no México.

A segunda máxima deleita-se na *negação* e *exoneração do mal atribuindo aos outros*: não é o Estado ou a empresa o que falha, não é a corrupção sistêmica de seus intrincados negócios, a não ser o crime organizado ou as forças do mal no ser humano. O fato de que a culpa seja o outro, identificado como inimigo do Estado sobre o qual devem se dirigir as forças repressivas encoraja e promove uma satisfação sadiana. Por último, a sentença de *divide* e *impera* sacia seu prazer na suscitação de um conflito entre os que conformam uma frente de oposição a um regime arbitrário. Ver os adversários brigarem entre si, mas sobretudo ser o autor e criador desse cenário de violência, auspicia um engrandecimento narcisista voluptuoso neste político prodigioso.

Deleuze (1969) tem razão ao expor que em Sade existe um fundo pensamento político, porém "organizado como provocação contra toda tentativa contratual e legalista de pensar a política" (p. 72). O sadismo na prática política se organiza como provocação invisível e invencível. Uma das apostas consiste em induzir e provocar que os opositores políticos enfrentam-se e confrontam-se entre eles. É a indução de uma violência que pode resultar rentável, capitalizável. Aposta-se que os iguais de base fraterna, em sua condição de oprimidos, brigam entre eles, que esgotem suas forças de rebelião competindo e fazendo a guerra entre eles. Foi o que já observou Fanon (1961/2001, p. 48) no seu momento:

> Ao nível dos indivíduos, assistimos uma verdadeira negação do bom sentido. Enquanto que o colono ou o policial podem, diariamente, bater no colonizado, insultá-lo, pô-lo de joelhos, se verá o colonizado tirar sua faca ao menor olhar hostil ou agressivo

---

[42] Madruguete: "Na política, antecipação astuta dos movimentos ou decisões de um oponente para ganhar a dianteira" (Academia Mexicana da Língua, 2010, p. 341).

de outro colonizado. Porque o último recurso do colonizado é defender sua personalidade frente a seu igual. As lutas tribais não fazem a não ser perpetuar os velhos rancores arraigados na memória. Ao lançar-se com todas suas forças na sua vingança, o colonizado trata de convencer do que o colonialismo não existe, que tudo continua como antes, que a história continua... como se inundasse no sangue fraterna permitisse não ver o obstáculo, diferir até mais tarde a opção inevitável que termina na luta armada contra o colonialismo.

Objetiva-se uma espécie de ilusão transferencial, pois se desvia a luta contra o Grande Pai opressor em direção ao filho com o que se apresenta um evidente, mas sutil, "narcisismo das pequenas diferenças" que predispõe à intolerância (FREUD, 1921/1999). Observa-se assim uma anulação retroativa da memória como autoengano defensivo que se vira contra o que deveria ser aliado na luta contra o amo opressor. A diferença entre o mito e a horda primordial, temos uma guerra de desgaste da fraternidade e da confiança no companheiro com o que há identificação compreensiva. Mas o mais-gozar recompensa a este "suposto praticante" que pôs em ação sua máxima, seu imperativo poderoso e de poder, fazendo que se anulem e cancelem as forças de oposição, as forças que se amarram como laços comprometidos de fraternidade e camaradagem, forças de emancipação de base fraterna contra um tirano, forças anuladas, incluso antes que outro tirano surja delas mesmas para repetir essa trágica história da idealização do *Urvater*.

A ilusão transferencial é engendro da vontade sadiana do suposto prático kantiano no seu afã máximo do controle e domínio político. Lacan (1961/2004) esclarece, como interpretação, a intervenção de Sócrates dizendo a Alcibíades que o discurso amoroso "que ia enroscando ao redor dele" na verdade tem como destinatário o seu estimadíssimo Agatón (p. 186). A luta contra o tirano, contra a reencarnação política do *Urvater* autoritário, é algo que se enrosca ao redor dos identificados com a sujeitação e a submissão prazeirosa de dito tirano. As máximas de vontade sadiana minam toda a comunidade de oposição ao poder despótico e a sua ordem utilitária e competitiva. O que se procura é debilitar a quem se identifica como inimigo do Estado. Toda uma perspectiva paranoica se desenha e reedita para que se gere um ambiente de enorme suspicácia entre os companheiros e companheiras de luta, para fazer sucumbir masoquistamente à indolência.

Sob uma orientação paranoica da política ditatorial, a violência sempre parece justificada. Ou seja, como no caso de Ayotzinapa, a violência desprendida dessa visão paranoica estabelece-se no que todo ataque resulta sempre ser autorizado como necessariamente preventivo (ZOJA, 2013). Para prevenir a expansão do mal, desse terrível mal identificado com o comunismo, com a luta popular, a vontade sadiana semeada pelo poder econômico e político-social do capitalista não poupará nenhuma medida de dissuasão e intimidação, nenhuma aliança nem pacto com uma barbárie como a que o crime organizado é capaz de gerar e desencadear.

A violação dos laços fraternos, auspiciado por uma política criminosa do Estado ou por uma política do crime organizado cooptado pelo Estado, contrasta com o movimento cidadão com ocasião do terremoto de 1985 na Cidade do México. Apareceu nessas circunstâncias o que Krauze (2015, p. 7) denomina "o milagre da fraternidade" e Hernández Navarro (2015, p. 16) a "epopeia cívica". Nesse momento, o governo também não soube o que fazer e o que tentou fazer foi bastante desatinado. A carência de sentido dessa catástrofe da natureza, para dizer nos términos de Heidegger (1974), exibiu por sua vez carências e indolências da autoridade.

A catástrofe da impressão de um acontecimento violento na medida em que "ultrapassa o alcance de sua compreensão ou o mesmo transbordá-lo" (HEIDEGGER, 1974, p. 343). A melhor maneira de tentar compreendê-lo é mediante laços de compreensão de identidade, laços que se amarraram e fortaleceram precisamente numa situação como o terremoto de 1985, que denotava a vulnerabilidade e inermidade dos seres humanos, mas também a fragilidade do Estado. A heroicidade, que Freud reservava para aquele que empreendia de maneira decidida e individual a liquidação da autoridade despótica do *Urvater*, foi nesse caso coletivo cidadão fraterno que organizou um labor infatigável de brigada de salvamento e auxílio a danificados. É o mesmo tipo de coletivo que agora pode sacudir sua consciência e a consciência dos indolentes, a inércia masoquista da indiferença civil, diante dos embates dessa nova catástrofe, deste terremoto social consistente nas políticas mercantilistas do Estado, o crime organizado e seu consórcio perverso, que arruína e devasta povoados.

Esse terremoto social gera as maiores condições de horror, pois não é algo que ocorra eventualmente. Não ocorre por um movimento pontual das camadas tectônicas, a não ser o constante movimento protecionista-armamentista de capitais e mercadorias, pelos interesses vorazes, pela busca insaciável de estender o mercado e expandir ou reciclar os rendimentos. Ao contrário da carência de sentido da catástrofe natural, o que enfrenta hoje o povoado civil, nesta urgência solidária e fraterna, é uma catástrofe repleta de sentido, a catástrofe dos seres humanos convertidos em elos descartáveis de maquinaria criminosa dos interesses financeiros do mercado globalizado. É a mesma maquinaria que desde o poder do Estado declara e aposta por um estado de guerra total "onde não pode haver fraternização" (BERLIN, 2005, p. 44).

Referências

ACADEMIA MEXICANA DE LA LENGUA . *Diccionario de mexicanismos*. México: Siglo XXI, 2010.

BALIBAR, E. Violence: idéalité et cruauté. In: HÉRITIER, F. *De la violence*. París: Odile Jacob, 1996.

BERLIN, I. Prefacio. In: SOREL, G. *Reflexiones sobre la violencia*. Madrid: Alianza, 2005.

CAVARERO, A. *Horrorismo. Nombrando la violencia contemporánea*. Barcelona: Anthropos-UAM, 2009.

DELEUZE, G. *Sacher Masoch y Sade*. Córdoba: Editorial Universitaria de Córdoba, 1969.

ECO, U. *Número Cero*. México: Lumen, 2015.

ENGELS, F. *El origen de la familia, la propiedad privada y el Estado*. Moscú: Progreso, 1884a/1976.

ENGELS, F. *El papel de la violencia en la historia*. Moscú: Progreso, 1884b/1976.

FANON, F. *Los condenados de la tierra*. México: FCE, 1961/2001.

FREUD, F. *Totem und Tabu. Gesammelte Werke IX*. Frankfurt am Main: Fischer, 1913/1999.

_____. *Massenpsychologie und Ich-Analyse. Gesammelte Werke XIII*. Frankfurt am Main: Fischer, 1921/1999.

_____. *Der Mann Moses und die monotheistische Religion. Gesammelte Werke XVI*. Frankfurt am Main: Fischer, 1939/1999.

HEIDEGGER, M. *El ser y el tiempo*. México: FCE, 1974.

HÉRITIER, F. *De la violence*. París: Odile Jacob, 1996.

HERNÁNDEZ NAVARRO, L. Jesús Villaseca y los sismos de 1985. *La Jornada*. 15 de septiembre 2015.

KANT, I. *Zum ewigen Frieden*. Stuttgart: Reclam, 2012.

KRAUZE, E. ¿Dónde está la sociedad civil? *Provincia*. 13 septiembre, 2015.

LACAN, J. *Las formaciones del inconsciente*. Buenos Aires: Paidós, 1958/1999.

_____. *La ética del psicoanálisis*. Buenos Aires: Paidós, 1960/1990.

_____. *La transferencia*. Buenos Aires: Paidós, 1961/2004.

MARCUSE, H. *La Agresividad en la sociedad industrial avanzada*. Madrid: Alianza, 1984.

SIBONY, D. *Violence. Traversées*. París: Seuilm, 1998.

SOFSKY, W. *Traité de la violence*. París: Gallimard, 1998.

SOREL, G. *Reflexiones sobre la violencia*. Madrid: Alianza, 2005.

TORT, M. *El psicoanálisis en el materialismo histórico*. Monterrey: Cuadernos de Salud Mental, UANL, Psicología, 1979.

WIEVIORKA, M. *La violence*. Barcelona: Hachette, 2005

ŽIŽEK, S. *El sublime objeto de la ideología*. México: Siglo XXI, 1989/2012.

ZOJA, L. *Paranoia. La locura que hace la historia*. México: FCE, 2013.

9

ESTADO, POLÍTICA E JUSTIÇA: REFLEXÕES ÉTICAS E EPISTEMOLÓGICAS SOBRE DIREITOS, RESPONSABILIDADES E VIOLÊNCIA INSTITUCIONAL

Christian Ingo Lenz Dunker (Brasil)

Maioridade e minoridade da razão

O recente debate sobre a redução da maioridade penal levanta uma pergunta pouco confortável para psicólogos e psicanalistas: em qual idade, e sob quais circunstâncias, pode-se atribuir a alguém plena responsabilidade sobre seus atos? Pergunta que força uma fronteira entre o educativo e o jurídico. No Brasil, o menor de 18 anos não comete um crime, mas uma infração. Ele recebe uma medida "socioeducativa", não uma pena. Ele não é privado de sua liberdade, mas internado ou tutelado pelo Estado. Também para o maior de 18 anos a prisão não é instrumento de punição, mas de reeducação e reintegração social. Isso mostra que a linha divisória entre o educativo e o judiciário, entre crianças e adultos, entre os imputáveis e os inimputáveis, deveria ser pensada mais como um litoral, com contornos móveis, do que como uma fronteira fixa.

Nesse litoral há momentos em que a maré está alta para adolescentes criminosos. Eles perpetuam crimes de atroz barbaridade, que convidam a uma emancipação automática, pelo engenho e astúcia mórbida. Crimes cruéis são próprios dos adultos, logo devem ser julgado pela lei dos adultos. Atos que envolvem prazer sádico, desconsideração pelo outro, motivo torpe ou fútil, deveriam ser considerados ainda mais graves, logo mais adultos.

O caso máximo desta série ocorre quando estamos diante de alguém que sabe o que está fazendo, que goza com o que está fazendo e ademais instrumentaliza a lei em seu favor. Ser capaz de "jogar com a lei" praticando atos ilícitos dias antes de alcançar a maioridade é a evidência maior de que esta pessoa interiorizou a lei tão bem quanto qualquer outro adulto "esperto" e "esclarecido". O paradoxo aqui é que esse modelo de adulto cruel, esperto e mal intencionado é apenas uma forma de contra ideal do que supomos ser a infância. Mas novas. Crianças são cruéis, espertas e mal intencionadas. Basta dar-lhes os meios, a ocasião e as circunstâncias que elas rapidamente exercem sua tirania, seu sadismo e sua capacidade de transgredir a lei. Freud continua correto ao advogar que recalcamos nossa infância. E o que sobra desse recalque é uma imagem falsa do que deveria ser uma criança.

Primitivamente o tema da minoridade não é educativo, psicológico ou jurídico, mas filosófico. No século XVIII, Kant veio a definir a maioridade como uso livre da razão no espaço público, introduzindo o conceito de autonomia, em oposição com a minoridade da infância, na qual somos tutelados, pela família e pelo Estado. Desde então autonomia associa-se com um percurso de individuação, envolvendo competências morais, discursivas e cognitivas convergentes com o processo de incorporação da lei. Geralmente, entendemos que esse processo se conclui quando o sujeito é capaz de seguir a lei porque ela adquiriu um sentido impessoal e necessário, não porque estamos coagidos pelo medo ou pelo desejo, orientados por inclinações ou interesses, movidos por exemplos e normas, mas porque livremente escolhemos nos submeter à lei.

Daí que autonomia carregue consigo o sentido da autoridade, como se fôssemos todos autores da lei. Essa é a teoria moral do dever, que encontrou seu correlato psicológico em Piaget e Kohlberg e seu equivalente sociológico em Habermas e Rawls. Ser autônomo é ser capaz de se reconhecer nas leis que nos governam e se fazer reconhecer perante elas, inclusive de modo a aplicar, questionar ou transgredi-las. A psicanálise acrescentou um importante adendo a essa concepção ao notar que nossa relação com a lei é homóloga à relação que temos com o desejo.

Postular a redução da maioridade penal deveria basear-se em uma concepção de responsabilidade e autonomia. Esta depende de como, para um determinado sujeito, combinam-se suas condições para agir, saber e posicionar-se diante do prazer. Contudo o litoral entre saber e gozo é um mar revolto durante adolescência. Em uma semana o sujeito dá mostras do mais elevado pensamento lógico formal e reflexivo, para na situação seguinte agir por princípios de flagrante heteronomia irreflexiva ou mera impulsividade.

A capacidade de contrapor casos e regras, de definir exceções e generalizações, de criar e negociar a lei, pela qual os laços com o outro organizam-se, dão forma ao saber que chamamos de responsabilidade. A terrível travessia adolescente é ainda mais perigosa porque além de princípios, o sujeito é convocado a dar provas de maioridade, ou seja, a produzir atos. Atos de reconhecimento e bravura, testes de desafio e incerteza, obediência e fé em um líder humano, inumano ou extra-humano, ao qual supomos autoridade, fazem parte da lógica do acesso à maioridade.

O domínio do corpo, das emoções e dos prazeres, de seus usos e abusos, compõe o terceiro ângulo de verificação da responsabilidade. A antiga noção de caráter nada mais era do que esta amálgama entre experiências corporais, geralmente decorrentes do mundo do trabalho, experiências de saber, criadas pelos dispositivos de educação moral e as experiências de teste, prova ou qualificação, chamadas pelos antropólogos de rituais de passagem.

Diante da dúvida de imputabilidade devemos investigar cada um desses ângulos que definem a posição de um sujeito. A forma como a lei de seu desejo se articula narrativa e discursivamente com o Outro social deveria definir o regime de retribuição, reparação ou de equilíbrio a que ele deve se submeter. É por isso que muitos países adotam um regime penal baseado no conceito de jovem adulto, no qual em cada caso decide-se a maioridade ou minoridade penal do infrator. No Brasil, curiosamente, essa ideia não pegou. Talvez porque isso incremente imaginariamente a excepcionalidade do infrator que instrumentaliza sua condição de menor para praticar crimes. Nos países que adotam uma estratégia mais gradualista para a decisão de imputabilidade, esta depende de uma junta formada por instâncias jurídicas, educativas, médicas e psicológicas. Distribui-se assim as determinações pelas quais a posição de autoridade se exerce na formação do caso social, antes da partição entre caso jurídico ou caso educacional. O que o sujeito diz sobre o que ele fez, o modo como ele se coloca diante de seu ato, define a diferença de seu destino penal ou educativo e indica o tipo de tratamento médico ou psicológico que ele receberá. Responder pelos atos é uma função de linguagem, que presume a existência de perguntas. Responder não é só pagar, mas também assumir e impor consequências.

O progresso rumo à subjetivação da lei do desejo varia conforme as conquistas de cada um na relação entre responsabilidade e autoridade. A adolescência introduz um adicional de inconstância entre saber, prazer e agir que dão forma indeterminada à responsabilidade de cada um em cada caso. Finalmente, cada cultura ou subcultura terá sua gramática particular de exigências que relacionam autoridade e responsabilidade. Dito isso, o verdadeiro problema não deveria estar em saber se 18 anos são um critério melhor que 16 ou 12. Há os de 12 respondem com autonomia de 18. Isso é um exemplo crasso da minoridade de nosso pensamento penal. Há os de 18 que situam-se subjetivamente como os de 10. Reduzir a maioridade penal como forma de impor medo e respeito aos jovens adultos é uma maneira de desconsiderar essa diferença.

A datação da maioridade penal leva-nos a uma falsa escolha. Ou enfatizamos a tendência universalista da lei, tornando mais pessoas iguais diante de uma fronteira comum mais inclusiva, ou escolhemos uma lei mais particularista, tornando sua aplicação regulada por litorais de transições, nos quais as exceções se tornarão a regra. Países de tradição protestante e onde vigoram formas jurídicas que incorporam melhor os usos e costumes, como Alemanha, Inglaterra, Estados Unidos e os países escandinavos, tendem a escolher os sistemas litorâneos, com início aos 12 ou 14 anos da responsabilidade penal juvenil. Países de tradição católica, onde a herança do direito romano e do código napoleônico é maior, como o Brasil, tendem a escolher os sistemas de fronteira, com idade penal de 18 anos. Ou seja, a responsabilidade, assim como no processo de construção da autonomia, nunca é um processo exclusivo do indivíduo, pois ela é correlata do tipo de responsabilização, tutelar ou majorizante, que o Estado e as demais instituições sociais atribuem a si mesmos. Pensar que a redução da maioridade penal exercerá um efeito de medo, suficiente para criar a autoridade que falta para impedir crimes, é apenas mais um exemplo da minoridade de nosso pensamento penal.

A forma como o debate sobre o assunto conduziu-se no Brasil desconsiderou esses argumentos mais elementares, substituindo-os por lógicas punitivas do tipo: *"se alguém tem responsabilidade para pegar em uma arma, deve ser responsável pelos seus efeitos"*. Ora, esse tipo de pensamento é ele mesmo minoritário, pois está claramente amparando em uma falácia particularista, afinal é justamente pelo pouco apreço e pela ponderação sobre o valor da vida que alguém pode pegar e usar uma arma como um brinquedo.

Mas este erro que é tomar o particular como universal liga-se a um segundo equívoco que reside no subtexto vingativo de quem se sabe protegido pela lei. Ou seja, se o enunciado da lei é falsamente kantiano, sua enunciação é verdadeiramente sadeana: para os filhos de ricos, que demoram maior tempo para "crescer", em meio a uma infância protegida e postergada, mantemos a leniência da justiça para quem pode pagar por ela. Para os filhos de pobres, que devem crescer mais rápido, em meio a uma meia educação para o trabalho, é preciso aplicar a lei mais cedo. Indiretamente, legitimamos a chacina de adolescentes pobres e negros, atualmente em curso na periferia das grandes metrópoles.

Conclusão: a aprovação da lei da redução da maioridade penal é mais um capítulo de nosso novo ressentimento social. Ela dá eco aos que clamam por mais prisões e menos escolas. Ela é mais uma lei feita por síndicos que pensam o País como um enorme condomínio.

Prisão para os vândalos juvenis?

Se há um consenso, para além de nossa época pós-ideológica e particularmente em nosso país e suas conhecidas taxas epidemiológicas, esse consenso tem um nome: *"violência não"*. Não há aspiração mais justa e indiscutível do que a paz. Se a paz universal entre os homens é o horizonte de conclusão da declaração dos direitos do homem, o que fazer com os vândalos?

Slavoj Žižek (2008), em seu livro *"Violência"*, aponta para os usos ideológicos da violência, particularmente sua função de basteamento ideológico universal, de mandamento pós-moderno, de consenso preliminar para qualquer debate possível, uma tentativa de desmontar a falsa pergunta representada pela interpelação: *você é a favor ou contra a violência?* A pergunta presta-se a representar como estamos poluídos por falsas alternativas. Se escolhemos que somos *a favor da violência* seremos imediatamente excluídos da conversa porque apoiamos todas as formas de barbárie, desigualdade e inumanidade. Contudo, se escolhemos a *não violência*, além da obviedade, o que exatamente estamos escolhendo?[43]

Em 1932, Albert Einstein foi convidado pela Sociedade das Nações (precursora da ONU) para iniciar uma conversa epistolar entre intelectuais sobre o sentido da violência e da guerra entre os homens. Einstein (1932/1997) escolhe Sigmund Freud como seu interlocutor e lhe envia uma carta persuasiva sobre como os homens deveriam se entender, pois o ódio e a violência não lhes seriam inatos. Freud (1932/1997) responde que isso lhe parecia altamente improvável e que a violência emanava de uma certo funcionamento da cultura, ou de uma incidência da cultura sobre a subjetividade, que seria muito difícil, senão impossível, de superar. De fato, quando se discute a atualidade da psicanálise, geralmente vem à baila que nossos costumes sexuais mudaram, para melhor, e que nossa civilização não é mais tão repressiva quanto na virada do século XIX centro-europeia. Raramente lembramos que a psicanálise não fala só do recalque de nossas pulsões sexuais, mas também de nossas tendências hostis. E a palavra "hostil" vem de hoste, ou seja, grupo ou bando, geralmente orientado para a consecução da violência, coletivamente instrumentalizada, como nas tribos de vândalos.

---

[43] "Apoia a proibição do vinho ou não? Se por vinho você entende a terrível bebida que arruinou milhares de famílias, fazendo dos homens destroços que batiam nas mulheres e esqueciam-se de seus filhos, então sou inteiramente favorável à proibição. Mas se por vinho você entende a nobre bebida de gosto maravilhoso, que torna cada refeição um enorme prazer, sou contra" (Žižek, 2008, p. 105).

O axioma da *violência não* assume um valor distinto quando é enunciado por quem dispõe de todos os meios para exercê-la de modo invisível e justificado, ou seja, pelas mãos do Estado, ou quando é enunciado por aqueles que não dispõem de outros meios que não a revolta contra a injustiça e a inequidade. Ou seja, de um lado há a violência que institui a lei, a violência que funda e mantém o Estado, com seus exércitos, polícias, regulamentos e sua força de lei. De outro lado, há a violência que transgride a lei, ou seja, o crime, a impunidade, a corrupção, a opressão. Se consideramos o universo fechado dessas duas alternativas, a pergunta adquire uma segunda formulação: *qual violência você prefere, a do Estado, ou a dos vândalos, que podem te atacar, roubar ou agredir?* Tornando, mais uma vez, a reposta óbvia e ineficaz.

Tentando romper esse círculo de ferro da falsa pergunta, Žižek recorre a uma tese retórica – *Gandhi foi mais violento que Hitler* – e a um conceito provocativo: *a violência divina.*

Lembremos rapidamente as teses de Benjamin sobre a violência divina, tal qual redefinidas por Axel Honneth (2009). A violência seria um pseudo tema no direito moderno, pois ela se autojustifica como a descontinuidade que dá origem ao Estado e ao exercício prerrogativo e exclusivo que ele tem de exercê-la. A violência é um tema que redefine a cada época a ação política, assegurando que a política não tem fim. A violência é um conceito ético que se divide entre aquele que faz a lei e aquele que a transgride, mas deixando de lado o estado anterior à lei. Esse é o estado de suspensão entre meios e fins, que permite falar em violência divina. A partir desse ponto de vista seria preciso entender como a formação da lei, ela mesma, é um momento patológico da constituição do sujeito. A lei serve à segurança, possui, portanto, origens egoístas, contudo algo nela permanece e deve permanecer indeterminado: seu contexto de aplicação, seu agente fundador, suas zonas de exclusão, seus limites internos e externos de exceção. Daí que o problema político seja, a cada vez, como decidimos qual violência deve ser sancionada e qual violência deve ser repudiada. Esse momento de decisão, na esfera pública e privada, é algo do qual o neurótico "*não quer saber*". Ele quer obedecer justamente "*para não saber-se na lei*". Essa indeterminação da relação entre meios e fins da violência pode ser produtiva ou improdutiva. Por exemplo, a polícia caracteriza-se pelo excesso de violência, porque ela lida com a contingência da lei, ela decide, a cada vez, quais são as circunstâncias que contam. A suposição de pureza da lei, ou seja, de que ela foi engendrada sem violência, justifica o sistema de complementação entre a violência mítica e a violência subjetiva. A partir daí, a violência não pode nunca ser justificada, porque ela seria *um meio para*. Por exemplo, a violência educativa, a violência usada para ensinar o proletariado a se comportar, a violência de gênero, a violência simbólica, são sempre meios pelos quais a palavra (lei) mata e substitui a coisa (a violência). E essa é a gramática fundamental do processo civilizatório. No entanto, o mesmo argumento pode ser usado para justificar a não-violência. Daí que, para Benjamin, a solução passe por uma terceira forma de violência: a violência divina, que não é um meio para nada, mas apenas um ato.

No fulcro da questão, passando agora para Žižek, está a pergunta sobre se no processo de transformação social a violência pode ser inteiramente suprimida. A pergunta análoga, para um psicanalista é : no processo de transformação que constitui um sujeito, a violência e a agressividade devem ou podem ser suprimidas? Mas agora é preciso dizer que sabemos que a civilização ou a educação que recalca todas as formas de hostilidades, que se orienta por um ideal absoluto e purificador de não-violência produz, ela mesma, formas mais perniciosas e modalidades mais ferozes de violência. Constatação óbvia: um ideal de não violência pode ser usado de forma violenta para oprimir o indivíduo. Agora a alternativa entre "paz ou violência" deixa de ser uma aposta como a de Pascal (se Deus não existe, não perdi nada em acreditar nele, mas se Deus existe, então ganhei tudo, logo, devo apostar que Deus existe, como devo aposta na paz, e não na violência, porque assim não perco nada).

A operação de Žižek, que já se anunciava em outros momentos de sua obra, não é pela pacificação nem pela "violentização" da sociedade, mas pela desativação da retórica da violência, e pelo seu uso mais advertido na análise de eventos sociais.

[...] a rejeição de uma falsa violência e chegamos à aceitação da violência emancipatória. Começamos pela hipocrisia daqueles que combatendo a violência subjetiva, se servem da violência sistêmica que engendra precisamente os fenômenos que detestam. Situamos a causa definitiva da violência no medo do Próximo[44] e mostramos como este se fundava na violência inerente à própria linguagem, que é justamente o meio de superar a violência direta (Žižek, 2008, p. 161).

Não é suficiente dizer que o comunismo falhou porque fez uso da violência, ou que o stalinismo está equivocado porque usou meios errados, como o extermínio de populações e adversários políticos. Não é suficiente a contagem obscena de vítimas para decretar quem está errado, ou pelo menos quem está mais errado. Seria o mesmo que argumentar que um stalinismo sem violência seria tolerável, ou que a lógica do preconceito e da segregação pode ser perpetuada, desde que seus adeptos mantenham-se em paz e com tolerância.

Gandhi foi mais violento que Hitler, porque o Mahatma conseguiu engendrar a violência divina, ao passo que o *Führer* manteve-se na violência mítica, que é aquela coextensiva ao Estado, aos seus aparelhos ideológicos. O argumento de Žižek, apoiado nas categorias de Walter Benjamin, é de que ao fecharmos a unidade social, em torno desse *Um* formado pelos que usam a violência para criar o Estado e suas leis e os que usam a violência para transgredir a lei e violar os fins do Estado, estamos deixando algo a mais passar e também deixando uma falta ser recoberta por uma significação que não é a sua.

A violência divina não é a transgressão das leis movida pelos sistemas de interesses privados, que no fundo apenas advogam a instauração de outras leis, mas a violência que estaria fora dessa gramática que divide o mundo entre os que tem e os que não tem (acesso aos meios legítimos de violência). A violência que não é "em nome de" justiça, de paz, de democracia, de Estado não pode ser reconhecida à priori, e também a posteriori ela facilmente reduz-se a uma das duas outras categorias: a violência mítica ou a violência criminosa.

---

[44] E o "Próximo" é definido como "alguém que cheira". (Žižek, 2008, p.132). Também "O que resiste à universalidade é a dimensão inhumana do Próximo" (p. 56). Também "o Próximo está sempre, por definição "perto demais" (p. 48).

Em termos psicanalíticos, a violência da *passagem ao ato* e a violência do *acting out* distinguem-se por que a primeira é trágica e refunda coordenadas simbólicas pela equiparação do sujeito à condição de *objeto a*, enquanto a segunda violência é cômica e representa uma encenação que o sujeito faz de sua própria fantasia inconsciente, atacando o Outro, que se encarna no semelhante, ou o próximo com quem o sujeito se identifica sem saber. Por isso, o vândalo adquire sempre a figura de nosso vizinho, no entanto estrangeiro e bárbaro violento. Foi o que senti quando vi meus alunos, e até mesmo meus pacientes, quando foram chamados de vândalos, simplesmente porque se manifestavam andando pelas ruas de São Paulo.

Essa violência divina, ou violência real, é rara e difícil de manter. Ela nos escapa porque estamos demasiadamente aderidos a certas imagens prototípicas do que é a violência ilegítima e de qual é a sua narrativa padrão, ou seja, nós sabemos demasiadamente bem reverter vítimas em capital ainda não usado de violência legítima. Ora essa recusa a pensar experiências que conteriam um potencial produtivo de indeterminação, ainda que violentas, nos fixa em certa contabilidade imaginária. A guerra mais violenta do século passado não foi nem a de Hitler, nem a Stálin, nem a Revolução Cultural de Mao Tsé Tung, mas o extermínio político de quatro milhões de congoleses, na República Democrática do Congo, por violência política (Žižek, 2008).

Nesta narrativa acerca de quem é o dono da significação da violência, o significante *vândalo* aparece sempre no ponto de torção, destacado por Mauro Iasi no epílogo:

> A dissecação do real produz de um lado, 'cidadãos' que exatamente pelo sucesso do atual governo seriam levados a pedir mais e de outro, 'vândalos' e 'baderneiros' que, ao lançar mão da violência contra pessoas e patrimônio público e privado, podem e devem ser contidos pela força. (IASI, 2008, p. 173).

Lembremos que os vândalos eram bárbaros germânicos que chegam ao Norte da África no século V d.C. fundando um Estado onde antes havia a cidade de Cartago. Em 2 de junho de 455 (sempre junho!) eles saqueiam Roma, destruindo inúmeras obras de arte. *Vândalo* quer dizer andarilho, errante (do alemão *wandeln*), sem casa, sem destino. A palavra vandalismo foi introduzida por um bispo francês, em 1794, para denunciar a violação do patrimônio artístico cultural, promovida pela Revolução Francesa no contexto de seu ódio ao passado.

Para aqueles que querem ver em Slavoj Žižek o rei moderno dos vândalos (aliás, a Eslovênia bem poderia ser a terra natal dessa tribo germânica), nada mais decepcionante do que encontrar em seu livro, de forma nominal, no começo e no fim, uma única atitude : "Há situações em que a única coisa realmente 'prática' a fazer é resistir a tentação da ação imediata, para 'esperar e ver' por meio de uma análise crítica e paciente" (Žižek, 2008, p. 21).

Ou melhor: "[...]o problema dos monstros históricos que massacraram milhões de seres humanos foi não terem sido suficientemente violentos. Por vezes, não fazer nada é a coisa mais violenta que temos que fazer" (Žižek, 2008, p. 169).

A questão levantada por Iasi, de que Žižek flerta com a possibilidade de que a ideologia possa a vir a produzir o real, permite lembrar que em Žižek a ideologia não é apenas discurso, mas prática social concreta, crença e sustentação continuada das leis cotidianas, tacitamente indiscutidas e aceitas. O ato de resistência deve ser um *ato suspensivo de eficácia simbólica* e não um ato reativo.

> A ameaça hoje não é a passividade, mas a pseudo atividade, a premência de 'sermos ativos' de 'participarmos' de mascararmos o nada que nos move. As pessoas intervêm a todo momento sempre 'fazendo alguma coisa'; os universitários participam de debates sem sentido e assim por diante." O que é realmente difícil é darmos um passo atrás e nos abstermos (Žižek, 2008, p. 169).

Ou melhor : "Eis que eu significa *acheronta movebu* como prática da crítica da ideologia: não mudar diretamente o texto explícito da lei, mas antes intervir sobre seu suplemento virtual obsceno" (Žižek, 2008, p. 135).

Esse suplemento é composto, por exemplo, pelo gesto que é feito para ser recusado; como quem diz "*nem precisa pedir desculpas*", mas que só pode dizê-lo depois que o próximo pediu desculpas. Primeiro é preciso que ato tenha sido reconhecido, em seguida, desculpado, para que daí as desculpas possam ser recusadas. Se dissermos de saída: *nem preciso pedir desculpas, porque ele sabe que não foi de propósito,* estamos incorrendo em violência. É a nossa cordialidade, que nos coloca diante de um estado de suposta indulgência dos poderosos diante de seu opcional e excepcional, não exercício da força. Ele está defendendo o fulcro a-ético de toda ética.

De fato, vândalos, depois de vagarem por toda a Europa, instalaram-se no Norte da África, na região de Cartago, e de lá enfrentaram o Império Romano, chegando por duas vezes a conquistar uma vantagem militar substancial. No entanto, na batalha de Tricamaro (533 d.C), Tzazo, irmão do chefe vândalo, tombou em plena batalha. Diante da queda de um de seus mais respeitados guerreiros, os vândalos retiraram-se, suspendendo a iminente vitória militar, em prol da deferência ética a um de seus líderes. Uma suspensão ética da lei da guerra semelhante ao que Žižek, Honneth e Benjamin chamam de violência divina. Suspensão que os romanos não conseguiram reconhecer, o que permitiu ao general romano Belisário avançar, impiedosamente, sobre Hipona e conquistar os vândalos. Para os romanos, assim como para nós, vale a máxima de que o que não queremos saber ou assumir é que a cada momento estamos estabelecendo ou tolerando ativamente, qual tipo de sofrimento e de violência deve ser punido e qual tipo deve ser enaltecido:

> A questão aqui é: será que toda ética precisa assentar numa postura de negação fetichista do semelhante? Não será até mesmo ética a mais universal obrigada a traçar uma linha de exclusão de certos modos de sofrimento? [...] Sei, mas recuso a assumir inteiramente as consequências deste saber, pelo que posso continuar a agir como se não soubesse (Žižek, 2008, p. 43).

A nossa violência é diferente, pois nos entendemos em uma era pós-ideológica, somos convidados a gozar e a aproveitar a vida, como se o problema ético estivesse resolvido pela moral da tolerância, pela assepsia sexual, por exemplo, o movimento da Masturbatona (Žižek,

2008, p. 37-38), pelo direito a "não ser assediado" (p. 46) e pela escolha não forçada do axioma da "violência não". Depois disso tudo, se voltarmos a perguntar se escolho a violência ou a paz, só posso dizer: *somos todos vândalos*.

"Educação e cultura como luxo para todos, em vez de mais gente nos esgotos das prisões"

Essa frase dita por José Miguel Wisnik, na Feira Literária de Parati, em 2015, reflete e sintetiza o problema aqui discutido sobre a maioridade como processo de conquista da autonomia em contraste com a retórica do uso da violência (carcerária) para restringir a violência, tornando invisível e potencializando a violência já praticada pelo Estado.

Quando 87% da população aprova a redução da maioridade penal, temos um acontecimento que nos envergonha. Um dado que não deve ser dito. No entanto nossa miséria cultural avança desavergonhada. Pensemos nos cinemas com públicos decrescentes, os editores em crise crônica, o teatro somente para os excêntricos, as artes visuais convertidas em mercadorias. O Brasil profundo renunciou até mesmo ao luxo de possuir livrarias. Entretanto 87% das pessoas estão dispostas a ver medidas concretas e reais que se pode colocar em termos de *punições exemplares* de marginais que *devem sofrer e ser punidos* como merecem aqui e agora e não nos processos abstratos e genéricos como *educação e cultura*. Esta lei pirotécnica é fácil de aceitar. Ela convence-nos de que *"pelo menos algo está sendo feito"*. Em sua simplicidade, ela não quer saber de nada que dure mais do que três meses. Ela desconfia de tudo que seja institucional, complexo e coletivo demais para ser feito junto. Ela atribui uma força indubitável ao que *"todo mundo pensa"*. Ora, essa maneira de pensar como a maioria é simplesmente legitimar o preconceito. É assim que *"todo mundo pensa"*, por preconceitos, estereótipos, regras morais. Luxo é pensar que *"cada um é cada um"* e fazer valer isso para coisas que a gente ainda não sabe, nem quanto ao que quer, nem quanto a como pensar.

Não basta dizer que a redução da maioridade penal não trará a purificação pela água e que vingança não é justiça. É inócuo lembrar que isso significará sancionar juridicamente o cataclisma que cai, ainda que em elipse, sobre os jovens negros de periferia que são abatidos diariamente em cifras de guerra civil, piores que Gaza e Afeganistão. Tornou-se tolo dizer que nós já somos a quarta potência mundial em termos de encarceramento, e nem por isso nossa criminalidade diminuiu. E que é preciso tornar nossa polícia menos violenta antes de criar mais leis para legitimar a exclusão e aliciar o linchamento. Voltamos à teoria do caráter, hegemônica nos anos 1950. O caráter do bandido não se concerta, a única linguagem que ele entende é a da violência, o único limite que ele pode ter é a bala. E assim, localizando-o como violento, tratando-o como perigoso, privando-o do luxo da educação e da cultura, cortando-lhe a palavra, o que encontramos como resposta é violência, criminalidade e desajuste. Em nossa profecia autorrealizadora, agimos como ridículos romanos erguendo paliçadas contra os bárbaros.

O que não pode ser dito é que os 13% podem estar com a verdade. Uma verdade debilitada, que pode, inclusive, perder para qualquer critério de eficácia pragmática, uma vez que já se mostrou que um criminoso na prisão custa mais, ao Estado do que um professor na escola. Uma verdade que pode ser derrotada em votações, mas nem por isso será menos democrática. A verdade de nossa ilusão está clara: *"maioridade penal para o filho dos outros"*. Sociólogos já nos disseram, há muito tempo, que no Brasil os filhos das classes elevadas são mantidos em soberana infantilização protetora, enquanto aos filhos das classes baixas tem que começar a vida mais cedo, sem brincar, sem educar, direto para o trabalho ou para o crime. Falar em idade mental, nesse contexto, é um crime cínico de classe. E de embrulho perdeu-se o conceito mesmo de escola, quando dizemos que essa nova prisão será a escola desses novos bandidos mirins. É que a escola é cara, o salário de professores qualificados mais ainda. Oitenta e sete por cento das pessoas e 1% dos políticos oportunistas estão dizendo que preferem a barbárie das prisões do que o luxo da escola.

Ficou claro que os 13% que são contra a redução da maioridade penal para 16 anos estavam majoritariamente presentes. Eles são nossa elite intelectual, impotente e culpada. E isso não equivale a dizer que eles são nossa elite econômica ou moral. No entanto, esses 13% precisam sair de sua vergonha para declarar e assumir, ainda que contra o preconceito da maioria, que mais além da maioridade ou minoridade penal ainda existe a maioria da razão.

É preciso suspender o discurso de que nosso mal-estar pode ser nomeado, e pode ser facilmente nomeado na forma da violência. Ademais, essa nomeação é ela mesma violenta, como se vê nas coberturas jornalísticas e na cosmética da violência habitualmente chamada de sensacionalista de tal forma que a violência do discurso sobre a ascensão da violência torna-se imperceptível. E a violência, como nome para nosso mal-estar, começa a captar para si, de modo convergente, todas as nossas narrativas de sofrimento.

1. Se nos sentimos inseguros, é porque há um objeto intrusivo entre nós, potencialmente violento, e, portanto, fica justificada nossa atitude violentamente "preventiva" contra negros, nordestinos, homossexuais e todos esses outros que vem lá de "fora" de nossa antes harmoniosa cidade para alterar nossa ordem social;

2. Se nos sentimos inseguros, é porque alguém está violando o pacto que havíamos estabelecido, e, portanto, fica justificada nossa atitude violentamente repressiva contra corruptos, manipuladores e desobedientes que não estão seguindo nossas leis, nem respeitando a divisão "natural" entre quem tem o poder e quem sofre o poder, quem tem os meios e quem só padece dos efeitos do poder;

3. Se nos sentimos inseguros, é porque alguém coloca em risco um fragmento de nossa felicidade, nossos filhos, nossa moral, nosso modo de vida, o que justifica nossa atitude violenta que cria inimigos para aumentar a força de coesão e de identidade entre "nós";

4. Se nos sentimos inseguros, é porque há uma generalizada anomia, falta de autoridade ou dispersão de nosso "espírito" que precisa ser resgatada por uma espécie de retorno às origens e de restabelecimento da ordem, portanto, a violência deve ser mobilizada para restaurar a paz.

Vemos assim como a nomeação maciça do mal-estar, como "a-violência", cria facilmente mais violência. Vemos assim como a nomeação do real de modo unívoco leva-nos de volta ao pior. Podemos agora sintetizar o que fica excluído por essa função pluriunívoca de "a-violência" como nomeação do mal-estar:

1. A ausência de tematização direta da violência de Estado ou de suas instituições, a violência torna-se sinônimo onipresente do fracasso do Estado;

2. A homogeneização da violência nas fronteiras entre público e privado, neutralizando assim a violência crítica e a violência como resistência;

3. A banalização da violência simbólica representada pelos ideais de ajustamento ou da violência a serviço da precarização e produtividade no trabalho. A invisibilidade das zonas cotidianas nas quais a violência não é sistêmica.

4. A neutralização da diferença entre as gramáticas nas quais a violência está envolvida, entre classes, entre gêneros, entre posições sociais, entre os que dispõem dos meios de "empreitar" o monopólio do Estado sobre o uso da violência e aqueles que só podem sofrer suas consequências e seus efeitos.

Referências

EINSTEIN, A. Carta de Einstein. In: FREUD, S. *Obras Completas Vol. XXII.* Buenos Aires: Amorroutu, 1932/1997. p. 183-186.

FREUD, S. Por qué la Guerra? In: FREUD, S. *Obras Completas Vol. XXII.* Buenos Aires: Amorroutu, 1932/1997. p. 187-198.

HONNETH, A. Saving the sacred with a philosophy of history – on Benjamin's "Critique of Violence". In: HONNETH, A. *Pathologies of Reason:* On the Legacy of Critical Theory. New York: Columbia University Press, p. 87-125, 2009.

IASI, M. Epílogo. In: Žižek, S. *Violência.* São Paulo: Boitempo, 2008. p. 171-194.

Žižek, S. VIOLÊNCIA. São Paulo: Boitempo, 2008.

10

SOBERANIA OU DIREITOS? ABORDAGENS A UM FALSO DILEMA SOBRE A VIOLÊNCIA, O ESTADO E A EMANCIPAÇÃO.[45]

Carolina Collazo e Natalia Romé (Argentina)

Controvérsias e intervenções: as aporias de defesa dos direitos humanos

Num artigo intitulado "Contra os direitos humanos", Slavoj Žižek (2005) propõe um retorno singular de uma velha discussão, não só dentro do campo marxista, mas também da filosofia política de longa data. Trata-se, na realidade, de mobilizar velhos pares de dicotomias associadas à tensão direito/soberania, que como tem demonstrado cuidadosamente Étienne Balibar, remetem, em última instância, a um par de categorias que recorre à história exata do pensamento político ocidental: a dualidade liberdade/igualdade.

Žižek (2005) convoca essa gama de questionamentos sobre a questão dos Direitos Humanos (DH), uma pergunta tão difícil de pensar criticamente como é urgente voltar a pensar nela. Não se trata de uma pergunta produzida no vazio da especulação filosófica, mas que se inscreve numa complexa trama na qual se entrelaçam desenvolvimentos conceituais, análise políticas e posicionamentos em uma conjuntura marcada pela experiência do limite da humanidade, ou, como sugeriu Blanchot (1980), a "experiência do desastre".

---
[45] Tradução de Nanci Inês Lara da Silva.

A primeira coisa que se deve dizer do artigo de Žižek, publicado originalmente em 2005, é que talvez sua circunstância não seja hoje a mesma, e que, nesse caso, toda discussão que pudermos iniciar chega, como a coruja de Minerva, quando o sol se põe. Somente resta recordar que em 2005 o mundo enfrentava a passagem do desastre do Haiti, e também era um ano no qual o governo israelense libertava da prisão 500 palestinos e anunciava a retirada de tropas de algumas cidades. A Síria desocupava o Líbano, iniciava a desarticulação do ETA (Pátria Basca e Liberdade), perdurava ainda certa tendência afirmativa da unidade europeia e, inclusive, Espanha tinha uma lei que validava o casamento homossexual. No âmbito desse mundo, era sumamente pertinente o debate sobre o paradoxo "políticas humanitárias".

Talvez deveríamos nos perguntar se estamos sob uma espécie de hegemonia ideológica do significante "humanitarismo", ou se, talvez, depois das manifestações violentas da crise financeira de 2008, não passamos a formas de belicismo mais realistas, inclusive, revanchistas, que em grande proporção tendem a prescindir de todo eufemismo. E, no entanto, parece que o humanitarismo idealiza-se para persistir como forma ideológica de uma organização geopolítica que combina, do modo mais cruel, extermínio e expulsão. Em setembro de 2015, o mundo global comove-se com a foto de um menino sírio afogado, com sua família numa tentativa desesperada e frustrada de escapar da guerra.[46] A epígrafe que acompanha essa imagem é por si só contundente : "a humanidade se desmancha às margens da Europa"

O artigo de Žižek (2005) não perde atualidade nos elementos que aporta para pensar a *democracia*, seus limites e suas possibilidades. É aí onde queremos nos deter para sublinhar a necessidade de pensar essa figura da margem. Poderíamos dizer que é a democracia que parece ser empurrada para suas próprias margens, e nos obriga, dessa forma, a pensá-la nas difusas demarcações de seus limites. A América Latina

---

[46] Alan Kurdi, 3 anos, foi encontrado nas costas do Mediterrâneo, afogado com sua família na frustrada tentativa de fugir da guerra. A imagem, distribuída por uma agência de notícia da Turquia, Dogan, circulou no Twitter acompanhada pelo *hashtag* #KiyiyaVuranInsanlik (que se traduziria como "a humanidade que trouxe a maré"). Em média 350.000 imigrantes tentaram cruzar o Mediterrâneo para alcançar as costas da Europa entre janeiro e setembro de 2015, de acordo com dados divulgados pela Organização Internacional de Migrações (OIM). Nesse lapso, mais de 2.600 imigrantes se afogaram tentando cruzar o mar.

tem ali uma tarefa, porque tem sido sempre, em um sentido ou outro, um *pensamento dos marginados*. E é na América Latina que surge hoje um modo de abordar o espaço preliminar da democracia que opera, e em outras magnitudes, como o praticamente irracional da democracia; referimo-nos às tensões com a ideia de comunismo.

A tensão ou dicotomia *democracia/comunismo*[47] inclui um terceiro termo que aparece em jogo e como presença ausente entre os dois, o *totalitarismo*. Poderíamos dizer, de um modo muito geral, que esse estranho *ménage a trois* é uma das marcas intelectuais de uma derrota política.

É em relação ao totalitarismo que se produz uma oscilação das categorias, cuja distância é a que está em disputa. Porque em função de como definamos cada um dos termos é que resulta o mapa categorial. Entre outras coisas, o que se joga ali é a possibilidade de fazer do comunismo um sinônimo do totalitarismo e um termo oposto à democracia (como seu risco inerente ou seu *momento político*). Isso tem consequências para pensar os processos atuais na América Latina. O que oferece à Latino América a questão desesperada dos limites da democracia europeia é uma torsão que retorna como outra pergunta: *O que pode ser hoje o comunismo?* A princípio, poderíamos dizer que essa pergunta é a dimensão ausente de toda pergunta atual pela democracia, e, portanto, é a que organiza o campo intelectual. As posições organizam-se em torno dela, em função da disposição de cada teorização, para visualizar e encarregar-se dessa tensão ou a seguir balbuciando por causa dela, vendo sem vê-la.

Mas ao mesmo tempo, é necessário perguntar criticamente, não somente que respostas se tornam viáveis hoje à pergunta pela possibilidade de um pensamento comunista, como também as lógicas que constituem o terreno para formulá-la. Ao menos parece ser necessário manter viva essa pergunta, pois sua fecundidade também necessita de um movimento que transcenda o terreno das dicotomias sem tensão.

Nesse velho terreno, onde a pergunta pelo comunismo debate-se entre seu fracasso irreversível ou suas possibilidades afetivas

---

[47] Deve-se notar que tensão ou dicotomia não são sinônimos, mas polos de um movimento ambivalente que marca os limites do espaço no qual se abrem discussões.

ou latentes, o que se anula é a tensão que permitiria pensar a pergunta além de seu próprio dilema. Em qualquer caso, trata-se de investigar a tensão em sua exterioridade (um paradoxo de uma "exterioridade imanente"), isto é, nos limites de seu vínculo com outras tensões. Se a pergunta pelo comunismo volta politicamente forte hoje, é porque se permite pensar os limites das democracias atuais. O que nos interessa falar, então, é da tensão na qual se unem ambos os problemas.

Sem dúvidas, colocar a questão dos limites da democracia no marco de sua tensão com o comunismo implica, desde o princípio, sele-cionar um campo de discussões e descartar muitos outros. Essa escolha já é uma intervenção teórica que supõe uma tomada de posição que demarca o terreno em que os diálogos se habilitam, reforçando os acordos teóricos e as aproximações políticas, mas também, e sobretudo, hierarquizando as vozes da disputa.

Žižek, e a (re)politização dos Direitos Humanos

O primeiro movimento que Žižek (2005) põe em jogo é a sinali-zação da operação ideológica que, nas sociedades liberais-capitalistas, encobre o mecanismo pelo qual os discursos sobre os DH apresentam-se como uma apelação por si mesma justificada. Uma das suposições principais que sustenta essa operação é que a defesa dos DH é a arma mais potente para combater os fundamentalismos contemporâneos. Apelar aos direitos básicos, principalmente o direito à livre escolha, é a primeira desculpa para combater um fundamentalismo que a própria lógica liberal, na realidade, reproduz de maneira cínica.

A controversa tese que Žižek (2005) apresenta é de que, se de qualquer maneira hoje ainda é necessário sustentar uma defesa dos DH, o é na medida em que esses considerem-se como uma "ficção sim-bólica". Isso quer dizer que teria que manter uma leitura crítica sobre aquelas "causas" que, sob a bandeira dos DH, não deixam de ingressar na lógica própria das sociedades liberais capitalistas. Esse olhar crítico, então, visa encontrar as aporias internas dentro das suposições básicas do discurso ideológico que hoje domina o raio de ingerência de políticas em torno dos DH. Somente a partir daí seria possível pensar em uma politização progressiva das atuais relações socioeconômicas.

Entre os diversos antecedentes dos que se serve Žižek (2005), talvez o mais relevante – especialmente para pensar em relação com os conflitos migratórios atuai – é o reconhecimento especular que Europa realiza em sua relação com a alteridade dos Balcãs. Ao mesmo tempo em que Europa Ocidental enreda-se em suas já velhas promessas de tolerância multicultural e nas diversas manifestações muito concretas de intolerância, combate o fundamentalismo oriental sob o argumento de uma suposta degeneração do Islã, a qual, em realidade, é uma operação surgida no seio do Ocidente. De modo que, sob seu próprio legado histórico, Europa combate o reconhecimento sintomático do seu si mesmo reprimido.

Assim, os conflitos étnicos-religiosos, ao naturalizar o conflito como única fonte de legitimação, tornam-se funcionais à propaganda de uma democracia global ao inteiro serviço da lógica capitalista. Em consequência, a política adquire cada vez mais a forma de uma administração social competente sobre a qual todas as grandes "questões públicas" traduzem-se em atitudes destinadas a regular as idiossincrasias «naturais" ou «pessoais». Essa operação pela qual a democracia acredita proteger-se atentando contra si mesma em «pequenas doses» pode-se identificar em inumeráveis exemplos ao longo do século. Ainda que seja possível rastrear certa vigência dessa «lógica imunitária» na atualidade, deve-se notar que a apelação para o bem da humanidade se torna uma retórica cínica. No entanto, para Žižek (2005), essa ausência de eufemismos não impede a eficácia dos estados de exceção – para garantir a reprodução do aparato estatal. A competência do Estado na retroalimentação desse círculo é particularmente notória no caso da ficção simbólica que encarnam os DH.

Nesse ponto, Žižek recorre a Arendt para assinalar outra questão a considerar: é necessário problematizar a oposição entre os direitos humanos universais (pré-políticos), que possui o ser humano «como tal», e os direitos particulares de um cidadão ou membro de uma comunidade política específica. Em sua análise de migrações massivas no período de entreguerras, Arendt (2006) analisa as contradições do caráter inalienável dos DH a partir dos apátridas que não podem nem sequer registrar-se sob condição de «estrangeiros», já que seus Estados desapareceram como consequência da guerra.

Os DH definem-se como inalienáveis; sua Declaração Universal os resguarda de todo o particularismo governamental. No entanto, ocorre que o «ser humano» ao qual se referiam esses direitos não existia além de uma abstração, e que a única forma efetiva de conceber tais direitos era na realidade por referência a um povo, e não a um indivíduo particular. A humanidade, então, somente pode ser pensada como um conjunto de nações, e os homens somente têm garantidos seus direitos se gozam de uma cidadania.

Os direitos do homem, finalmente, não podem prescindir dos Estados. Por outro lado, a qualidade humana não parece suficiente para resguardar nenhum direito quando a guerra levou muitas pessoas a perderem sua cidadania ante a literal desaparição das comunidades políticas a que pertenciam. Na realidade, a lei internacional não é universal e não poderia transcender a ordem das Nações; opera, pelo contrário, sempre em termos de acordos recíprocos entre Estados soberanos determinados:

> O paradoxo implicado na perda dos direitos humanos é que semelhante perda coincide com o instante em que uma pessoa se converte num ser humano em geral- sem uma profissão, sem uma nacionalidade, sem uma opinião, sem um fato pelo qual identificar-se e especificar-se - e diferente em geral, representando exclusivamente sua própria individualidade absolutamente única que, privada de expressão dentro de um mundo comum e de ação sobre este, perde todo seu significado. (ARENDT, 1951, p. 381).

O que acontece então com os DH daqueles excluídos de uma comunidade política, isto é, quando os direitos humanos são inúteis porque são os direitos de quem justamente carece de direitos e são tratados de inumanos?

Guerra, Democracia e Direitos Humanos são parte do mesmo paradoxo: justifica-se a guerra quando ela busca a prevalência da paz, defende-se a democracia atentando contra ela, apela-se aos direitos para distribuir ajuda humanitária como interferência do estado de emergência permanente. Por isso que os direitos humanos cobram sentido no discurso ocidental predominante como a bandeira sobre a qual os estados mais poderosos concedem o direito de intervir na política, econômica, cultural e militarmente, em outros estados, em nome da defesa dos direitos humanos que não parecem estar garantidos sem essa intervenção. Os direitos humanos universais devem ser defendidos inclusive se for necessário privá-los a seres humanos particulares (ou necessário destituí-los a seres humanos específicos).

Nessa linha, Derrida poderia compartir parte do diagnóstico, quando afirma que a referência prioritária aos Direitos Humanos nas instituições do direito internacional entra em absoluta contradição como o princípio de soberania dos Estados nacionais:

> Por referência democrática à Declaração Universal dos Direitos do Homem, é que se pretende, muitas vezes em vão, impor alguns limites à soberania dos Estados-nações. Um exemplo, entre muitos outros, seria a laboriosa criação de um Tribunal Penal Internacional. Mas a Declaração dos Direitos do Homem não se contrapõe, para limitá-la, à soberania dos Estados-nação como um princípio da não soberania contra a soberania. Os direitos do homem planejam e implicam ao homem (igual, livre, autodeterminado) enquanto soberano. A Declaração dos Direitos do Homem declara outra soberania e revela a autoimunidade da soberania em geral. (DERRIDA, 2003a, p. 111-112).

Se todas essas instâncias internacionais que apelam a um direito universal estão exigindo outra soberania, essa tomaria a forma de uma soberania total, uma soberania do Homem sobre o Homem. Mas uma soberania acima da humanidade deveria ser, por definição, *inumana* (Deus ou besta). Somente o que não pertence ao gênero humano poderia ocupar a posição de excepcionalidade acima ou mais além da própria humanidade. No entanto, esse paradoxo introduz necessariamente uma distinção entre o a-*humano* e o *inumano*, já que «não se dirá nem das bestas nem de Deus que são inumanos» (DERRIDA, 2003a, p. 112). O inumano requer, para usar uma expressão de Esposito (2005), uma lógica de «inclusão excludente», ou uma «exclusão inclusiva», que é o modo em que funciona o processo imunitário. De modo que somente os seres humanos podem ser acusados de cometer atos que atentem contra a humanidade, isto é, que atentam contra sua própria essência, mostrando-se indignos desse nome:

> Ter perdido a dignidade humana por ser inumano desumano está reservado aos seres humanos; de modo algum ao mar, à terra ou à besta. Ou aos Deuses [...] o crime contra a humanidade é um crime cometido por uma parte da humanidade, ou contra a essência da humanidade, ou contra a dignidade humana; é, por consequência, um crime de estrutura suicída e auto-imune. E, dado que todo crime, que toda culpabilidade, supõe a liberdade e, por conseguinte, a soberania do criminal acusado, é no seio dessa soberania onde o re-torno suicidário e autoimune supostamente opera. (DERRIDA, 2003b, p. 186).

A ideia da canalhocracia em Derrida (2003a) alude precisamente à mencionada lógica autoimunitária, a qual, no caso dos acontecimentos do 11 de setembro de 2001, mostra como esse processo já não se apresenta como uma guerra entre Estados. Após a Guerra Fria, não parece possível identificar territorialmente um inimigo. Não se trata de um Estado atacando a outro, mas se pode ler como um ataque ao interior de uma «ordem de interpretação»[48]. Não fica claro que a identificação da diferença política radique na delimitação da pergunta: quem? Mas na deslocação deslocação que se produz no interior desse «aparelho conceitual» que violenta a si mesmo, a partir dessa lógica suicida com a que se busca proteger o que ao mesmo tempo a vulnera: a lógica propriamente imunitária.

Sem desatender toda uma série de equívocos em torno da sua recente tradução, Derrida (2003a) menciona o termo «canalha» [voyou]

---

[48] Isto, com certeza, não se dá com independência do fato concreto que os recursos estão cada vez mais concentrados, mas, pelo contrário, é um efeito da hegemonia dessa igualdade: "Com todas as premissas que o fim da guerra fria nos deixou [...], quando a referida mundialização concentra e confisca, a um nível surpreendente, numa parcela do mundo humano, os recursos naturais, as riquezas capitalísticas, os poderes tecno-científicos e inclusive tele-tecnológicos, reservando assim essas duas formas de imunidade que são a saúde pública e a segurança militar, então os conflitos de força com vistas à hegemonia não confrontam um Estado soberano com um inimigo com uma forma atual ou virtualmente estatal." (DERRIDA, 2003a, p. 184-185).

ao modo que a administração norte-americana definia aos Estados (párias, fraudulentos, marginalizados, velhacos, farsantes) [rogue States], isto é, aqueles Estados que não respeitam ou que pervertem a lei da comunidade mundial. Os Estados canalhas são unidades políticas acusadas por não se ajustarem à convenção do direito internacional que faz primar sua lógica regulatória acima das soberanias nacionais. O fraudulento, pária, é aquele que não cumpre com seus deveres, que comete «na subversiva falta de respeito pelos princípios, normas e bons modos, pelo direito e as leis que governam o círculo da boa sociedade, da sociedade bem-pensante e de bons costumes», de tal modo que requer «a exclusão ou castigo» (DERRIDA, 2003a, p. 38). A mesma ideia de soberania se torna, assim, incompatível com a universalidade quando essa é precisamente requerida pelos princípios democráticos.

Para Derrida (2003a), não há soberania sem a força do mais forte, cujo exemplo mais acabado em sua aporia é o mecanismo pelo qual o veto soberano do Conselho de Segurança da ONU pode frear soberanamente as decisões tomadas pelas deliberações democráticas da própria ONU. Assim, após os atentados, os Estados Unidos foram autorizados pela ONU a tomar as medidas que fossem necessárias contra o «terrorismo internacional» do qual supostamente deveria proteger-se.

Ao conceder a decisão excepcional em nome da humanidade, o princípio democrático e o princípio de soberania se articulam, «por turnos», na aporia que faz com que a soberania, assim como a democracia, não exista além da impureza de se afirmar desmentindo-se, negando-se a si mesmas. A soberania se afirma traindo a democracia, da qual, no entanto, não pode prescindir para se constituir. Portanto, a soberania não poderia se formalizar sem o manejo abusivo do poder: «a priori, os Estados que estão em situação de fazer guerra aos rogue States são eles mesmos, em sua mais legítima soberania, uns rogue States que abusam do seu poder» (DERRIDA, 2003a, p.126-127). Consequentemente, conclui Derrida, já não há nenhum Estado canalha, porque simplesmente todos o são. *Canalhocracia* é uma guerra de «homens-lobo contra homens-lobo» (DERRIDA, 2003, p. 101).

Assim como a soberania e a democracia articulam-se por turnos onde se faz necessário pôr a humanidade de um lado ou outro do conflito, assim também a própria democracia requer «por turnos» aplicar uma série de princípios que se tornem incompatíveis ao pretender sua convivência simultânea.

O princípio igualitário que, primeiramente, parece definir a inspiração democrática mais sublime não parece ser possível se sua lógica não se inscreve em um regime canalhocrático. Isto é, *para que a democracia possa abrigar a todos os homens por igual, eles não devem ser somente parte do gênero humano, mas também devem cumprir com suas funções de cidadãos.* Isso quer dizer identificar-se no laço fraternal com seus concidadãos em uma semelhança reconhecível em seus direitos e seus deveres. Tal identificação é possível quando se pode identificar a outra face de quem não cumpre tais condições e que portanto situam-se por fora da lei da boa convivência (em definitiva, canalhas). A exclusão de alguns é necessária para a inclusão de outros, a desigualdade é condição da igualdade. O canalha é aquele que é necessário identificar como intruso e que mesmo assim tem que cuidar e reproduzir. Sua erradicação levaria consigo o princípio democrático. Ou, dito de outra forma, se a democracia depende da lógica «por turnos», a desaparição de um dos princípios que se alternam faz desaparecer imediatamente o outro. O resultado desse impossível desvio seria uma homogeneidade absoluta, utópica, pelo menos neste mundo, diria Schmitt (1927).

Quando Schmitt (1927) dizia que a aspiração a um «Estado mundial» não era mais do que uma retórica vazia, referia-se ao cinismo justificador do liberalismo que argumentava a favor de um mecanismo global que, sem ajustar-se às leis particulares de nenhum Estado-nação, faria com que o mundo funcionasse somente por sua própria lógica autorreguladora. A falsa consequência dessa utopia é que os homens seriam verdadeiramente iguais, já que não haveria homens governando a outros homens, e, portanto, todos seriam completamente livres. Essa imagem fictícia, quase publicitária, de um mundo feliz, só serviu para desvirtuar, disse Schmitt, a verdadeira pergunta: «a pergunta é justamente 'livres para que', e poderão oferecer respostas baseadas em conjecturas otimistas ou pessimistas, mas todas dependerão em último extremo de uma ou outra confissão de fé antropológica». (SCHMITT, 1927, p. 87).

Nesse ponto, Derrida estaria de acordo com Schmitt, ao sustentar que a liberdade é impensável sem a soberania. No entanto, a objeção radica em que essa liberdade se infere, em Schimitt, da pureza do conceito do político, e, como não é pensada fora dessa pretensão essencial, não seria – rigorosamente falando – mais do que uma consequência lógica (não real) do argumento schmittiano. Em todo caso, se a liberdade fica sujeita à figura estatal, essa, por sua vez, move-se ao ritmo das tensões da democracia que defende e do deslocamento incessante de seus limites. De fato, a abstração utópica de uma liberdade absoluta a nível global é, para Schmitt, somente a forma que adquire a retórica liberal, uma retórica que opera como um tipo método para combater os alcances da figura do Estado, para controlar e reduzir seu poder mais do que para anulá-lo, levando-o unicamente ao campo das garantias da liberdade individual e à propriedade privada. Além do acerto schmittiano sobre o avanço da lógica liberal e das objeções sobre a radicalidade de suas consequências, Schmitt fica preso em uma dialética que oscila entre a essência e a utopia.

Portanto uma liberdade em geral só poderia ser correlativa do sentido abstrato da igualdade. Sua convivência concreta só pode sustentar o ideal democrático sob o paradoxo da alternância. E nesse paradoxo, a democracia define-se ao mesmo tempo que ela mesma habilita as vias para atentar contra si mesma. Nesse sentido, Derrida se pergunta se é mais ou menos democrático falar contra a democracia, se a democracia efetivamente pode garantir o direito de pensar e atuar livremente, inclusive se se toma partido contra ela. Finalmente, o que Derrida tenta é mudar a *doxa* que sustenta a pergunta: o que é definitivamente a democracia? Ou, por que parece que cada vez menos se atrevem a falar contra ela? A partir dessa mudança, deve-se pensar quais são suas implicações concretas e refletir se ainda hoje é necessário pelo menos sustentá-la quando se tem em conta as urgências de nosso tempo e suas exigências efetivas.

Somente uma leitura *política – ou subversiva, como diria* Žižek – das urgências de nosso tempo pode nos permitir oferecer um diagnóstico sobre o qual, apesar de tudo, fundaria-se uma defesa da soberania do Estado-nação. Essa defesa é hoje necessária, ao menos como resistência à hegemonia ideológica.

PSICANÁLISE E MARXISMO: AS VIOLÊNCIAS EM TEMPOS DE CAPITALISMO

Hierarquizando o diálogo, delimitando a disputa

Nesse momento, Žižek (2005) se pergunta se é suficiente afirmar que os DH constituem uma universalidade ideológica falsa que mascara e legitima uma política concreta do imperialismo, as intervenções militares e o neocolonialismo do ocidente. Insistir sobre a identificação de um conteúdo particular com uma forma universal, um conteúdo caracterizado pelo giro burguês do conceito de DH constitui somente uma parte do problema. Segundo Žižek, para orientar o problema para uma leitura crítica que tome posição ao redor de suas determinações conjunturais específicas, teria que começar perguntando-se: como e em que condições históricas consegue a universalidade abstrata converter-se em um acontecimento da vida social? Ao refletir sobre essa pergunta no marco do que se vem desenvolvendo, poderíamos também nos perguntar, por exemplo, a que democracia servem os DH. Essa pergunta, por sua vez, instiga a examinar com atenção como a centralidade da figura do Estado pode permitir pensar como puro efeito da ideologia democrática liberal, a um âmbito possibilitador de formas progressivas de politização, ainda assumindo sua ficção simbólica, permitindo uma redefinição crítica das atuais relações socioeconômicas.

Para começar a inscrever sua posição no debate, Žižek propõem uma forma de delimitação ampliada que recapitula e mapeia as três principais posições críticas a respeito das experiências terroristas do século XX, especialmente quanto a seus modos de explicar a violência em escalas sem precedentes. Em linhas gerais, a primeira dessas teorizações é aquela que sustenta que não existe potencial totalitário algum no programa da ilustração: que toda a catástrofe ocorrida em seu processo de desenvolvimento, longe de ser inerente a sua lógica, é somente o sintoma do caráter inconcluso de um processo positivo e emancipador. Frente a essa ideologia positiva, que é a de Habermas, existiria uma versão proporcionalmente oposta, na qual Žižek situa a *Dialética do iluminismo* de Horkheimer e Adorno e, mais recentemente, Agamben, segundo o qual o totalitarismo é precisamente a inclinação inerente da ilustração e para onde, sem nenhuma dúvida, encaminham seu programa e sua lógica; essa teleologia negativa da história total do ocidente encontra sua corroboração nos campos de concentração e nos genocídios, que são sua verdadeira consequência.

Existiria, no entanto, um tipo de incômoda "terceira posição" que imagina a modernidade como a abertura de novos campos de liberdades, não sem riscos nem sem novos perigos, mas isentos de toda constrição teleológica, e, portanto, sem nenhuma garantia ulterior a seu desenlace. Žižek encontra essa posição em Balibar. Como veremos em seguida, é precisamente nesse ponto que as águas se bifurcam. Mas, a princípio, temos que destacar que esse tipo de hierarquização mais específica do debate recusa ao menos duas operações do seu enfoque mais geral.

Em primeiro lugar, ocorre que as perspectivas de reivindicação de direitos costumam ficar marcadas do lado "liberal" da dicotomia igualdade-liberdade pela própria operação que Žižek indica no reducionismo da leitura que anula a aporia e recai na simples alternância. Segundo, pode observar-se a mesma mecânica quando a questão do Estado dirime-se na reduzida (e abstrata) dicotomia soberania/direitos. De modo que, em ambos os casos, as discussões caminham nos estreitos limites, claros e determinados, de binômios conceituais, e, em consequência, deixam de lado o que faz deles uma problemática, isto é, as tensões que só podem ser lidas em suas inscrições concretas.

Marx ou Hegel? Sim, por favor!

Se não se trata de resolver por alternância as dicotomias que parecem dominar os debates sobre o vínculo entre democracia e totalitarismo, tanto Balibar como Žižek entendem que ali se joga uma tensão ao problema. Essa tensão dá lugar, na conjuntura atual, às dificuldades que as democracias possuem em demarcar seus limites. Nesse sentido, retomando a ideia de que as tensões democráticas entrelaçam-se também em sua tensão com o comunismo – desarticulando a sinonímia comunismo/totalitarismo uma vez que sua mera opção à democracia –,

Žižek (2010) sugere uma pergunta que certamente interessa observar: "Como se revoluciona uma ordem cujo princípio é a auto-revolução?". Se o capitalismo adquire cada vez mais a forma de um sistema que se revoluciona de maneira constante, como pensar um projeto emancipatório?

A resposta de Žižek (2010) é que uma política emancipatória deveria assumir a forma de um acontecimento de ruptura que permitisse um salto transcendente a essas tensões. Essa exterioridade absoluta é a saída que Žižek encontra para quebrar o círculo da perversidade mítica – circular – a partir do ato que, ao produzir a ruptura, se converteria no momento propriamente político. Esse *momento político* é necessário para que uma inversão radical possa ter lugar.[49] É, portanto, um momento totalitário. A esse momento de violência revolucionária, Žižek o chama "violência divina".

A conjugação das teses de Žižek sobre a violência divina como momento transcendente de inversão do universal ideológico, supõe um sujeito revolucionário que se move na lógica da *contra-identificação*. Esse sujeito chamado a cumprir essa função adquire, então, um caráter negativo que se traduz na parte não levada em conta, no *incontado*, no incalculável, na parte dos que não tem parte, para usar a expressão de Rancière (2010). Esse sujeito é o *proletariado*.

A negatividade total do proletariado entendido como classe "incapaz" (incapaz de exercer o poder) pode ser também traduzido como o sintoma do fracasso da interpelação, ou dito de outra forma, como o sujeito que não consegue se configurar identitariamente porque não se reconhece por efeito da interpelação. Sua negatividade reside na própria repressão exercida na conta para que a interpelação possa apresentar-se como a evidência de sua eficácia. Neste sentido, e tal como se adverte no seu artigo "Da democracia à violência divina", Žižek (2010) introduz sua aposta pela revitalização do conceito de "ditadura do proletariado" para mostrar que "quando se fala de poder, não se trata de saber se é democrático ou não, mas qual é o caráter específico de sua soberania, isto é, se esta se produz a favor da igualdade ou da hierarquia" (p. 122).

---

[49] Que seja "necessário" não invalida a ordem do acontecimento, mas que se refere à ausência de alternativas. Žižek (2010) aclara que não é possível contar com "critérios objetivos" para identificar um ato de "violência divina" (p. 240).

Ao partir da premissa de que todo poder supõe um "excesso obsceno" da representação em relação aos representantes – como componente da soberania -, a *ditadura do proletariado* seria o momento totalitário da democracia (momento em que se anula a distância da representação). Žižek (2010) explica a este respeito que "os sem parte são do poder no sentido pleno e soberano do temo", e que "não é que seus representantes ocupem o 'vazio no poder', mas que trazem a seu favor o próprio espaço da representação estatal" (p. 123).

Em termos gerais, Žižek (2010) sugere que a debilidade da democracia está relacionada com esse "excesso constitutivo" da representação com respeito ao representado, embasado num mínimo de alienação entre o Povo e quem exerce o poder. Portanto, não há "autonomia" na democracia; não há auto-fundação de seus sujeitos. É isto que justifica a ideia de um momento totalitário, isto é, um momento interno da democracia e simultaneamente sua subversão que ocorre a mudança radical. A partir daí, a necessidade da intervenção de um elemento "sublime" de terror, externo à própria dialética, coisa que certamente deve muito a uma interpretação extrema da descrição hegeliana do "terror" revolucionário, das Schrecken, e explica porque , em certo momento, o "real", no sentido lacaniano, surge no âmbito ideológico, e, por assim dizer, *inverte sua função*, como diria Balibar.

O elemento totalitário ou de irrupção da violência divina é efeito de uma leitura que separa a complexidade (unidade contraditória marxista), enfatizando somente o portador da tensão entre formas de consciência ideológica e formas jurídico-políticas. A violência divina é o nome de sua "antecipação imaginativa" do entendimento. Marca assim um gesto que vai "mais além da dialética (inclusive a de Hegel) para uma pergunta pela inversão sublime do ideológico entendida como "irrupção do real". *Este olhar é efeito da dissociação da complexidade paradoxa do conceito de história.* Aqui Žižek (2010) se coloca mais além de Hegel, em uma posição que , segundo Balibar (2011), se aproxima mais de Robespierre, e que conduz a um gesto no qual a emancipação é entendida como uma *operação contra-tautológica*, isto é, uma inversão da tautologia na qual descansa o excesso obsceno de todo o poder (entendido, claro está, como lei simbólica e como universal ideológico).

Sem dúvidas, o esforço de recuperação da ideia de ditadura do proletariado é índice de uma série de intuições interessantes que convida a revisar, por exemplo, as relações do proletariado (sujeito da emancipação) com o poder. E tais relações exigem também repensar o Estado. Neste sentido, por exemplo, Žižek (2010) sugere que o fracasso da política do estado do Partido Comunista é o fracasso da política anti-estatal, e que enquanto não tenhamos uma ideia a respeito de como recolocar o Estado, não teremos direito de eliminá-lo simplesmente.

Este precedente, não deveria apagar os pontos chaves do debate que estamos reconstruindo. A ideia de um momento transcendente que inverte o universal ideológico supõe uma concepção do sujeito revolucionário que se move na lógica da contra-identificação. Este sujeito, por sua própria negatividade como classe incapaz, permite pensar na possibilidade de uma ditadura do proletariado. Mas talvez o ponto central que marca definitivamente sua distancia com respeito a Balibar – e também com respeito a Derrida – é a concepção subjacente de um *tempo total e sublime*.

Žižek, sem dúvida, apresenta um lúcido diagnóstico e produz com ele um interessante convite a repensar as relações entre Estado, poder e sujeito da emancipação. Mas diante deste cenário, a aposta à violência revolucionaria de um sujeito o qual define como pura negatividade, implica não só uma resposta baseada na incapacidade do proletariado para governar, como também e principalmente um processo de transformação baseado na colocação do não-Estado dentro do Estado. Isto é, que a reabertura da pergunta sobre o Estado, segue a clausura de uma afirmação que se apoia na pura inversão da alienação.

A operação se traduz em uma crítica puramente contra-ideológica porque coincide com uma pura deslocação da ideologia dominante. Ou há identificação ou há um salto transcendente fora de toda interpelação. Portanto, há subordinação ou não há, e o que ali se perde é a dimensão aporética do processo de subjetivação. É por isto que Žižek (2010) defende que:

> Da mesma maneira que não existe a autoanálise e a transfor-
> mação analítica somente se pode produzir por meio da relação
> transferencial com a figura externa do analista, faz falta um
> chefe para fomentar o entusiasmo por uma causa, encabeçar
> uma transformação radical em posição subjetiva de aqueles que
> o seguem e "transubstanciar" sua identidade. (p.122)

A transgressão da lei é equivalente ao terror (definido como a ausência coletiva de medo às consequências de uma aposta pela igualdade e a justiça, isto é, o medo de matar ou morrer). E o que está em jogo é uma interpretação radical do conceito de "negação da negação". A única saída à ficção do universal ideológico é, uma vez mais, contra-tautológica.

A violência divina aparece como uma tautologia contra o fundo irracional (tautológico) do universal ideológico que constitui o princípio da Lei. É por isso que a temporalidade que suporta a aposta de Žižek como golpe total reduz todo o processo dialético à síntese de um ato absoluto, só que este é radicalmente externo, isto é, transcendente à própria dialética. É o fim de toda dialética.

Este golpe total, que Žižek chama também de *suspensão político-religiosa do ético*, é uma violência *perfeitamente oposta* à violência opressora. Aqui Žižek se apoia em sua leitura da ideia hegeliana do direito que têm aqueles que não são contados na racionalidade da ordem ético universal, de rebelar-se. O proletariado, nesta leitura hegelianizada de Marx, é o elemento irracional da totalidade social. A "ditadura do proletariado" é o nome do atribuído a um processo de transformação destas categorias; não é uma forma de Estado, *mas um processo negativo no Estado*. Porque o que define o proletariado é sua incapacidade estrutural para organizar-se e é isto que faz dele a única classe revolucionária.

A violência divina, como inversão do excesso democrático alienado em comunidades imaginárias como a nação ou raça, faz da "ditadura do proletariado" o paradoxo que nomeia um processo de transformação mediante o qual gira o condutor da representação. Mas o problema- e em grande parte o abandono de Hegel- se consolida no que não se trata para Žižek, a rigor, de um "processo". A transformação é concebida como um "salto" transcendente, como plenitude (identidade com o líder) de uma violência radical. A pergunta seria se sob este ato total podemos seguir sustentando a ideia de um sujeito emancipador, e se o sujeito que encarna o acontecimento de ruptura poderia, ao mesmo tempo, se constituir na base da nova representação.

Se a relação de emancipação dá um golpe de violência radical, os efeitos deste golpe não encontram conexão entre si: por um lado, o líder todo-poderoso, resultado de uma alienação plena, de uma identidade total(itária) com as massas; por outro lado, a classe incapaz de governar que se destrói a si mesma. O que propõe Žižek, em consonância com estas consequências, é um movimento teórico que constitui um "salto fora da dialética" isto é, da história, porque aponta a uma intromissão sublime do real. Mas este real não é em si mesmo aporético nem desigual. Um pensamento comunista entendido desta forma , somente tem espaço como "antecipação" imaginária, no presente, de um ato transcendente, e saltando, assim, fora da dialética, saltaria, então, para sua própria pulsão de morte.

Em contraposição com a postura de Žižek, a posição comunista de Balibar (2011) não é uma afirmação subjetiva, mas um *processo de dessubjetivação e (re)composição*. Esta ideia se deduz de uma confrontação com a ideia de um "momento transcendente" que de certa forma suprime o tempo. A suspensão do tempo é que demarca a democracia e o comunismo em um ato de ruptura no qual toda tensão contraditória é a leitura retroativa de uma superposição que nunca foi assim. A resposta de Balibar às tensões democráticas e comunista é uma leitura de uma terceira tensão entre ambas. Portanto, a transformação não suprime a contradição, mas se produz no processo de seu desdobramento. Isto se traduz em um movimento dialético entre processos de democratização e des-democratização no qual nenhuma suspensão temporal poderia ter lugar.

O consumismo não é aqui o pensamento de um movimento de "inversão totalitária do excesso" próprio do poder em favor dos "sem parte", baseado em uma identidade ou em um ponto de contato pleno entre povo e líder, que suprime por um momento a alienação democrática. É, ao contrário, um trabalho de deslocamento das interpelações dadas enquanto interpelações de "partes". As partições ficam imprecisas e dão lugar a uma dialética que não se joga entre o calculável e os incontados, mas num processo que poderia entender-se como *sobredeterminado* na medida em que deixa sem efeito a inversão de uma subjetivação alienada a uma auto-subjetivação.

A resposta de Balibar (2011) dá ênfase na tensão de uma dialética sem treleologia, já que não encontra resolução nem uma síntese interna nem no acontecimento de uma ruptura transcendente. Entre uma ideia de tensão entre o positivo e o negativo que se resolveria de maneira externa e absoluta (Žižek) e uma ideia de coexistência que apresenta o problema de não se resolver jamais e que (no caso de Rancière) supõe um processo de desidentificação constante dos incontados (necessário mas irresolúvel), a réplica de Balibar (2013) está caracterizada por "momentos de uma *dialética* onde figuram ao mesmo tempo os movimentos e conflitos de uma história complexa" (p.8).[50]

Neste sentido, o processo sobredeterminado da dialética que oferece Balibar é concreto, porque, por exemplo, não prescinde do Estado, mas nem por isso pode ser lido elemento chave de um tempo absoluto. Aqui também há um convite para repensar a figura do Estado, mas esta revisão teria vez sob o suposto de uma temporalidade heterogênea, através da qual, a tensão adquire uma forma distinta. Diferentemente de Žižek, essa temporalidade se registra ao interior das aporias do par democracia-comunismo, não como binômio oposicional, mas como efeito de suas próprias tensões. Este tipo de "transcendência imanente" oferece muitos elementos para repensar a figura do Estado na especificidade do presente Latinoamericano.

Alguns indícios para desdobrar a fecundidade da proposta de Balibar pode se rastrear, principalmente, na complexidade temporal que resiste à transcendência do salto e abre a possibilidade de pensar a conflitividade em termos de uma "luta de tendências". E se, em todo

---

[50] É necessário aclarar que esta dialética não poderia se confundir com o próprio de uma antinomia (ainda que esta não pretenda, como em Žižek uma ruptura), como seria, por exemplo, a versão "afirmativa" da leitura que fazem Hardt e Negri (2002) de Rancière para pensar a relação entre um *poder constituído e um poder constituinte*.

caso, houver algum momento político, o será estando introduzido por um movimento que não se interrompe apesar do acontecimento. A politicidade se joga então nesse desdobramento temporal onde o acontecimento político terá, para usar uma expressão de Derrida (1967), "a forma simultânea de uma ruptura e um redobramento" (p. 383).

Em Balibar, desarticular a possibilidade de um momento absoluto que é o mesmo que um ponto de suspensão temporal significa a impossibilidade de suspender o tempo da interpelação. *A emancipação não é um momento sem interpelação, mas um processo de deslocamento das interpelações existentes*. Isto, por sua vez, sugere a necessidade de assumir a aporia radical entre subjetividade e estatalidade . O acontecimento político é em definitivo um momento abstrato, e, portanto, não existe se não é capaz de consistir em uma *duração*, de tomar a forma de uma tendência, adquirindo assim uma forma de *estatalidade*.

Balibar discute diretamente com o efeito de um golpe de inversão. Seguindo seu argumento, pode-se dizer que do "momento sublime" em Žižek, se deduz uma temporalidade simples. Ao associar esta ideia de temporalidade com a política, se poderia alegar também que Žižek pensa a política como pura luta ideológica e se esquece de registrar o ideológico na *complexidade sobredeterminada da formação social*.

Revitalizar a categoria de sobredeterminação para reafirmar uma posição no campo destas disputas é, finalmente apostar a uma transformação política sob uma forma radicalmente distinta da purta inversão ideológica. Em síntese, é pensar *processos* revolucionários em termos materialistas.

Intervenções, heranças e vir a ser

A pergunta então não é o *que é a democracia, mas o que é que resiste ainda ao seu cálculo, à sua medida comum, à reciprocidade desse velho nome que nos exige ser herdado nos sintomas da história de sobrevivência?* Nem repressão do sintoma nem consagração acrítica do puramente incalculável. No hiato aberto entre falsa alternância, se impõe a responsabilidade de assumir que os gestos implicados são, em toda a tematização, em todo dizer e em toda formalização, tomadas de partido (leituras) de um processo ininterrompido de desconstrução.

No discurso imperante sobre a democracia, ou, em termos de Dessira (1994), "ao menos se nos determos à significação recebida desta palavra" (p. 127), algumas noções como "soberania", "Estado-nação", "liberdade" e "igualdade" conformam o modo em que certa tematizaçãoe certa formalização foram impostas. A exigência é ler esses conceitos em sua *inadequação necessária*, que não surge de uma vontade de ruptura, mas da própria *necessidade da conjuntura*, lida como complexa e concreta articulação de eficácias, atendendo a suas contradições.

A "humanidade", para Schmitt de Derrida, é somente uma palavra, mas uma palavra cujo alcance instrumental serve alguns interesses particulares para mascarar a soberania de um Estado-nação determinado e para livrar uma guerra cuja justificação estaria dada por princípios universais. Desta "retórica mentirosa", se deduz somente a eficácia do monopólio de uma totalidade ilusória, ao preço de negar ao inimigo sua qualidade humana. Mas o universal é também um efeito da política. Para evitar a questão da universalidade, tem que desejar pensar "em geral" a pergunta: o que é a democracia? E começar a pensa-la na história, em suas determinações concretas e suas formas singulares, contaminadas, jamais puras. Neste sentido, Derrida (2003), assim como Balibar, pensa o problema como chave inerente:

> A soberania do Estado-nação pode ela mesma, em certos contextos, converter-se em uma defesa indispensável contra tal ou qual poder internacional, contra a hegemonia ideológica, religiosa ou capitalista [sic], etc, inclusive linguística, a qual , sob o disfarce do liberalismo, representaria ainda, em um mundo que não seria mais que um mercado, a racionalização armada de uns interesses particulares. (p. 188)

O acordo entre Derrida e Balibar se embasa principalmente no suporte das figuras do Estado e da própria democracia. No entanto, para Balibar, pensar a democracia num sentido não unívoco supõe pensa-la em uma dialética tendencial, quer dizer, como um processo que oscila entre tendências para a democratização y para a des-democratização. Isto seria semelhante ao que Derrida concebe, não tanto como dialética, mas como um pensamento da incondicionalidade, definido na própria tensão entre estrutura e acontecimento. O que para Bilbvar é uma "luta de tendências", para Derrida são modos de disputar a herança, diferentes formas que assume a figura do herdeiro. E casualmente, para Derrida (1993), é o espírto revolucionário do marxismo o que chama a ser ferdado, já que "somos antes de tudo herdeiros de Marx", e "não há porvir sem Marx".

Talvez seja neste ponto onde com maior claridade se pode advertir a bifurcação entre a perspectiva althusseriana (estruturalista), na qual convivem Derrida e Balibar, e a posição encarnada por Žižek, que reivindica de uma vez uma temporalidade do ato e formas de universalidade que tendem a diluir a espessura contraditória e processual da própria dialética. Derrida e Balibar compartilham finalmente uma ideia de *temporalidade diferencial*, cujo desajuste a política teria que pensar, e , nela, a tensão própria de um processo que rejeita a toda tendência de relocação, ou pelo efeito de sua inversão. Trata-se de evitar reinscrever o problema da política no vestígio religioso da pergunta pelo *gênesis*. Heis aqui a grande lição materialista de Louis Althusser (1975).

Assumir o momento político em relação inerente às tensões democráticas é sudtentar uma posição ao resguardo de todo recurso à exterioridade radical como solução à mera alternância. Ao mesmo tempo, sustentar o problema nessa tensão irresolúvel exige uma complexidade temporal que se pode explicar pela coexistência de diversas tensões convivendo num mesmo e heterogêneo desdobramento histórico, o qual fica mais fecundo para compreender os processos latino-americanos atuais sem abstraí-los do cenário internacional, mas sem fazer de suas especificidades um simples efeito desse contexto.

Se, para evitar a pergunta pela universalidade tem que pensar na história, a potencialidade de um pensamento político que se dá no desajuste de uma temporalidade complexa chama a pensar também o desajuste histórico na convivência atual de conjunturas específicas e diferentes.

Na atualidade, Europa se pergunta de forma trágica pelos limites da democracia, enquanto que América Latina vive uma nova hegemonia do Estado que convive com buscas heterodoxas (e, no melhor sentido, *anacrônicas*) do socialismo em Venezuela e Cuba, e inclusive do comunismo (arcaico) na Bolívia, e isto no mesmo contexto de uma expansão global do capitalismo financeiro. Ler o entrelaçamento das tensões democráticas em termos de sobredeterminação implica assumir a convivência de diversas contradições em um mesmo tempo. *América Latina* é um *nome* introduzido interiormente por uma contradição insuperável que se aprecia na própria aporia de sus termos e denomina hoje a possibilidade de ler esse *desajuste, pra pensar a partir daí* a potencialidade política da coexistência sobredeterminada de temporalidades diferenciadas. Trata-se, sem dúvida, de uma leitura política que, servindo-se dessas tensões, adquire ela mesmo uma tendência em disputa.

Referências

ALTHUSSER, L. *Iniciación a la filosofía para no filósofos*. Buenos Aires: Paidós, 2015.

ARENDT, H. *Los orígenes del totalitarismo*. Madrid: Alianza, 1982.

BALIBAR, É. El comunismo como compromiso, imaginación y política. In: ŽIŽEK, S. (Org.). *La idea de comunismo*. The New York Conference 2011. Madrid: Akal, 2011.

BALIBAR, É. *Ciudadanía*. Buenos Aires: Adriana Hidalgo, 2013.

BLANCHOT, M. *L'écriture du desastre*. Paris: Gallimard, 1980.

DERRIDA, J. *La escritura y la diferencia*. Barcelona: Anthropos, 1989.

DERRIDA, J. *Espectros de Marx*. El estado de la deuda, el trabajo del duelo y la nueva internacional. Madrid: Trotta, 1993.

_____. *Políticas de la amistad*. Madrid: Trotta, 1998.

_____. *Canallas. Dos ensayos sobre la razón*. Madrid: Trotta, 2005.

_____. *Seminario. La bestia y el soberano*. Buenos Aires: Manantial, 2011.

ESPOSITO, R. *Immunitas. Protección y negación de la vida*. Buenos Aires: Amorrortu, 2005.

RANCIÈRE, J. *El desacuerdo. Política y filosofía*. Buenos Aires: Nueva Visión, 2010.

SCHMITT, C. *El concepto de lo político*. Madrid: Alianza, 2005.

ŽIŽEK, S. Against Human Rights. *New Left Review*, v. 34, n. 2, p. 115-131, 2005.

ŽIŽEK, S. De la democracia a la violencia divina. In: AGAMBEN, G. et al. *Democracia ¿en qué estado?* Buenos Aires: Prometeo, 2010.

SOBRE OS AUTORES

Anup Dhar

Professor no Departamento de Estudos Humanos da Universidade de Ambedkar, Nova Delhi, India. Autor de *Dislocation and Resettlement in Development* (com Anjan Chakrabarti, Londres, Routledge, 2009), e *World of the Third and Global Capitalism* (com Anjan Chakrabarti e Stephen Cullenberg, Nova Delhi, Worldview, 2012).

E-mail: anup@aud.ac.in

Bert Olivier

Professor de Filosofia na Universidade Metropolitana Nelson Mandela, Port Elizabeth, África do Sul. Autor de *Philosophy and psychoanalytic theory* (Berna, Peter Lang, 2009).

E-mail: olivierG1@ufs.ac.za

Bhavya Chitranshi

Pesquisadora no Departamento de Prática de Desenvolvimento na Universidade de Ambedkar, Nova Delhi, India.

E-mail: bhaav1488@gmail.com

Carolina Collazo

Docente na Faculdade de Ciências Sociais da Universidade de Buenos Aires, Argentina.

E-mail: carolina_collazo@yahoo.com.ar

Christian Ingo Lenz Dunker

Professor do Instituto de Psicologiaa da Universidade de São Paulo, Brasil. Autor de vários livros no campo da psicanálise e da clínica, tais como: *Estrutura e Constituição da Clínica Psicanalítica. Uma Arqueologia das Práticas de Cura,*

Psicoterapia e tratamento (São Paulo: AnaBlume, 2011) e também *Mal-Estar, Sofrimento e Sintoma: Uma psicopatologia do Brasil entre muros* (São Paulo: Boitempo, 2015).

E-mail: chrisdunker@usp.br

Ian Parker

Professor de Gestão na Universidade de Leicester, e docente de Estudos Psicossociais na Universidade de Londres e de Educação na Universidade de Manchester, Reino Unido. Autor de vários livros no campo da psicanálise e da psicologia crítica, entre eles *Lacanian Psychoanalysis: Revolutions in Subjectivity* (Londres, Routledge, 2011), e *La Psicología como Ideología: Contra la Disciplina* (Madrid, Catarata, 2010).

E-mail: discourseunit@gmail.com

Mario Orozco Guzmán

Professor na Faculdade de Psicologia da Universidade Michoacana de San Nicolás de Hidalgo, Morelia, Michoacán, México. Coordenador do livro: *Psicología de la violencia* (México, Manual Moderno, 2015) y *Estremecimientos de lo real: ensayos psicoanalíticos sobre cuerpo y violencia* (México, Kanankil, 2012).

E-mail: orguzmo@yahoo.com.mx

Natalia Romé

Docente na Faculdade de Ciências Sociais na Universidade de Buenos Aires, Argentina. Autora do libro: *La posición materialista* (La Plata, EDULP, 2015) e compiladora de *La intervención de Althusser* (con Sergio Caletti, Buenos Aires, Prometeo, 2011).

E-mail: romenatalia@yahoo.com

Svenska Arensburg

Professora na Faculdade de Ciências Sociales da Universidade do Chile, Santiago do Chile. Autora de *Psicología del conflicto* (com Cecilia Avendaño Brau e outros, Barcelona, UOC, 2006).

E-mail: sarensburg@u.uchile.cl